Enzyklopädie der
griechisch-römischen
Antike

# Enzyklopädie der griechisch-römischen Antike

Herausgegeben
von
Aloys Winterling

in Verbindung mit
Kai Brodersen, Martin Jehne
und Winfried Schmitz

Band 13

# Antike Religion

Von
Bernhard Linke

Oldenbourg Verlag München 2014

Bibliografische Information der Deutschen Nationalbibliothek
Die Deutsche Nationalbibliothek verzeichnet diese Publikation in der Deutschen Nationalbibliografie; detaillierte bibliografische Daten sind im Internet über http://dnb.dnb.de abrufbar.

Library of Congress Cataloging-in-Publication Data
A CIP catalog record for this book has been applied for at the Library of Congress.

© 2014 Oldenbourg Wissenschaftsverlag GmbH
Rosenheimer Straße 143, 81671 München, Deutschland
www.degruyter.com/oldenbourg
Ein Unternehmen von De Gruyter

Dieses Werk ist urheberrechtlich geschützt. Die dadurch begründeten Rechte, insbesondere die der Übersetzung, des Nachdrucks, des Vortrags, der Entnahme von Abbildungen und Tabellen, der Funksendung, der Mikroverfilmung oder der Vervielfältigung auf anderen Wegen und der Speicherung in Datenverarbeitungsanlagen, bleiben, auch bei nur auszugsweiser Verwertung, vorbehalten. Eine Vervielfältigung dieses Werkes oder von Teilen dieses Werkes ist auch im Einzelfall nur in den Grenzen der gesetzlichen Bestimmungen des Urheberrechtsgesetzes in der jeweils geltenden Fassung zulässig. Sie ist grundsätzlich vergütungspflichtig. Zuwiderhandlungen unterliegen den Strafbestimmungen des Urheberrechts.

Gedruckt in Deutschland

Dieses Papier ist alterungsbeständig nach DIN/ISO 9706.

ISBN 978-3-486-59702-8
E-ISBN 978-3-486-85266-0

Für Manuela und Anton

# Vorwort

Die „Enzyklopädie der griechisch-römischen Antike" richtet sich an Studierende, Lehrende und Forschende der Geschichte, an interdisziplinär interessierte Wissenschaftlerinnen und Wissenschaftler benachbarter Fächer sowie an historisch interessierte Laien. Ihnen soll ein praktisches Hilfsmittel an die Hand gegeben werden, das auf knappem Raum einen forschungsnahen, problemorientierten Zugang zu zentralen Themenfeldern des griechisch-römischen Altertums eröffnet. Die einzelnen Bände orientieren sich an der bewährten Konzeption der Reihen „Grundriss der Geschichte" und „Enzyklopädie deutscher Geschichte" des Oldenbourg Verlags: Zunächst wird jeweils eine einführende Überblicksdarstellung des Gegenstandes gegeben. Es folgt eine Analyse der wissenschaftsgeschichtlich wichtigsten sowie der aktuellen Probleme, Diskussionen und Kontroversen der Forschung. Den Abschluss bildet eine auf den Forschungsteil bezogene, ausgewählte Bibliographie.

Die thematische Gliederung des Gesamtwerks geht aus von der strukturgeschichtlichen Bedeutung städtischer Bürgerschaften für Gesellschaft und Kultur der klassischen griechisch-römischen Antike. Behandelt werden daher – teils gemeinsam, teils getrennt für Griechenland und Rom – Haus und Familie als Grundeinheiten der Stadt, soziale Strukturen und politische Organisationsformen, die auf der Basis städtischer Siedlung entstanden, schließlich außerstädtische und stadtübergreifende politische Strukturen (Reiche, Monarchien) sowie Themenfelder, die auf mehreren der drei Ebenen in Erscheinung traten (Militär, Wirtschaft, Geschlechterrollen, Religion). Methodisch sind die Bände einer Sichtweise verpflichtet, die an der Besonderheit der griechisch-römischen Antike gegenüber anderen vormodernen und gegenüber modernen Gesellschaften interessiert ist und die daher mit der Übertragung von Begriffen und Konzepten, die für moderne Sachverhalte entwickelt wurden, auf antike Phänomene vorsichtig umgeht. Entsprechend werden die begriffsgeschichtliche Dimension gegenwärtigen wissenschaftlichen Sprachgebrauchs und die kulturelle Dimension der behandelten Themen – die aus der Antike überlieferten symbolischen Sinnzuschreibungen und sprachlichen Selbstdeutungen – in die Überlegungen einbezogen.

Eine systematische Enzyklopädie, die in dieser Weise dem heutigen Bild der Antike eine kritische Bestandsaufnahme der vergangenen und gegenwärtigen wissenschaftlichen Beschäftigung mit ihr an die Seite stellt, wird in unterschiedlichen Kontexten von Nutzen sein: Studierende bekommen Überblickswissen zur Einführung geboten und zugleich einen schnellen diskursiven Zugang zu den unterschiedlichen Positionen der Forschung, die sich sonst erst nach längerer Einarbeitung in das jeweilige Thema erschließen. Lehrenden wird ein Arbeitsinstrument für modernen akademischen Unterricht an die Hand gegeben, das nicht nur die Ergebnisse historischer Forschung, das „gesicherte Wissen", sondern auch die Entstehung dieses Wissens vorstellt und das daher bestens geeignet ist für das exemplarische Erlernen der Methoden historischen Arbeitens durch Beobachtung konkreter Forschungsdiskurse. Zweifellos werden die Bände der Enzyklopädie auch in der althistorischen Wissenschaft selbst willkommen sein. Die zunehmende Spezialisierung und die steigende Quantität der Publikationen hat auch hier den Überblick über das Fach längst zum Problem gemacht und das Bedürfnis nach Orientierung über herrschende Meinungen, aber auch über Desiderate und offene Fragen wachsen lassen. Im Kontext wissenschaftlicher Arbeit erleichtert eine systematische Aufarbeitung der Forschung zudem stets auch die kritische Reflexion der Prämissen, Fragen, Begriffe, Theorien und Methoden der bisherigen Beschäftigung mit der Antike. Orientierung über vorhandenes Wissen und Selbstbeobachtung der Forschung aber sind nicht nur Voraussetzung für die Fortentwicklung einer modernen Alten Geschichte, sie erleichtern auch den Zugang zum Fach für benachbarte Disziplinen und für eine breitere, in den letzten Jahren verstärkt an der Antike interessierte Öffentlichkeit.

In gemeinsamen Treffen der beteiligten Wissenschaftlerinnen und Wissenschaftler wurden methodisch-theoretische Fragen und der Zuschnitt der einzelnen Bände diskutiert; die Manuskripte wurden von den Herausgebern vor der Drucklegung kritisch kommentiert. Trotz seines Bezugs auf das Gesamtwerk stellt gleichwohl jedes Buch eine unabhängige und eigenständige Abhandlung der jeweiligen Autorinnen und Autoren dar.

Aloys Winterling

# Zu diesem Band

Die Religion war ein zentraler Bestandteil im Leben der antiken Kulturen. Die religiösen Rituale durchzogen das gesamte Leben und die sakralen Bauten bilden einen großen Teil der materiellen Hinterlassenschaft. Von großen Gemeinschaften über kleinere Gruppen bis hin zum Individuum konnte die Religion in ganz unterschiedlichen sozialen Zusammensetzungen ausgeübt werden. Diese komplexe Konstellation machte die Aufgabe, ein Buch über das religiöse Leben in der griechischen und römischen Kultur zu schreiben, nicht leicht. Prioritäten mussten gesetzt werden. Ein wichtiger Leitgedanke bei der Konzeption des Buches war es, neben den zahlreichen Gemeinsamkeiten die Unterschiede zwischen den religiösen Weltbildern der Griechen und Römer zu verdeutlichen, die oft unterschätzt werden. Auf diese Weise soll auch die Vielfalt der antiken Kulturen deutlich werden, die sich in den unterschiedlichen Entwicklungen in Griechenland und Rom niederschlug.

Beim Abschluss eines größeren Projektes gilt es noch die angenehme Pflicht zu erfüllen, denjenigen Dank zu sagen, die wesentlich für die Realisierung des Buches waren. Hier sind zuerst der Herausgeber der Reihe Aloys Winterling und der Mitherausgeber Winfried Schmitz zu nennen, die beide das Manuskript intensiv gelesen haben und wichtige Hinweise gaben. Frau Hubert vom Oldenbourg Verlag danke ich für das umsichtige Lektorat. Viele Kollegen, denen ich an der Ruhr-Universität Bochum mit ihrem religionswissenschaftlichen Schwerpunkt begegnen durfte, haben nicht nur eine kreative Atmosphäre geschaffen, sondern auch wertvolle Anregungen gegeben. Dies gilt auch und im besonderen Maße für alle Mitarbeiter im Bereich der Alten Geschichte. Hervorzuheben bleibt an dieser Stelle das enorme Engagement und die intensive Unterstützung von Stefan Schorning, der zunächst als studentischer und dann als wissenschaftlicher Mitarbeiter die Entstehung des Bandes begleitet hat. Seine Präzision bei der Redaktion des Textes und bei der Literaturrecherche sowie die vielen spannenden Gespräche zum Inhalt waren eine wichtige Voraussetzung für die Umsetzung des Vorhabens. Dafür sei ihm nochmals nachdrücklich gedankt.

Die Basis der Schaffenskraft war und bleibt meine Familie, der ich dieses Buch widmen möchte.

Bochum, Dezember 2013                                  Bernhard Linke

# Inhaltsverzeichnis

I. Enzyklopädischer Überblick
  1. Einleitung . . . . . . . . . . . . . . . . . . . . . . . . . . . 1
  2. Die sakralen Mächte . . . . . . . . . . . . . . . . . . . . 3
     2.1 Einheit und Vielfalt: Die spezifischen Konstellationen in polytheistischen Religionen . . . . . . . . . . . . 3
     2.2 Die sakralen Mächte in Griechenland . . . . . . . . 4
     2.3 Die sakralen Mächte in der römischen Kultur . . . . 10
  3. Sakrale Rituale . . . . . . . . . . . . . . . . . . . . . . . 14
     3.1 Grundsätzliches zur Bedeutung von sakralen Ritualen 14
     3.2 Die antiken Rituale und ihre Teilnehmer . . . . . . . 15
     3.3 Religiöse Feste . . . . . . . . . . . . . . . . . . . . . 21
     3.4 Die Rituale in Griechenland . . . . . . . . . . . . . 22
     3.5 Die römischen Rituale . . . . . . . . . . . . . . . . . 27
  4. Die Heiligtümer . . . . . . . . . . . . . . . . . . . . . . . 31
     4.1 Die griechischen Heiligtümer . . . . . . . . . . . . . 32
     4.2 Die römischen Heiligtümer . . . . . . . . . . . . . . 35
  5. Die Priester . . . . . . . . . . . . . . . . . . . . . . . . . 39
     5.1 Sakrale Autorität: Allgemeine Bemerkungen . . . . . 39
     5.2 Die griechischen Priester . . . . . . . . . . . . . . . 40
     5.3 Die Priester in Rom . . . . . . . . . . . . . . . . . . 44
  6. Die griechische und die römische Religion im Vergleich – eine Bilanz . . . . . . . . . . . . . . . . . . . 49
     6.1 Religion und Gesellschaft in den antiken Kulturen . . 50
     6.2 Die Formen sakraler Präsenz . . . . . . . . . . . . . 55
     6.3 Resümee zu den antiken Weltbildern . . . . . . . . . 60

II. Grundprobleme und Tendenzen der Forschung
  1. Forschungsgeschichte . . . . . . . . . . . . . . . . . . . 63
     1.1 Geschichte der Religionswissenschaft . . . . . . . . . 63
     1.2 Einführungen in die Religionswissenschaften . . . . . 67
     1.3 Forschungsgeschichte zur antiken Religion . . . . . . 68
     1.4 Standard- und Überblickswerke . . . . . . . . . . . . 73
  2. Die sakralen Mächte . . . . . . . . . . . . . . . . . . . . 77
     2.1 Einheit und Vielfalt: Die spezifischen Konstellationen in polytheistischen Religionen . . . . . . . . . . . . 77
     2.2 Die sakralen Mächte in Griechenland . . . . . . . . 78
     2.3 Die sakralen Mächte in der römischen Kultur . . . . 88

3. Sakrale Rituale .................................... 95
   3.1 Grundsätzliches zur Bedeutung von sakralen Ritualen 95
   3.2 Die antiken Rituale und ihre Teilnehmer ....... 96
   3.3 Religiöse Feste ............................ 100
   3.4 Die Rituale in Griechenland ................ 102
   3.5 Die römischen Rituale ..................... 110
4. Die Heiligtümer ................................. 117
   4.1 Die griechischen Heiligtümer .............. 117
   4.2 Die römischen Heiligtümer ................ 126
5. Die Priester ..................................... 129
   5.1 Sakrale Autorität: Allgemeine Bemerkungen ..... 129
   5.2 Die griechischen Priester .................. 130
   5.3 Die Priester in Rom ....................... 137

## III. Literatur

1. Forschungsgeschichte ........................... 147
   1.1 Geschichte der Religionswissenschaft ........ 147
   1.2 Einführungen in die Religionswissenschaften .... 148
   1.3 Forschungsgeschichte zur antiken Religion ..... 149
   1.4 Standard- und Überblickswerke ............. 151
2. Die sakralen Mächte ............................. 153
   2.1 Einheit und Vielfalt: Die spezifischen Konstellationen in polytheistischen Religionen ............... 153
   2.2 Die sakralen Mächte in Griechenland ........ 153
   2.3 Die sakralen Mächte in der römischen Kultur .... 157
3. Sakrale Rituale .................................. 160
   3.1 Grundsätzliches zur Bedeutung von sakralen Ritualen 160
   3.2 Die antiken Rituale und ihre Teilnehmer ....... 161
   3.3 Religiöse Feste ............................ 163
   3.4 Die Rituale in Griechenland ................ 164
   3.5 Die römischen Rituale ..................... 167
4. Die Heiligtümer ................................. 171
   4.1 Die griechischen Heiligtümer .............. 171
   4.2 Die römischen Heiligtümer ................ 177
5. Die Priester ..................................... 179
   5.1 Sakrale Autorität: Allgemeine Bemerkungen ..... 179
   5.2 Die griechischen Priester .................. 179
   5.3 Die Priester in Rom ....................... 181

## Anhang

Abkürzungen ......................................... 187

Register
  Personenregister . . . . . . . . . . . . . . . . . . . . . . . 189
  Orts- und Sachregister . . . . . . . . . . . . . . . . . . . 193

# I. Enzyklopädischer Überblick

## 1. Einleitung

Religion ist ein komplexes kulturelles Phänomen, das die Deutung der Welt auf der Basis kollektiver Weltentwürfe, die Kommunikationsformen mit sakralen Mächten und die Suche nach individuellen Sinnhorizonten umfasst. Der Versuch, die einzelnen Bestandteile und ihr Verhältnis zueinander allgemein gültig für alle Religionen definieren zu wollen, erscheint angesichts der vielfältigen und vielschichtigen religiösen Deutungsentwürfe, die sich im Laufe der Kulturgeschichte der Menschheit entwickelt haben, nicht angemessen. Die definitorische Annäherung an das Phänomen Religion wird noch zusätzlich dadurch erschwert, dass in diesem Bereich die subjektiven Selbstbeschreibungen in einem besonders starken Spannungsfeld zur distanzierten Außensicht in den modernen wissenschaftlichen Rekonstruktionen steht. Die Kernherausforderung bei der wissenschaftlichen Rekonstruktion von Religionen besteht also darin, die subjektiven Überzeugungen der Beteiligten der jeweiligen Religion angemessen in die Darstellung einfließen zu lassen, ohne sie zum alleinigen Kriterium bei der Beschreibung des religiösen Lebens zu erheben.

Lange Zeit ging die geistesgeschichtliche Tradition von der intellektuellen Überlegenheit der so genannten Buchreligionen aus. Religionen mit einer anderen sakralen Verwurzelung wurden als nachrangig, wenn nicht sogar ‚primitiv' angesehen, was sich in dem negativ konnotierten Begriff ‚heidnische Religionen' niederschlug. Diejenigen geistigen und religiösen Strömungen in der Antike, die man als Vorläufer christlicher Glaubensinhalte und moderner Weltinterpretation meinte interpretieren zu können, wurden als fortschrittlich und anspruchsvoll hervorgehoben, während sakrale Strukturen und Überzeugungen, die im eindeutigen Gegensatz zum christlichen Monotheismus standen, als primitiv und substanzlos eingestuft wurden.

„Primitive Religion"

Diese negative Wertung war aber durchaus zwiespältig, weil sich die europäische Kulturtradition weitgehend als Fortsetzung und Weiterentwicklung der geistigen Leistungen der Antike verstand. Aus diesem Zwiespalt heraus wurde es als eine wesentliche Kulturleistung der antiken Gesellschaften angesehen, sich selbst von den primitiven Strukturen des heidnischen Weltbildes befreit zu haben und damit zum entscheidenden Impulsgeber für die intellektuelle Entwicklung Europas geworden zu sein. Nicht die Harmonie zwischen religiösem Weltbild und geistiger Entwicklung in der Gesellschaft war also aus dieser Sicht das Bestimmende in der Antike. Im Gegenteil, gerade die zunehmende Distanz der

Marginalisierung der antiken Religion

geistig führenden Schichten zu den traditionellen religiösen Weltentwürfen seien zur produktiven Triebfeder geworden, die in den antiken Kulturen die Fundamente des modernen Europas habe entstehen lassen. Vor diesem Hintergrund verwundert es nicht, dass die antike Religion in der Forschung lange Zeit wenig beachtet wurde. Den Belegen für die Lebendigkeit der antiken Religionen wurde dabei nur eine geringe Relevanz zugebilligt, so dass Religion zumeist nicht als eine tragende Säule des gesamten gesellschaftlichen Zusammenhanges angesehen wurde, sondern als ein Kulturphänomen unter anderen. Die Beschäftigung mit den antiken Religionen wurde daher für lange Zeit eine Domäne von kulturwissenschaftlichen Spezialisten.

*Die Wiederentdeckung der antiken Religion*

In den zurückliegenden dreißig Jahren hat sich in dieser Hinsicht eine radikale Wende vollzogen. Zu groß wurde die Diskrepanz zwischen der Selbstbeschreibung der antiken Kulturen, die immer wieder die enorme Bedeutung der spezifischen religiösen Verwurzelung ihres Handelns und Zusammenlebens hervorgehoben haben, und der modernen Abwertung des sakralen Lebens. Gefördert durch wesentliche Impulse aus der modernen Ethnologie und Anthropologie, ist die Einschätzung des Verhältnisses von Religion und Gesellschaft mittlerweile grundlegend revidiert worden. Statt in der Religion und ihren Organisationsstrukturen ein kulturelles Phänomen mit schwindender Relevanz zu sehen, wird sie nun als ein grundlegender Bestandteil des sozialen Lebens eingeschätzt, der eine wichtige Ankerfunktion für die ganze Gesellschaft besaß.

So zeigen die modernen Analysen, dass der Kult das ganze Leben der Menschen umschloss. Die Religion half kollektive Krisen- und Angstsituationen zu überwinden. Die Feste strukturierten den Aufbau des sozialen Jahres und verliehen damit der zeitlichen Dimension des Lebens eine gemeinsame Ordnung. Die räumliche Dimension wurde im Rahmen der großen Prozessionen rituell erfasst, bei denen die sozial gegliederte Bürgerschaft die verschiedenen Zentren ihrer Lebenswelt im religiösen Zug miteinander verband. Die Teilnahme an den Opferritualen symbolisierte die Zugehörigkeit zur politischen Gemeinschaft und diente damit der Selbstvergewisserung der sozialen Identität: „Lebensordnung wird im Opfer durch unwiderrufliche Akte konstituiert, eine Ordnung der Gemeinschaft; so selbstverständlich durchdringen sich ‚Religion' und gewöhnliche Existenz, dass jede Gemeinschaft, jede Ordnung durch ein Opfer begründet sein muß" [1.4.2: BURKERT, Religion 105]. Ausschluss vom Kult und Ausstoß aus der Gemeinschaft waren eins. Kultausübung und Ordnung der menschlichen Lebenswelt bildeten somit eine untrennbare Einheit. Die antiken Gesellschaften können ohne ihre religiöse Dimension nicht angemessen erfasst werden.

## 2. Die sakralen Mächte

### 2.1 Einheit und Vielfalt: Die spezifischen Konstellationen in polytheistischen Religionen

Sowohl die Griechen als auch die Römer besaßen eine polytheistische Religion, d. h. sie fokussierten ihre Überzeugung von der Wirksamkeit göttlicher Handlungen nicht in eine einzige göttliche Macht, sondern sahen sich einer größeren Anzahl göttlicher Mächte gegenüber. Religionen, deren sakrales Deutungssystem sich auf einer polytheistischen Basis konstituiert, gehen von einer Mehrzahl übermenschlicher Subjekte aus, die in autonomer Handlungsfreiheit einzelne Lebensbereiche der natürlichen oder der sozialen Welt beherrschen. Ihr Aktionspotential übersteigt dabei die Optionen menschlichen Handelns bei weitem: Ihre ‚Macht' ist eine umfassende Realisierungskompetenz, ihr ‚Wissen' eine weitreichende Planungsfähigkeit und ihr ‚Wille' eine übergreifende Intentionalität. [Gladigow] Eine solche religiöse Konzeption setzt voraus, dass zwischen dem göttlichen Wesen und seinem Wirkungsbereich unterschieden wird, so dass der Gott in ein Herrschaftsverhältnis zu den seinem Willen unterworfenen materiellen Objekten oder personalen Subjekten tritt. Die daraus resultierende spannungsreiche Konstellation von multiplen Handlungsmöglichkeiten des Gottes, bei der die wenigen realisierten Optionen vielen nicht in die Wirklichkeit umgesetzten gegenüberstehen, wird zumeist durch eine allgemeine Sinnvorgabe an die göttlichen Intentionen abgemildert. Durch zugeschriebene Eigenschaften und die Einordnung seiner Ziele in einen bestimmbaren Rahmen wird die Subjektivität des persönlichen Gottes in ein sinnhaftes und für die kultischen Handlungen kommunikationsfähiges Spektrum eingebettet.

<small>Gottesverständnis im Polytheismus</small>

Die Götter in polytheistischen Systemen sind im Gegensatz zu den Gottesvorstellungen in monotheistischen Religionen keine transzendenten Wesen, deren Sphäre strikt von der erlebten Welt der Gläubigen getrennt gedacht wird, sondern sie sind im Gegenteil eng mit dieser verbunden. Hier kommt es zu einem Spannungsverhältnis zwischen der sich aus der personalen Identität ableitenden Handlungsfreiheit der Gottheiten und deren Eingliederung in eine gemeinschaftliche Ordnung, auf der letztlich die erfahrbare Welt beruht. Polytheistische Religionen müssen die grundlegende Problematik des Binnenverhältnisses zwischen den Gottheiten klären. Dafür gibt es in der Religionsgeschichte vielfältige Lösungsperspektiven, die die Gottheiten in ganz unterschiedliche Zusammenhänge einordnen. Häufig wird eine hierarchische Struktur ausgebildet, bei der die ‚normalen' Gottheiten sich einer dominanten Gottesfigur unterordnen müssen. Trotzdem bleibt es dem Polytheismus wesenseigen, dass diese göttliche Hierarchie nicht zur Aufgabe der Handlungsfreiheit der einzelnen Gottheiten führen darf, da ansonsten ihre Existenz an sich ihren religiösen Sinn verlöre und sie letztlich in der dominanten Gottheit aufgingen. Die Ordnung der Götter und ihr jeweiliger aktiver Spielraum sind somit zwei Pole einer religiösen Wirklichkeit. Hinzu kommt, dass die wichtigen Gottheiten, die das Pantheon bilden, sich oft in ihrem Wirkungsraum einer Vielzahl von kleineren Gottheiten und Halbgottheiten von lokaler Bedeutung gegenübersehen, die im Kultalltag nicht selten eine fundamentale Rolle spielen. So versuchen polytheistische Weltbilder, die Komplexität der sie umgebenden Welt in eine komplexe Sphäre göttlicher Mächte zu übersetzen, die dem Menschen durch den Kult eine sinnvolle Eingliederung seiner Existenz in die natürliche Ordnung erlaubt.

## 2.2 Die sakralen Mächte in Griechenland

### 2.2.1 Die Gottheiten

Die Vorstellung zu rekonstruieren, die die Griechen sich von ihren sakralen Mächten gemacht haben, ist äußerst schwierig. Gerade in diesem Bereich wirkt es sich aus, dass die Griechen keinerlei Form von Theologie oder anderen, allgemein verbindlichen religiösen Deutungssystemen entwickelt haben. Die griechische Religion wurde nicht durch einen Offenbarungsakt gestiftet, durch den die Gottheiten ihr Wesen und ihren Willen direkt mitteilten. Stattdessen spielten regionale Traditionen, die auf einer Vielzahl von Einzelinterpretationen und der Fortentwicklung lokaler Kultformen beruhten, eine entscheidende Rolle.

*Interpretationsprobleme* — So bleibt die moderne Forschung bei der Annäherung an die Sichtweise der Griechen auf die göttlichen Kräfte vor allem auf die literarischen Werke und die Deutung der bildlichen Darstellungen in den Kunstwerken angewiesen. In beiden Fällen dauert allerdings die Diskussion darüber an, ob die dort gegebenen Interpretationen der göttlichen Kräfte die alltägliche Sichtweise der Menschen widerspiegeln oder nicht eher genrebedingt künstlerische Umdeutungen darstellen. Einen wichtigen Impuls zur Vereinheitlichung zumindest fundamentaler Züge bei der Interpretation der göttlichen Mächte haben ohne Zweifel die literarisch überaus bedeutsamen und wirksamen Werke von Homer und Hesiod gegeben.

Unbestritten ist jedoch, dass die Griechen sich in ihrem Leben von einer Vielzahl von sakralen Mächten umgeben sahen, die einen fundamentalen Einfluss auf sie ausübten. Das Spektrum dieser Mächte war ganz erheblich: Es reichte von lokal gebundenen Kräften, die nur für eine bestimmte menschliche Gemeinschaft eine sakrale Bedeutung besaßen, bis hin zu machtvollen Gottheiten, deren Wirkung aus der Sicht der Griechen eine kosmische Dimension aufwies.

Innerhalb dieses komplexen Spektrums der sakralen Mächte gab es bei den Griechen die Tendenz zwischen olympischen und chthonischen Gottheiten zu unterscheiden. Während die olympischen Gottheiten mit klarer individueller Kontur eher mit den himmlischen Sphären assoziiert wurden, waren die chthonischen Gottheiten Mächte der Tiefe und des Untergrunds, deren Wirkungsweise zwar nicht zwangsläufig negativ und destruktiv sein musste, die aber stets den Aspekt des Unsicheren und Beunruhigenden beinhaltete. In diesen sakralen Bereich gehören der Totenkult, der Kult für Kräfte der Fruchtbarkeit und der Naturgewalten sowie für Mächte, die Unrecht und Verunreinigung rächten und bestraften. Zumeist traten diese Mächte nicht als klar konturierte Einzelgottheiten auf, sondern wirkten in Gruppen, wie die Erinyen, die Rachegeister für die Ermordeten. Eine allzu strikte Trennung zwischen den chthonischen und den olympischen Gottheiten entspräche jedoch nicht der komplexen Wahrnehmung der sakralen Kräfte durch die Griechen, da auch die olympischen Gottheiten in bestimmten Kontexten Erscheinungsformen annehmen konnten, die denen der chthonischen Mächte eng verwandt waren.

Olympische und chthonische Gottheiten

Die großen olympischen Gottheiten traten den Menschen in ambivalenter Form entgegen. Die literarischen und kunsthistorischen Zeugnisse gaben ihnen zumeist eine menschenähnliche Gestalt. Allerdings war ihre äußere Erscheinung allein von der Größe den Menschen deutlich überlegen. Zudem wurden die Götter in idealisierter Weise dargestellt. Schönheit, Anmut und körperliche Makellosigkeit verliehen ihnen eine Aura, die dem zeitlichen Verfall der menschlichen Existenz klar entgegengesetzt war. Diese Entzeitlichung des Erscheinungsbildes bedeutet aber nicht, dass die Götter alle im jugendhaften Alter dargestellt werden. ‚Jugendliche' Gottheiten, wie Athena und Apollon, kontrastierten mit äußerlich ‚älteren' Gottheiten, wie Zeus, Hera und Poseidon. Diese Altersattribute blieben über die Jahrhunderte konstant. Das Vergehen der Zeit für die Menschen wurde also auf der göttlichen Ebene nicht mitvollzogen. Die Götter wurden als unsterblich gedacht und damit der fundamentalen Begrenztheit jeder menschlichen Existenz enthoben. Die Altersunterschiede im Äußeren verweisen allerdings darauf, dass die Götter nicht als ewig gedacht wurden in dem Sinne, dass sie keinen Anfang hätten, und, wie es beim christlichen Gottesverständnis der Fall ist, in ihrem Sein dem Beginn der menschlich fassbaren Welt vorgelagert wären.

Die olympischen Götter

Griechische Götter wurden gezeugt und geboren und stehen damit in der Tradition einer längeren Entwicklung, die ihr eigenes Dasein in der Vergangenheit übersteigt. Den älter gedachten Gottheiten wurde dabei ein früherer Zeitpunkt der Entstehung zugewiesen als den jüngeren. Die Vorstellung von der Erscheinungsform der Gottheiten kann so als eine geronnene Evolution der kosmischen Kräfte angesehen werden. Im My-

*Zeus*

thos wird der evolutionäre Aspekt in den kosmischen Abläufen durch die Etablierung einer neuen Ordnung durch den höchsten Gott Zeus unterbrochen, die dieser nach schweren Kämpfen mit sakralen Rivalen durchzusetzen vermochte. Sein Kampf mit dem Vater Kronos schuf erst die Grundlage für die neue Ordnung, die auf der Synthese aus Macht und Recht in seinem Wirken beruht (Hes. Theog. 71–74). Der Sieg im Ringen der sakralen Mächte verlieh Zeus eine weit herausgehobene Position unter den Göttern. Obwohl die polytheistische Weltdeutung der absoluten Überhöhung einer einzelnen Gottheit Grenzen setzt, wird doch deutlich, dass Zeus weniger als Teil einer höheren Ordnung denn als deren Begründer und Quelle angesehen wurde. Zwar gab es mit Poseidon, Hera und Hades weitere Gottheiten, die ebenfalls Kinder des Kronos waren und damit genealogisch auf derselben Stufe wie Zeus standen, doch ist sein Primat unter den Geschwistern unbestritten. Zeus inkarnierte die Ordnung und dominierte auf diese Weise die Welt. Die Handlungsspielräume der anderen Gottheiten konnten sich nur entfalten, soweit Zeus ihnen die notwendigen Freiräume zugestand (Hes. Theog. 884–885). Allerdings blieb auch die Ordnung des Zeus nicht vollkommen frei von jeglicher Gefährdung. Potentiell konnte auch sie eines Tages untergehen. Jedoch gibt es dafür keine religiösen Konzeptionen in den griechischen Quellen.

*Die Ordnung der Welt*

Grundlegend für das Verhältnis der Götter zur menschlichen Lebenswelt bleibt aber die Tatsache, dass Zeus und die anderen Götter zwar die Ordnungsstrukturen der Welt garantierten, diese aber nicht geschaffen haben, genauso wenig wie die Menschen. Die Welt war daher nicht der Ausdruck der Schöpfungskraft und des planerischen Gestaltungswillens der Götter, sondern sie war die Wohnstatt der Götter ebenso wie die der Menschen. Die Menschen teilten sich mit den Göttern ihre Lebenswelt, auch wenn diese ihre Existenz in einer anderen Sphäre innerhalb der Welt verbrachten. Daher boten die Götter den Menschen auch keine Perspektive für ein Leben nach dem Tod. Spekulationen über ein Überwinden der fundamentalen Daseinsbeschränkungen des irdischen Lebens durch eine ewige Fortexistenz der Seele nach dem Tod gab es auch in Griechenland, doch wurde diese Möglichkeit kaum im Zusammenhang mit dem Wirken der olympischen Götter gesehen. Zwischen dem Schicksal der Menschen und dem Walten der Götter gab es also keine eschatologische Verbindung, die die Menschheit von ihren Ursprüngen bis zum unweigerlichen Ende ihres Daseins mit dem göttlichen Wirken verknüpft hätte.

*Götter und Menschen*

Stattdessen führten Menschen und Götter eine parallele Existenz in einem gemeinsamen Kosmos. Dabei war das gestalterische Potential der Götter in dieser gemeinsamen Welt den menschlichen Handlungsmöglichkeiten allerdings unendlich überlegen. Sie beherrschen die Naturkräfte und wirkten mit ihren Aktionen tief in die Gesellschaft hinein. Diese eklatante Asymmetrie in der Kraftentfaltung und den Gestaltungsmöglichkeiten führte dazu, dass die Menschen ein intensives

Bedürfnis nach einem ungestörten Zusammenleben mit den göttlichen Mächten empfanden. Während die Götter sich selbst genug waren, verspürten die Menschen ein tiefes Gefühl der Abhängigkeit vom Wohlwollen der göttlichen Mächte.

So verwundert es nicht, dass die Götter kaum aktive Anstrengungen unternahmen, der menschlichen Lebenswelt eine Struktur aufzuzwingen, die ihren Vorgaben entsprach. Daher kannten die Griechen auch nur wenige moralische Gebote, die eine religiöse Fundierung besaßen. Der Schutz der Fremden und das Asylrecht der Heiligtümer standen unter der strikten Obhut von Zeus, dessen Rache alle fürchten mussten, die gegen diese Gebote verstießen. Jenseits dieser göttlich geschützten Normen war den Griechen eine religiös legitimierte Regulierung ihrer Lebensweise fremd.

So war das Verhältnis zu den Göttern nicht von moralischen Kategorien und allgemeinen Normen der Lebensführung geprägt. Es war vielmehr die Fähigkeit und die Kraft der Götter, die stabile Rahmenbedingungen für die Entfaltung der menschlichen Lebenswelt sicherten, so dass ihre angemessene Verehrung zur fundamentalen Basis menschlicher Existenz überhaupt wurde.

Die Ehrung im Kult erfreute die Götter, zeigte sie doch die Bereitschaft der Menschen, den Göttern durch die Beachtung von Kultvorschriften und die Konzentration kollektiver Aktivitäten auf die Kommunikation mit den sakralen Mächten einen herausragenden Platz in ihrem Leben zu reservieren. Diese Zuwendung zu den Göttern war eine wichtige Voraussetzung für deren Wohlwollen. Doch entstand daraus, zumindest von Seiten der Götter, keine innere Bindung. Die Götter liebten die Menschen nicht. Ob dies umgekehrt der Fall sein konnte, bleibt in der Forschung umstritten.

*Das Verhältnis der Griechen zu ihren Göttern*

Die griechischen Götter umgab ein Aspekt der Ferne. Sie waren für den Menschen nicht verfügbar. So positiv ihr Wirken für die menschliche Lebenswelt sein konnte, konnte es doch im nächsten Moment katastrophale Folgen zeitigen. Das Wesen der griechischen Götter war ‚umschlagend', so hat es GEORG FRIEDRICH CREUZER schon im 19. Jahrhundert treffend formuliert. Diese komplexe Wirkungsweise der Götter dürfte auch eine wichtige Ursache dafür gewesen sein, dass wir kaum Berichte über direkte Epiphanien von Göttern, also deren wahrnehmbare Erscheinung in Menschengestalt, besitzen.

Wenn Götter ihre Anwesenheit zeigen wollten, dann eher durch Handlungen, Naturereignisse oder symbolhafte Zeichen. Dem einzelnen Menschen erschienen sie vor allem in Träumen oder psychischen Grenzzuständen. Der unmittelbare Kontakt zum Göttlichen barg für den Menschen dabei nicht unerhebliche Risiken. Wahnsinn und Gottbesessenheit konnten ineinander verschwimmen. Diese Form des ‚inneren Kontaktes' bildete allerdings die Ausnahme.

**Kommunikation zwischen Menschen und Göttern**

Die Kontaktaufnahme des Menschen zu den Göttern erfolgte durch das laute und deutlich vernehmbare Aussprechen des Gebetsrufs. Ob es auch ein stilles Gebet ohne laute Artikulation gab, wird in der Forschung diskutiert. Die Regel war es nicht. Die Griechen unterstellten bei der Anrufung, dass die Götter ihre Sprache verstehen. Wenn sich allerdings die Götter an die Menschen wandten bzw. im Rahmen der Orakel auf deren Fragen reagierten, waren ihre Botschaften zumeist schwer verständlich und erforderten einen hohen Interpretationsaufwand. Dass die Götter in anderen Ländern unter anderen Namen und mit differierenden Riten angerufen und verehrt wurden, bereitete den Griechen kein Problem. Die Hinweise, die wir dazu in den Quellen finden, legen den Schluss nahe, dass die Griechen davon ausgingen, dass es sich bei diesen göttlichen Wesen im Kern um dieselben Götter handelte, die auch sie verehrten, diese nur in fremden Ländern an anderen Namen und Ritualen Gefallen fanden. Das Bedürfnis einer ‚theologischen Harmonisierung' ist bis zum Ende der klassischen Zeit nicht festzustellen.

**Die Götter als Personen oder Mächte**

Angesichts dieser Informationslage ist eine Gesamteinschätzung der Sichtweise der Griechen auf ihre Gottheiten nicht einfach. Diskutiert wird in der Forschung vor allem, ob die griechischen Götter eine persönliche Gestalt besaßen oder ob sie abstrakte Mächte waren, deren menschenähnliches Auftreten in Literatur und Kunst nur als Hilfestellung für die Menschen bei der Erfassung dieser Mächte dienen sollte. Zu Recht wird in aktuellen Untersuchungen darauf hingewiesen, dass beide Aspekte in der griechischen Religion nicht voneinander getrennt werden können. Zusammen bilden sie jeweils die Pole im polytheistischen Spannungsfeld von Ordnung und Personalität.

**Epitheta**

Diese facettenreiche und von situativen Momenten beeinflusste Auffassung der göttlichen Mächte zeigt sich auch daran, dass die Griechen die großen olympischen Gottheiten nur äußerst selten in ihrem ganzen Wirkungsspektrum verehrt haben. Stattdessen wurden die Gottheiten im Kult in vielfältige Einzelaspekte aufgeteilt, die durch spezielle Beinamen (Epitheta) kenntlich gemacht wurden. So kennen wir für wichtige Gottheiten wie Zeus oder Athena aus ganz Griechenland oft mehr als 100 verschiedene Kultbeinamen, wie *Zeus polieus/Athena polias* = Beschützer(in) der Stadt oder *Zeus agoraios* = Wächter über die Agora. Viele dieser Beinamen sind für uns aber sprachlich nicht mehr verständlich und existierten häufig nur in einer Polis. Sie sind Ausdruck einer lebendigen Kultentwicklung, die ganz von regionalen Faktoren geprägt war.

Hier wirkt sich wieder die grundlegende Tatsache aus, dass die Griechen in religiösen Fragen keine zentrale Autorität kannten. Das Kultspektrum in den Poleis orientierte sich an den Traditionen der Väter und Vorväter (*patrioi nomoi*), die im Laufe der Zeit Ergänzungen erfahren konnten. Diese Veränderungen waren das Resultat einer internen Konsensbildung und nicht die Umsetzung einer externen Vorgabe.

Durch diese lebendige Weiterentwicklung regionaler Kulttraditionen entstand in jeder Polis ein spezifisches Kultspektrum, das dem religiösen Leben der Polis einen ganz eigenen und unverwechselbaren Charakter gab. Dabei ist kein Bestreben zu erkennen, alle wichtigen Gottheiten in gleich intensiver Weise zu ehren. Zwar wurden im Rahmen der Vielzahl von Opfern und Kultritualen, die die religiösen Kalender der Poleis vorschrieben, die herausragenden Götter mitbedacht, doch entstand in nicht wenigen Poleis – z. B. in Argos zu Hera oder in Ephesos zu Artemis – zu einer Gottheit eine so enge Bindung, dass man in der modernen Forschung von Stadtgottheiten spricht, die eine übergreifende Schutzfunktion ausübten.

So waren die Griechen zweifelsohne der Auffassung, dass sie alle die gleichen Gottheiten anbeteten, doch war ihr konkretes religiöses Leben von den Prioritätensetzungen geprägt, die ihre eigene Stadt ihnen vorgab.

*Das religiöse Leben der Polis*

### 2.2.2 Die Heroen

Diese regionale Prägung der Kultrealität verstärkt sich noch, wenn man die Ebene der großen Gottheiten verlässt und die vielen sakralen Kräfte betrachtet, deren Wirkungsbereich eher begrenzt war. Neben den Gottheiten, die in den natürlichen Gegebenheiten der jeweiligen Landschaft verehrt wurden, gehörten dazu vor allem die Heroen, deren Kulte eine hohe Bedeutung im alltäglichen Leben der Menschen besaßen.

Heroen waren Menschen, die entweder real gelebt hatten oder, was häufiger der Fall war, deren Existenz im Mythos als real gegeben angesehen wurde. Aufgrund herausragender Leistungen hatte die Gemeinschaft die Erinnerung an sie länger bewahrt als an andere Menschen früherer Zeiten. Basis für den Kult der Heroen war die Überzeugung der Griechen, dass der biologische Tod nicht das Ende der Einwirkungsmöglichkeiten auf die menschliche Lebenswelt sei. Sie glaubten stattdessen, dass die Toten weiterhin einen beträchtlichen Einfluss auf die Lebenden besaßen, der eine kultische Ehrung zwingend erforderlich machte, um nicht negativ und destruktiv zu wirken. Das Wirkungspotential der Vorfahren, die die Mitglieder der Gemeinschaft zumindest zum Teil noch selber gekannt hatten und die damit im kollektiven Gedächtnis eine persönliche Kontur behielten, wurde als besonders hoch eingeschätzt. Den Heroen verlieh die intensive Erinnerung an ihre Leistungen durch die gesamte Gemeinschaft einen sakralen Status, der ihre Kräfte in besonderer Weise perpetuierte.

*Die Verehrung der Vorfahren als Heroen*

Die ursprünglich menschliche Natur und damit ihre Abgrenzung zu den eigentlichen göttlichen Mächten blieben darin erkennbar, dass Heroen ein Grab besaßen, an dem sich ihr Kult konzentrierte. Der entscheidende Unterschied zu den Göttern war eben, dass Heroen sterben konnten, Götter nicht. Die Letzteren besaßen deshalb auch kein Grab, sondern ihre Präsenz wurde in der ganzen Welt vorausgesetzt. Die Götter wirkten über-

*Der Unterschied zu den Göttern*

all. Die im Gegensatz zu den göttlichen Mächten empfundene örtliche Begrenzung des Wirkungsspektrums der Heroen, das umso intensiver wurde, je näher man ihrer Grabstelle kam, implizierte den Vorteil, eine exklusivere Beziehung zu diesen sakralen Mächten aufnehmen zu können. Die Heroen waren daher eng mit dem Land verbunden, auf dem die Menschen, die sie verehrten, lebten.

<small>Die Bedeutung des Heroenkultes</small>
Diese Beschränkung bot den Menschen, auf deren Territorium das Grab lag, die verlockende Chance eines besonderen Zugangs zu dieser sakralen Kraft. Dieses Einflusspotential der Heroen konnten die Gemeinschaften durch die Pflege des Kultes positiv für sich nutzbar machen bzw. zumindest deren mögliche negative Wirkungen abwenden. Vor allem Schutz und Unterstützung in militärischen Auseinandersetzungen versprachen sich die Menschen von der gewissenhaften Durchführung der rituellen Handlungen. Auf diese Weise kam den lokalen Heroen eine wichtige Funktion bei der Bestandssicherung des Gemeinwesens zu.

Auf Grund dieser direkten Einwirkungen auf das konkrete Leben standen die Heroen den Menschen oft näher als die fernen Götter des Olymp und prägten die religiöse Orientierung nicht unwesentlich mit. Arbeitsteilig mit den Göttern waren die Heroen also ein wesentliches Element im religiösen Weltbild der Griechen, dessen regionale Dimension auf diese Weise noch verstärkt wurde.

## 2.3 Die sakralen Mächte in der römischen Kultur

Die Welt der Römer war voll von Göttern und anderen sakralen Mächten. Es gab davon unzählig viele. Einige waren groß und mächtig wie Mars, der in Krieg und Frieden das Wohlergehen und die Blüte des römischen Volkes wehrhaft sicherte. Andere lebten nur in einer natürlichen Erscheinung, einem Bach oder einer Quelle. Es gab sogar Gottheiten, die nur ein einziges Mal in Erscheinung traten, wie der *aius locutius*, die ‚sprechende Stimme', eine Erscheinung, die zu Beginn des 4. Jahrhunderts v. Chr. dem Römer Marcus Caedicius, einem einfachen Bürger, nachts auf der *Via Nova* befohlen hat, seine Mitbürger vor dem Angriff der Gallier zu warnen. Doch die Römer beachteten die Warnung nicht und so wurde die Stadt durch die Feinde zerstört (Cic. div. 1,101; 2,69). Diese geheimnisvolle sakrale Macht ist nie wieder aufgetreten, und doch betrachteten die Römer sie als latent wirksam und verehrten sie weiterhin.

<small>Die Übernahme von ‚fremden' Gottheiten</small>
Zudem kamen im Laufe der Geschichte der Stadt immer wieder neue Gottheiten dazu. So übernahmen die Römer Götter von anderen Völkern, wie z. B. den Kult der *Magna Mater* am Ende des 3. Jahrhunderts v. Chr. Diese Übernahmen von Kulten basierten allerdings nicht nur auf friedlichem kulturellem Kontakt. In Kriegszeiten konnten die Römer die Götter der Gegner dazu aufrufen, ihre alte Heimstatt zu verlassen und sich den

Römern anzuschließen, die sie gewissenhaft zu verehren versprachen, wie dies bei der Iuno Regina von Veii zu Beginn des 4. Jahrhunderts v. Chr. der Fall war. Der Erfolg im Krieg bestätigte schließlich den ‚geglückten Seitenwechsel' der betreffenden Gottheit.

Eine Dynamik im Kultspektrum ergab sich auch daraus, dass sich aus dem Kultbereich großer Gottheiten einzelne Aspekte herauslösen konnten, wie z. B. der Kult der *fides*, der Treue, aus dem Kult von Jupiter. So war die Lebenswelt der Römer vielleicht noch intensiver mit sakralen Mächten bevölkert als die der Griechen. Im eigenen Bewusstsein war jedenfalls die besonders intensive und sorgfältige Aufmerksamkeit, die die Römer diesen göttlichen Mächten entgegenbrachten, ein entscheidender Pfeiler der römischen Selbstsicht und des kollektiven Lebensgefühls.

Angesichts dieser Konzentration der kollektiven Orientierung auf die Pflege der störungsfreien Beziehungen zu den sakralen Mächten fällt jedoch auf, dass die Vorstellung, die die Römer sich von ihren Gottheiten machten, noch schwieriger zu fassen ist, als dies bei den Griechen der Fall ist. Auf der einen Seite gibt die Darstellung von Göttern in Form menschengestaltiger Kultstatuen einen wichtigen Hinweis darauf, dass auch den Römern eine anthropomorphe Vorstellung von den Göttern nicht fremd war. Auch auf Münzen sind die Götter in Menschengestalt dargestellt. Abbildungen von Janus, Minerva oder Merkur dienten lange als Symbole für den staatlichen Zusammenhalt, der sich in der gemeinsamen Währung und der Garantie ihres Wertes durch den römischen Staat widerspiegelte. *Die Gottesvorstellungen der Römer*

Auf der anderen Seite beschränkten sich die tradierten Erzählungen über das Walten der Götter in ganz auffälliger Form auf die Darstellung der Handlungen einzelner Gottheiten. Die römischen Schriftsteller stellten kaum Erörterungen oder Spekulationen über die sakrale Wesenheit an, die sich hinter der Handlung verbirgt. *Esse in actu* – das Sein des Gottes tritt in seiner Handlung hervor. Nicht ein von der handelnden Präsenz der sakralen Mächte abstrahierender Glaube an die Existenz der Götter dominierte die römische Religion, sondern die Konfrontation mit deren konkreten Eingriffen in die menschliche Lebenswelt. *Die Gottheit in der Handlung*

Diese Betonung des aktionalen Aspektes bewirkte, dass die Römer kein der griechischen Mythologie vergleichbares Erzählen über die sakrale Sphäre und die in ihr wirkenden Mächte entwickelt haben. Es gab keine Berichte über die Entstehung der Gottheiten und keine Deutung der Weltentwicklung wie bei Hesiod. In der römischen Literatur finden sich nur wenige Ansätze zu großen Erzählungen, in denen die heroischen Leistungen früherer Generationen mit dem Wirken der göttlichen Mächte verbunden wurden.

Auch das Binnenverhältnis der römischen Gottheiten ist von den Römern nicht in Form fester Bindungen, wie z. B. in Familienbeziehungen oder festen Freund–Feind-Verhältnissen, reflektiert worden. Dies ist um- *Beziehungen der Götter untereinander* so bemerkenswerter, als in den Kulten nicht selten mehrere Gottheiten gemeinsam angerufen wurden und oft auch die Heiligtümer von mehreren Gottheiten geteilt wurden, wie z. B. der große Tempel auf dem Capitol, der der Trias aus Jupiter, Iuno und Minerva geweiht war. Auch andere Gottheiten konnten sich in einem Heiligtum aufhalten, wie schon die Formeln bei der Aufgabe bzw. Verlegung einzelner Heiligtümer zeigten, in denen ausdrücklich auch Gottheiten, die man z. T. nicht beim Namen nennen konnte, zum wohlwollenden Verlassen des Ortes aufgefordert wurden.

Die römischen Gottheiten stehen daher für uns in einer eigentümlichen Weise fast unverbunden nebeneinander. Bis auf die Hervorhebung des Jupiter Optimus Maximus, die wiederum bezeichnenderweise nicht so sehr durch die Entwicklung theologischer Konstruktionen deutlich wird, sondern vor allem durch die ganz starke Konzentration zentraler Kulthandlungen der staatlichen Führung auf die Verehrung dieser Gottheit, lassen sich kaum Beziehungsmuster zwischen den Gottheiten aufzeigen, die ihrem Zusammenwirken einen systemhaften Bezug gäben, wie dies bei den griechischen Gottheiten zumindest in der Literatur der Fall ist. Die Sphäre der sakralen Mächte war im römischen Kulturbereich also auf den ersten Blick durch den Kontrast zwischen der Vielzahl der sakralen Mächte und der geringen Ordnungstiefe zwischen diesen Mächten geprägt.

*Die gesellschaftliche Bedeutung der sakralen Mächte*

Diese zunächst eigentümlich wirkende Konstellation ist das Resultat einer ganz besonderen Verwobenheit zwischen der Sphäre der römischen Gesellschaft und derjenigen der sakralen Mächte. Ausgangspunkt für die Verehrung selbst der großen Gottheiten in Rom war nicht die Überzeugung, dass diese überall im Kosmos wirkten und daher auch für die römische Gesellschaft von Bedeutung waren. So konzentrierten die Römer sich nicht auf eine kosmologische Dimension ihrer Religion, sondern stellten die soziale Welt ihrer Bürgerschaft in das Zentrum ihrer religiösen Reflexion. Allgemeine Überlegungen zum Aufbau der Welt und dem Wirken der Götter darin gehörten in den Bereich der Philosophie bzw. in die Sphäre der privaten Reflexion über das Leben. Aus der Sicht der Römer sollte man sich dabei aber davor hüten, bei derartigen Gedankengängen die schnell erreichte Grenze zu Spekulation und Aberglaube (*superstitio*) zu überschreiten.

*Pax deorum*

Die Welt mochte voll von göttlichen Wesen sein – solange diese sakralen Mächte sich nicht gegenüber der römischen Gesellschaft bemerkbar machten, waren sie für die Römer als Gemeinschaft uninteressant. Kam es zu Formen der Kontaktaufnahme durch die Götter, z. B. durch Naturereignisse oder ungewöhnliche Vorkommnisse, besaßen die Römer ein reichhaltiges Instrumentarium und Expertenwissen, um die angemessenen Kulte für die betreffenden sakralen Mächte einzurichten und diese in ihr Pantheon zu integrieren. Verhielten sich die sakralen Mächte dann ruhig, unterblieben also ungewöhnliche Ereignisse, war die Integration geglückt. Das grundlegende Ziel römischer Religiosität war es also, einen sensiblen Gleichgewichtszustand (*pax deorum*) zwischen den relevanten sakralen Mächten und der Gemeinschaft der Römer dauerhaft zu stabilisieren.

Diese Weltsicht schloss nicht aus, dass die sakralen Kräfte woanders auf andere Art und Weise mit den Menschen kommunizierten. Dies war aber nicht das Problem der Römer. Die Richtigkeit ihrer religiösen Verhaltensform konnten sie daran sehen, dass die Götter sich im Alltag ruhig verhielten bzw. im Fall einer Störung besänftigt werden konnten. War dieser Zustand der *pax deorum* gewährleistet, erblühte das römische Gemeinwesen und auch außenpolitische Herausforderungen konnten gemeistert werden. Diese Verzahnung von religiösem Glauben mit politischem Erfolg führte dazu, dass der rasante Aufstieg Roms zur Vormacht in Italien und schließlich zur beherrschenden Macht im ganzen Mittelmeerraum das intensive Gefühl der Römer, als Gemeinschaft eine besondere Beziehung zu den sakralen Mächten zu besitzen, immer weiter verstärkte.

Dieser Glaube an die kollektive Privilegierung kam auch in der Verehrung von Jupiter Optimus Maximus auf dem Capitol als Fokus des gesamtgesellschaftlichen rituellen Handelns zum Ausdruck. Dieser Kult wurde als Fokus zum Sinnbild für Macht und Erfolg der römischen Gesellschaft. Im Gegensatz zum olympischen Zeus steht beim Jupiter Optimus Maximus nicht die Qualität als Lenker der Welt und Träger jeglicher Form von natürlicher und sozialer Ordnung im Vordergrund. Seine Existenz erwies sich in den Siegen und in der Größe des römischen Gemeinwesens. Zu Beginn der Feldzüge versprach er den Römern den Sieg und diese kämpften in der Gewissheit göttlicher Unterstützung so lange, bis das Versprechen des höchsten Gottes Realität wurde. Jeder neue Sieg initiierte einen weiteren Zyklus kollektiver Selbstbestätigung im religiösen Weltbild der Römer. Jupiter Optimus Maximus

Doch die römische Gesellschaft war kein monolithischer Block. Sie basierte auf dem Zusammenleben von Familien, die auf der Ebene ihres sozialen Mikrokosmos eine ganz erstaunliche Autonomie und Unabhängigkeit besaßen. Unter der rechtlich kaum eingeschränkten Führungsgewalt des Familienoberhauptes, des *pater familias*, entfaltete sich in den Familien ein intensives religiöses Leben, das für den einfachen Römer im Alltag keine geringe Bedeutung gehabt haben dürfte. Auch wenn die Familien in der konkreten Ausformung ihrer religiösen Handlungen ihren jeweils eigenen Traditionen folgten und wir daher mit einer beträchtlichen Vielfalt zu rechnen haben, lassen sich doch Gemeinsamkeiten feststellen. Kulte der Hausgemeinschaft

Das Zentrum des Hauses bildete der Herd, dessen Feuer das Überleben der Familie sicherte. Dieser häusliche Feuerkult korrespondierte mit dem Vestakult auf der staatlichen Ebene und war sehr eng mit dem Kult der *dii penates* verbunden, die die Vorräte und damit den Wohlstand des Hauses schützten. Die Felder und Grundstücke außerhalb des Hauses standen unter dem Schutz der *lares*. Zudem hielten die Ahnen nach ihrem Tod ihre schützende Hand über die Lebenswelt ihrer Nachkommen. Die fortdauernde sakrale Kraft der familiären Hausgemeinschaft fokussierte sich im *genius* des jeweiligen *pater familias*, der zusammen mit anderen sakralen Mächten des Hauses verehrt wurde.

Aber auch jenseits des engeren häuslichen Kontextes war gerade die Alltagswelt der Menschen ein Ort, an dem die unglaubliche Vielfalt des römischen Pantheons zum Tragen kam. Die unterschiedlichsten göttlichen Kräfte begleiteten das Leben des Menschen seit seiner Geburt. Die Entwicklung der körperlichen Reife wurde ebenso wie die Ausbildung intellektueller Fähigkeiten in den einzelnen Stadien jeweils speziellen Gottheiten zugeschrieben. Der Schutz vor Krankheiten war wie die Fruchtbarkeit der Felder abhängig von einem komplizierten Zusammenspiel einer Vielzahl sakraler Mächte.

Angesichts der wichtigen Rolle und gelebten Komplexität der Familien- und Alltagsreligion der Römer fehlt es in aktuellen Untersuchungen nicht an Stimmen, die die früher übliche Konzentration der Forschung auf die großen Gottheiten auf gesamtgesellschaftlicher Ebene kritisieren. So berechtigt diese Warnungen sind, bleibt zu beachten, dass die verschiedenen Ebenen der römischen Religiosität nicht analytisch getrennt werden können, sondern nur gemeinsam zu betrachten sind. Das religiöse Leben mit all seinen Schattierungen bildete in Rom die Basis für die Konstitution des sozialen Lebens auf allen Ebenen.

## 3. Sakrale Rituale

### 3.1 Grundsätzliches zur Bedeutung von sakralen Ritualen

In polytheistischen Weltbildern wird die Komplexität der natürlichen und gesellschaftlichen Rahmenbedingungen, mit der sich die jeweilige menschliche Gemeinschaft konfrontiert sieht, durch eine vielschichtige Konstellation sakraler Mächte ausgedrückt. Aus der Sicht der Menschen ist der störungsfreie Kontakt zu diesen sakralen Mächten die unabdingbare Voraussetzung zur Bewältigung der Herausforderungen, die an die Gesellschaft gestellt wurden, nämlich die Sicherung der wirtschaftlichen und sozialen Überlebensfähigkeit.

Bedeutung von Ritualen

Die dauerhafte Stabilisierung der menschlichen Gesellschaft setzt also ein Verhältnis zu den göttlichen Kräften voraus, das erlaubt, deren Einflüsse auf die existentielle Situation der Menschen weitgehend zu antizipieren und sie auf diese Weise mit den eigenen Handlungsperspektiven zu koordinieren: Für Religionen, die ihr sakrales Weltbild nicht in festgelegter Form konzeptionalisieren, erhalten Rituale als standardisierte Wiederholungen von Verhaltensabläufen in festgelegten Kontexten im religiösen Handlungsspektrum eine besondere Bedeutung..

Rituale geben den Gläubigen die subjektive Sicherheit, dass die angestrebte Kommunikation mit den sakralen Mächten geglückt ist und damit ein Einfluss auf das Wirken der ansonsten schwer fassbaren göttlichen Mächte wahrscheinlicher wird. Ungewissheit und Angst vor dem Unerwarteten werden auf diese Weise in hohem Maße in beherrschbare Kategorien überführt, die für die notwendige Planbarkeit menschlichen Verhaltens unabdingbar sind. Damit leisten Rituale in vormodernen Gesellschaften einen wesentlichen Beitrag, um eine Gemeinschaft zu stabilisieren. Gleichzeitig wird bei deren Mitgliedern durch die gemeinsame Ausübung der Ritualhandlungen das Bewusstsein für die kollektive Identität gestärkt. Die Herstellung der Erwartbarkeit göttlichen Handelns und die Stabilisierung sozialer Zusammenhänge bilden also gemeinsam die grundlegenden Funktionen religiöser Rituale.
Funktion von Ritualen

## 3.2 Die antiken Rituale und ihre Teilnehmer

Die antiken Religionen besaßen einen zutiefst aktionalen Charakter. Die Vorbereitung, die Durchführung und das Erleben von sakralen Handlungen waren das entscheidende Element im religiösen Leben der Antike. Gegenüber der Dominanz rituellen Handelns – vor allem auf der gemeinschaftlichen Ebene – traten die Aspekte individueller Spiritualität stark in den Hintergrund. Um zu demonstrieren, dass man zu einer bestimmten religiösen Gemeinschaft gehörte, musste man keine abstrakte Weltinterpretation übernehmen, sondern dazu bereit sein, den angemessenen und vorgesehenen Eigenbeitrag zu den sakralen Handlungen gewissenhaft zu leisten und damit die Grundlagen für deren Wirksamkeit zu stärken. Pointiert könnte man sagen, dass die Menschen in der Antike im religiösen Bereich nicht ‚falsch denken', sondern nur falsch handeln konnten. Persönliche Interpretationen kosmologischer Strukturen und deren religiöse Fundierung wurden solange toleriert, wie diese nicht zu einer Verweigerung der geschuldeten Teilnahme an den kollektiven Ritualen führten. Das empfindliche Gleichgewicht zwischen menschlicher Ordnung und sakraler Sphäre konnte nur so lange gewahrt werden, wie relevante Bevölkerungsteile die Teilnahme an kollektiven Ritualen nicht verweigerte. Die repetitive Garantie der Ordnung im Rituellen war die Grundlage der kollektiven Existenz.
Rituale als Handlungen der Gemeinschaft

Die hohe Bedeutung, die die kollektiven Rituale für die Stabilisierung der antiken Gesellschaften besaßen, beruhte zu wesentlichen Teilen auf der intensiven Einbettung der menschlichen Lebenswelt in die natürliche Umwelt. Wie viele frühe Gesellschaften gingen auch die antiken
Gesellschaftliche Stabilisierungsfunktion

Mittelmeerkulturen davon aus, dass es keine grundsätzliche Trennung zwischen dem sozialen Kontext, der aus den Beziehungen der Menschen untereinander hervorging, und der umgebenden Natur gab. Ausgegrenzt und als eigene Lebenswelt konstituiert wurde die menschliche Gesellschaft nur durch eine Vielzahl von sozialen und sakralen Handlungen, deren gemeinsame Beachtung den fundamentalen Kanon der kollektiven Identitätsstiftung bildete. Erst durch die genaue, ja penible Beachtung von Verhaltensnormen wurde die gemeinsame Wirklichkeit der Menschen aus dem kosmischen Gefüge herausgehoben und dadurch ein soziales Binnenklima erschaffen. Daher wird die menschliche Ordnung in einem ganz engen Austauschverhältnis zur natürlichen Umwelt gesehen.

*Reinheit* Für diese Konstitution der Gesellschaft als eigenständige Größe in der natürlichen Umwelt war die Aufrechterhaltung eines störungsfreien Kontaktes zu den sakralen Mächten von zentraler Bedeutung. Die Beachtung von sakralen Normen und Regeln ermöglichte es der menschlichen Gemeinschaft, in ihrem sozialen Zusammenhang einen Zustand intensivierter Reinheit zu erreichen, der die Gesellschaft als Ganzes in ein besonderes Nahverhältnis zu den göttlichen Mächten versetzte und sie damit aus dem natürlichen Umfeld heraushob.

*Unreinheit als Gefahr* Ungewöhnliche Außenimpulse, die diesen Zustand der Reinheit gefährden und damit den sozialen Raum zu ‚verschmutzen' drohten, mussten durch sakrale Rituale und andere Schutzmechanismen an einem Eindringen in den geschützten Binnenraum der Gemeinschaft gehindert werden. Traten aber trotz dieser Schutzmechanismen Ereignisse auf, die die kollektive Orientierung störten, konnte es zu einer bedrohlichen Lage für die gesamte Gesellschaft kommen. Ungewöhnliche natürliche Ereignisse oder Normverstöße einzelner Mitglieder konnten auf diese Weise zu einer fundamentalen Bedrohung der gesellschaftlichen Ordnung werden. Der damit einhergehende Orientierungsverlust stellte ein traumatisches Szenario dar. Dieser Gefahr, dass die ganze Gesellschaft einem totalen Auflösungsprozess in der natürlichen Umwelt ausgeliefert wird, musste man sich mit aller Kraft entgegenstemmen. Neben den Ritualen der Reinigung und Beseitigung des Außergewöhnlichen bzw. Normverletzenden kam dabei den Mechanismen der Restabilisierung und Selbstvergewisserung der gesellschaftlichen Grundlagen eine entscheidende Bedeutung zu.

Aus der Dominanz des Handlungsaspekts bei der Aufrechterhaltung eines möglichst hohen Grades an sakraler Reinheit in der gesellschaftlichen Sphäre ergab sich auch die Tatsache, dass die Reaktionen auf Verunreinigungen nicht primär durch spirituelle Aspekte geprägt waren, sondern ebenfalls in konkreten, oft physisch erlebbaren Maßnahmen bestanden. So wurden in Griechenland Menschen, die durch die Tötung eines anderen Menschen verunreinigt waren, selbst wenn die Tötung in Notwehr geschah und damit rechtlich nicht verfolgt wurde, häufig durch den Kontakt mit Tierblut ‚gereinigt'. Eine analoge Situation findet man in Athen bei der Reinigung des Versammlungsplatzes der Volksversammlung vor jeder Sitzung durch Tierblut, wodurch der Einfluss schädlicher Kräfte auf die Entscheidungsfindung ausgeschlossen werden sollte. In Rom wurden zum Abschluss des Census, der religiös aufgeladenen Erstellung einer neuen Bürgerliste, in einer weihevollen Zeremonie Opfertiere um das neu konstituierte Bürgerheer geführt, deren anschließendes Opfer die Freiheit der Soldaten von sakraler Befleckung garantieren sollte. Im Rahmen der antiken Religionen war die Veränderung eines sakralen Zustandes nicht das Produkt eines spirituellen Prozesses, sondern körperlich erfahrbarer Handlungen.

Da die Durchführung von sakralen Ritualen eine elementare Grundbedingung für die Aufrechterhaltung der menschlichen Gesellschaft war, war die Berechtigung, an diesen Ritualen teilzunehmen, eine der wichtigsten Formen des Nachweises der Zugehörigkeit zu einer Gruppe und die Intensität des Mitwirkungsgrades ein entscheidender Indikator für den individuellen sozialen Status. Die gesellschaftliche Stellung und die Partizipation an sakralen Handlungen waren also in ein dichtes Netz gegenseitiger Bedingtheit eingewoben.

*Berechtigung zur Ritualteilnahme*

Aus dieser intensiven Interdependenz sozialer und religiöser Faktoren ergibt sich die wichtige Fragestellung, ob der Ausschluss von den politischen Entscheidungsprozessen und Teilen des gesellschaftlichen Lebens eine ähnlich starke Benachteiligung im sakralen Bereich mit sich brachte. Diese Problemstellung ist vor allem für die Einschätzung der Mitwirkungsperspektiven von Frauen, Unfreien und Fremden an den religiösen Handlungen von großer Bedeutung.

Bei der Beteiligung von Frauen am sakralen Leben muss die Antwort differenziert ausfallen. Ein genereller Ausschluss der Frauen vom Kult lässt sich nicht konstatieren. Gerade in Griechenland gab es eine Vielzahl von Priesterstellen, die von Frauen besetzt wurden und die eine hervorgehobene Position im Rahmen der Kulte ihrer Gottheiten besaßen. Zudem traten Frauen bei den übergreifenden Poliskulten in ganz unterschiedlichen Funktionen in Erscheinung, wie z. B. beim Tragen von Opfergeräten oder beim vorbereitenden Weben von Kultgewändern, mit denen die Kultstatue bekleidet wurde. In Rom war der Anteil der Frauen an der Priesterschaft deutlich geringer. Neben der zentralen Priesterschaft der vestalischen Jungfrauen, die in Rom das heilige Feuer hüteten, wäre vor allem bei den sehr alten Priestertümern, wie den *flamines maiores* oder dem *rex sacrorum*, die Rolle der Ehefrauen der Amtsinhaber im Kult zu erwähnen. Zudem wurde in Rom immer wieder die Beteiligung der Frauen an den Bitt- und Dankprozessionen, denen eine zentrale Bedeutung bei der Bewältigung kollektiver Krisenzustände zukam, hervorgehoben.

*Beteiligung von Frauen*

Darüber hinaus lässt sich feststellen, dass es sowohl im griechischen als auch im römischen Kulturraum Kulte und Feste gab, die ausschließlich Frauen vorbehalten waren und bei denen das Verbot männlicher Partizipation streng überwacht wurde. Kulte, von denen Frauen explizit ausgeschlossen waren, bildeten dagegen eine deutliche Ausnahme. Dies darf aber nicht als eine Privilegierung der Frauen interpretiert werden, da diese im gesamten Kultablauf stark zurückgesetzt waren. So ist es wahrscheinlich, dass Frauen in der Regel vom zentralen Ritus des Verzehrs von Opferfleisch ausgeschlossen waren. Allein die in diesem entscheidenden Aspekt in jedem Fall gegebene Benachteiligung zeigt deutlich, dass die Frauen sich in einer von Männern dominierten Welt bewegten und diese Tatsache auch den kultischen Bereich prägte.

*Teilnahme von Nichtbürgern*

Die Teilnahme von Nichtbürgern – Fremden und vor allem Unfreien – an den Kulthandlungen besaß aus der Sicht der jeweiligen Gemeinschaften gegenüber der Rolle der Bürger eine eher untergeordnete Bedeutung. Ausdrücklich verboten war sie aber nur in seltenen Fällen. Vielmehr boten die antiken Kultrituale auch für Nichtbürger nicht wenige Perspektiven zur Integration. Die ausdrückliche Akzeptanz der einheimischen Kulte und deren aktive Pflege durch die Nichtbürger waren wichtige Komponenten bei der Überwindung von Separation in Gesellschaften, die sich durch ihre kleinteiligen Strukturen auszeichneten und daher für Außenstehende relativ hohe Integrationshürden aufwiesen.

*Sklaven*

Wenn das soziale Umfeld dem Sklaven einen entsprechenden Freiraum gab, wurde seine Anwesenheit bei den Kulthandlungen in einer nachgeordneten Position durchaus toleriert. So war es z. B. theoretisch durchaus auch für einen Sklaven möglich, sich in die Mysterien von Eleusis einweihen zu lassen. Doch die geringe Bedeutung ihrer sozialen Qualität und der strikte Ausschluss von allen politischen Aktivitäten führten dazu, dass der Anwesenheit von Sklaven bei Kulthandlungen kein Gewicht zukam. In der Sicht der Gemeinschaft der Bürger bildeten sie in der öffentlichen Sphäre eine religiöse ‚Quantité négligeable'. Diese Tatsache ließ ihre Anwesenheit bei den Kulthandlungen kaum erwähnenswert erscheinen und daraus erklärt sich das verschwindend geringe Interesse in den Quellen.

Das Problem, ob diese tolerierte Anwesenheit wirklich als ‚Teilnahme' angesehen wurde, ist kaum zu lösen. Zu hinterfragen wäre in diesem Zusammenhang vor allem die Eigenmotivation der Sklaven, die hinter dem Wunsch der Anwesenheit bei den Kulthandlungen der Bürger gestanden haben könnte. Ein Hauptaspekt dürfte dabei zweifellos in der Annäherung an den bürgerlichen Status gelegen haben, was allerdings nur für Unfreie interessant gewesen sein dürfte, die schon eine Integrationsperspektive besaßen. Insgesamt dürften die klaren Kategorien von ‚Zulassung' oder ‚Ausschluss' die soziale Realität in der Antike verfehlen. Statt von dieser kategorischen Dichotomie sollte man eher von einem gleitenden Übergang von der ‚tolerierten Anwesenheit' bis zur ‚aktiven Teilnahme' ausgehen. Man könnte diese Situation als Potentialität der Teilhabe an der Wahrnehmung der Religion bezeichnen.

## 3. Sakrale Rituale

Die Beschäftigung von unfreiem Kultpersonal im organisatorischen Bereich des sakralen Lebens scheint keine Probleme bereitet zu haben. Eine feste Regel, für welche Tätigkeit freie Personen und für welche unfreie eingesetzt wurden, lässt sich aus den Quellen nicht rekonstruieren, woraus geschlossen wird, dass der rechtliche Stand einer Person im Rahmen dieser Funktionen keine wesentliche Bedeutung hatte. Ein wichtiger Schwerpunkt im Aufgabenspektrum lag in der Betreuung der Kultbauten. Neben der Erhaltung der Bausubstanz und eines sauberen Gesamtzustandes des Heiligtums kam dem betreffenden Kultpersonal in Abwesenheit der Priester oft die Kontrolle über den Zugang zum Tempel zu. Es gibt Hinweise darauf, dass das Kultpersonal in einigen Fällen auf dem Gelände des Heiligtums lebte. Ob einzelne Nachrichten über eine sehr prekäre wirtschaftliche Situation dieses Personenkreises zu verallgemeinern sind und ob diese auf den unfreien Status der Betreffenden zurückzuführen war, lässt sich kaum mehr entscheiden. Bei den Ritualhandlungen benötigte man vor allem Spezialisten für die schnelle, reibungslose Tötung der Tiere. Insbesondere beim Opfern von Rindern war dies in der Regel von den Opferherrn selber kaum zu leisten, da der Vorgang Spezialkenntnisse und Übung voraussetzte. Im Bereich der römischen Priestercollegien konnten Sklaven auch bei der Verwaltung der Kassen und bei der Ausfertigung und Aufbewahrung von Protokollen eingesetzt werden.

*Unfreies Kultpersonal*

Die Pflege einer eigenen sakralen Tradition und die Sicherung der besonderen Bindung an die sakralen Mächte war in der Antike aber nicht nur an die öffentliche Sphäre gebunden, sondern bildete auch eine entscheidende Grundlage für die Familie und ihr soziales Leben im häuslichen Bereich. Für die Unfreien, die das Glück hatten, im engen Umfeld der Kernfamilie des Haushaltes zu arbeiten, und dabei eine positive Akzeptanz fanden, konnte sich damit die Perspektive zur langfristigen sozialen Integration eröffnen. Unterstützungshandlungen bei der Durchführung der Familien- und Hauskulte konnten diesen Prozess fördern.

*Unfreie in Familien- und Hauskulten*

Auch an dieser Stelle wird deutlich, dass das religiöse Leben für die ‚erfolgreichen Sklaven' und Freigelassenen ein gewisses Aufstiegspotential in der sozialen Lebenswelt und die bedingte Perspektive zur sozialen Vernetzung bereit hielt.

Aber auch diese Perspektiven einer nachgeordneten Partizipation am sozialen und religiösen Leben im Rahmen der Hausreligion konnten dem Schicksal der Sklaven in der Antike nicht seine grundsätzliche Härte nehmen. Spannungen und latente Gewaltbereitschaft konnten nur durch einen nicht unerheblichen Aufwand an Sanktionsdrohungen und -mitteln begrenzt werden. Zur Abmilderung dieser konfliktintensiven Konstellation, die sich aus der dauerhaften Hierarchie zwischen Besitzern und Sklaven ergab, kannten auch die antiken Gesellschaften ritualisierte Handlungen, in deren Rahmen die Herrschaftsverhältnisse für kurze

Zeit karnevalesk umgekehrt wurden und so den Unfreien zumindest für wenige Stunden im Jahr eine privilegierte Stellung gewährt wurde. Jenseits der sekundären Partizipation an Kulten der politischen und häuslichen Gemeinschaft wurden die Unfreien offensichtlich nicht generell daran gehindert, eigene Kulte durchzuführen. Doch besaßen die Unfreien bei den organisatorischen Rahmenbedingungen derartiger Kulte starke strukturelle Nachteile. Angesichts der großen Heterogenität innerhalb ihrer Statusgruppe, deren Angehörige nicht selten von ganz unterschiedlicher Herkunft waren, war die Bildung einer Kultgemeinschaft nicht leicht. Gemeinsame Vorstellungen über religiöse Fundamente der Weltsicht können genauso wenig vorausgesetzt werden wie eine unproblematische Verständigung über den Ablauf zentraler Kulthandlungen.

*Die Bedeutung sakraler Räume*

Dazu trat die Schwierigkeit, dass ein zentraler Aspekt in den polytheistischen Religionen darin bestand, die Präsenz der sakralen Mächte durch Kulthandlungen an einem Ort besonders zu intensivieren. Um dieses Ziel zu erreichen, wurden sakrale Räume aus der sozialen Umwelt ausgegrenzt und durch besondere Reinheitsvorschriften vor negativen Einflüssen geschützt. Die dort in zahlreicher Folge vollzogenen Kulthandlungen verliehen diesen Orten eine besondere sakrale Qualität, die den Kontakt zu den göttlichen Mächten wesentlich erleichterte. Da die Unfreien nur in einem sehr beschränkten Maße über eigenen Besitz verfügten, war es für sie von vornherein deutlich schwieriger, diese günstigen Rahmenbedingungen für die Kommunikation mit den göttlichen Mächten zu gewährleisten. Ihnen war es nur sehr eingeschränkt möglich, Territorien dauerhaft der menschlichen Nutzung zu entziehen und diese ganz der Durchführung von Kulthandlungen zu widmen. Analoges galt für die materielle Ausgestaltung der Kulthandlungen.

*Die Attraktivität alternativer Kulte*

Die Hindernisse, die sich für die intensive Kultausübung von Unfreien im sakralen Kosmos der antiken Gesellschaften auftaten, ließen für diese Bevölkerungsgruppe Religionen attraktiv werden, deren Grundstruktur weniger stark auf die Verwobenheit von gesellschaftlicher Konstellation und Kultgemeinschaft hin geprägt waren. Dies waren vor allem Kulte, bei denen theologische Konzeptionen ein größeres Gewicht gegenüber der Handlungsorientierung in der Kultausübung besaßen. Die Einordnung der sozialen Welt in eine übergeordnete kosmische Interpretation eröffnete die Perspektive, die eigene gesellschaftliche Benachteiligung als einen transitorischen Zustand im Rahmen einer größeren kosmischen Entwicklung zu betrachten und ihr damit einen Teil der Last zu nehmen. So entfalteten insbesondere die Religionen eine Anziehungskraft, die in der Kultausübung dezidiert vom gesellschaftlichen Status abstrahierten und bei denen es zu einer egalisierenden Vermischung mit anderen Statusgruppen kam, wie dies beim Christentum der Fall war.

## 3.3 Religiöse Feste

Die Bedeutung rituellen Handelns für den gemeinschaftlichen Zusammenhang in den antiken Gesellschaften sollte nicht zu der Fehleinschätzung führen, dass das Spektrum sakraler Aktivitäten durch Monotonie geprägt war. Ganz im Gegenteil, in den sakralen Ritualen kommt eine Vielfältigkeit von Handlungsabläufen, Teilnahmeformen und funktionaler Bedeutung für die kollektive Identität zum Ausdruck, die die Komplexität dieser Gesellschaften reflektiert.

Die Handlungsformen reichten vom behutsamen und streng ritualisierten Umgang mit heiligen Objekten bis hin zu Feiern in geradezu provozierender Ausgelassenheit, die einen deutlichen Kontrapunkt zu den sonst in der Öffentlichkeit geforderten Verhaltensnormen setzte. Das rituelle Waschen des heiligen Kultbildes der Athener im Meer an den *Plynteria*, das von einem allgemeinen Gefühl der Unsicherheit während der Zeit der Abwesenheit des heiligen Gegenstandes von der Akropolis begleitet war (Plut. Alk. 34,1), bildete in Athen einen deutlichen Kontrast zu dem enormen Weinkonsum der Kultteilnehmer anlässlich der *Anthesteria*, die Dionysos geweiht waren. Analoges galt für den Bogen sakraler Handlungen, der sich in Rom von weihevollen Stieropfern für Jupiter Optimus Maximus im Namen der gesamten Bürgerschaft auf dem Capitol bis zu den karnevalesken Umkehrungen sozialer Hierarchien anlässlich der Saturnalien spannte.

<small>Vielfältige Handlungsformen</small>

Die Bestätigung der bestehenden Ordnung und der mit ihr verbundenen gesellschaftlichen Unterschiede im Rahmen von Prozessionen und Tieropfern genau wie die situative Umkehrung dieser gesellschaftlichen Normen im Fest, die Konstitution von einzelnen sozialen Gruppierungen in gesonderten Kulten ebenso wie die Demonstration körperlicher Stärke und geistiger Leistungsfähigkeit im Rahmen sakral fundierter Wettkämpfe, die Versuche, durch Orakelbefragungen und persönliche Initiation in Mysterien die Unabwägbarkeiten zukünftiger Entwicklungen zu begrenzen: all dies bildete zusammen das komplexe Kaleidoskop rituellen Handelns.

Die Vielfältigkeit der Handlungsformen korrespondierte mit dem breiten Spektrum der Teilnehmer und deren Partizipationsformen im Ritual: von Priestern, die an den wichtigsten Festen ihrer Gottheit altehrwürdige Sakralhandlungen durchführten, über externe Experten für religiöse Detailaspekte bis zu Menschen, die nur als Zuschauer Ritualen beiwohnten. Vor allem in Griechenland konnte diese unterschiedliche Partizipationsintensität je nach religiösem Anlass zwischen den Beteiligten wechseln. Diejenigen, die bei dem einen Ritual im Zentrum standen, fanden sich bei einer anderen Gelegenheit an der Peripherie wieder.

<small>Die Teilnehmer</small>

Da aber bis auf wenige Ausnahmen die Rituale öffentlich vollzogen wurden und nicht in gesonderten Räumlichkeiten unter Ausschluss von

,Laien' stattfanden, war die Bedeutung der jeweiligen Teilnahmeform für den Erfolg der Rituale von vornherein nicht durch Kategorien wie ,wichtig' und ,bedeutungslos' zu fassen, sondern unterlag graduellen Abstufungen. Selbst die reinen Zuschauer bildeten als soziale Hintergrundfolie für den Ablauf des Rituals einen unerlässlichen Bestandteil für dessen sakrale Sinngebung und damit besaß ihre scheinbare Passivität eine aktive Qualität im rituellen Kontext. In vielen Fällen wurde durch Musik, Tanz, Gesang und wohltuende Gerüche, vor allem aus der Verbrennung von Weihrauch, eine sinnlich erfahrbare, außeralltägliche Gesamtatmosphäre geschaffen, in der kaum zwischen Teilnehmern und Außenstehenden zu unterscheiden war.

*Die Bedeutung von Ritualen und Festen für die menschliche Lebenswelt*

Zusammenfassend lässt sich feststellen, dass das Leben in den antiken Gemeinwesen von einer intensiven Fest- und Ritualkultur geprägt war, die es sowohl der Gesamtheit der Bürger als auch einzelnen Teilgruppen erlaubte, sich im öffentlichen Raum darzustellen und damit ihre kollektive Identität zu sichern und nach außen zu demonstrieren. Die umfangreichen Festkalender, die wir aus beiden Kulturbereichen auf den unterschiedlichen Ebenen des sozialen Lebens antreffen, geben eine Vorstellung davon, in welchem Maße die vielschichtige Festkultur im Laufe des Jahres die Struktur der kollektiven Zeit in den antiken Gemeinwesen prägte. Religiöse Rituale, soziale Gemeinschaft und die kollektive Struktur zeitlicher Abläufe bildeten in der Antike eine untrennbare Einheit. Die Religion stellte somit in einem umfassenden Sinne die Grundlage für die menschliche Lebenswelt dar.

## 3.4 Die Rituale in Griechenland

### 3.4.1 Opfer

Das zentrale Ritual der griechischen Religion war das Opfer. Die Opferhandlung bildete in Griechenland das grundlegende Medium, um eine Beziehung zu den sakralen Mächten zu stiften. Dabei gab es Opfer, die einen dauerhaft festgelegten Platz im Zyklus des jährlichen Festkalenders besaßen, die also periodisch wiederkehrten. Andere Opfer wurden hingegen nur zu besonderen Anlässen durchgeführt, vor allem zur Abwehr von Not- und Krisensituationen.

*Vegetarische Opfer*

In der Antike war überraschenderweise die Auffassung weitverbreitet, dass die vegetarischen Opfer die älteste Opferform überhaupt darstellten, da die Menschen ursprünglich noch kein Fleisch gegessen hätten. In der Tat sind eine Vielzahl vegetarischer Opferformen in Griechenland bezeugt, wobei die Opfergaben aus einer großen Palette von pflanzlichen Produkten bestanden: Früchte, Getreide, Honig, Öl und in seltenen Fällen auch Wolle. Viele dieser landwirtschaftlichen Produkte wurden den Göttern im Rahmen von ‚Erstlingsopfern' (*aparchai*) direkt nach der Ernte als Dank dargebracht. Eine wichtige Rolle spielten auch die Trankopfer, Libationen, die die ganze Lebenswelt der Menschen durchzogen. Gerade die Libationen waren eng mit den Tieropfern verwoben, da sie regelmäßig die Opferhandlungen einleiteten und auch beendeten, indem als letzter Akt Wein in die Flammen des Altars gegossen wurde.

Wenn also nicht generell von einem Gegensatz von vegetarischen und tierischen Opferformen gesprochen werden kann, so bleibt doch festzuhalten, dass das Tieropfer das zentrale Ritual im religiösen Leben der Griechen darstellte. Gruppen, die sich dieser Tradition nicht beugten, wie die Orphiker, mussten mit ihrer Ausgrenzung aus der sozialen Gemeinschaft rechnen. Tieropfer

Beim Tieropfer gibt es zwei idealtypische Optionen zum Ablauf des Rituals: Entweder wird das Tier vollständig durch den Ritualablauf der Verwertung durch die Menschen entzogen oder aber das Opfer bleibt zumindest in Teilen zu ihrer Verfügung. Das Ritual verleiht dann der anschließenden Nutzung, zumeist dem Verspeisen des Opfertieres durch die Menschen, eine besondere sakrale Weihe.

Speise- und Verzichtsopfer als Grundformen des Tieropfers finden sich auch in der griechischen Religion, in deren Terminologie sich diese Dichotomie im Begriffspaar *thysia* und *sphagia* niederschlägt. Auch an dieser Stelle bleibt jedoch der Hinweis wichtig, dass die klare Unterscheidung eher ein Resultat moderner als antiker Konzeptionalisierung ist und in der Forschung weiterhin intensiv diskutiert wird.

### 3.4.2 Die Speiseopfer

Die großen Tieropfer, die *thysiai*, bildeten das Kernelement und den Höhepunkt der sakralen Feste, die ein entscheidender Bestandteil der sozialen Lebenswelt der griechischen Polisgemeinschaften waren. Die bedeutenderen Feste setzten sich in ihrem Ablauf aus verschiedenen rituellen Grundformen zusammen, von denen die Prozession, das Gebet und das Tieropfer die wichtigsten waren, die durch musische bzw. sportliche Wettkämpfe ergänzt werden konnten. Diese rituellen Elemente umrahmten die zentralen Opferhandlungen.

Bei der Auswahl der Opfertiere dominierten ganz klar die Haustiere. Vor allem Schafe, Ziegen, Hühner und Rinder wurden geopfert, während die Opferung von Wildtieren eher die Ausnahme im kultischen Geschehen war. Dies kann zum einen damit zusammenhängen, dass man der Gottheit ein Lebewesen aus der eigenen häuslichen Umgebung opfern wollte, um auf diese Weise die Stärkung der zivilisatorischen Grundlage des Lebens durch die Religion zum Ausdruck zu bringen. Zum anderen sind aber auch rein praktische Erwägungen denkbar: Da das Tier körperlich unversehrt sein und es beim Opfervorgang keinen sichtbaren Das Opfertier

Widerstand leisten sollte, gestaltete sich eine Opferung von Wildtieren, die erst eingefangen werden mussten und dann keine Vertrautheit beim Umgang mit dem Menschen besaßen, als äußerst schwierig. Neben der allgemeinen Anforderung der körperlichen Unversehrtheit gab es zahlreiche Vorschriften über Farbe, Geschlecht und Alter der Tiere, die nach angerufener Gottheit variierten, aber auch regionalen Unterschieden unterlagen.

*Reinheit*    Waren die entsprechenden Tiere ausgewählt, so wurden diese gereinigt und geschmückt. Diese Riten sollten die Ablegung der belastenden Verunreinigungen des Alltags und die damit verbundene Annäherung an die sakrale Sphäre symbolisieren. Daher wurden auch von den Teilnehmern des Rituals Akte der Reinigung durchgeführt. Zudem legte man weiße Kleidung an und schmückte sich oft mit Kränzen.

*Prozession*    Vor der eigentlichen Opferhandlung bildeten die Teilnehmer einen feierlichen Zug, eine Prozession. Diese diente dazu, die Beteiligten als Gruppe zu formieren und nach außen als Handlungseinheit kenntlich zu machen. Oft wurde den Teilnehmern durch Gesang oder Musikinstrumente ein gemeinsamer Bewegungsrhythmus vorgegeben. Die gemeinsame Bewegung im Raum bildete einen grundlegenden Weg, die soziale Einheit zu konstituieren und sie mit territorialen Aspekten zu verbinden. Neben dem Gang zu den sakralen Räumen zur gemeinschaftlichen Durchführung von Opferhandlungen stellte die rituelle Herausführung heiliger Gegenstände aus den Heiligtümern die wichtigste Form von Prozessionen dar.

*Der Aufbau des Prozessionszuges*    Der Aufbau des Prozessionszuges hing vom Anlass und den an ihm beteiligten Bevölkerungsgruppen ab. Bei den großen Festen der Polisgemeinschaften spiegelte die Zusammensetzung des Zuges die soziale Strukturierung der ganzen Bürgerschaft wider. Sehr markant zeigt sich dies bei den jährlich stattfindenden Panathenäen in Athen, die in einem Vierjahresrhythmus besonders prächtig gefeiert wurden. Der Prozessionszug, dessen ritueller Kern die Übergabe eines neu gewebten Gewandes (*peplos*) für Athena war, bot der athenischen Bürgerschaft die entscheidende Gelegenheit, sich als Einheit zu erleben, aber zugleich auch die Position des Einzelnen im sozialen Gefüge der Polis zu demonstrieren. Die große Aufmerksamkeit, die dieses aufwändige Ritual auch bei Außenstehenden hervorrief, wirkte zusätzlich als wichtiger Katalysator für das Gefühl der Gemeinschaft.

Generell lässt sich feststellen, dass in der rituellen Symbolik der Prozessionen das Bewusstsein für die Zusammengehörigkeit und den Aufbau der Gemeinschaft gestärkt und damit die Opferhandlung in entscheidender Form vorbereitet wurde.

*Am Altar*    Nachdem die Prozession ihr Ziel erreicht hatte, stellten sich die Teilnehmer im Kreis um den Altar auf. Musik und Rauchopfer gestalteten in vielen Fällen weiterhin den atmosphärischen Hintergrund der Opferhandlung. Auf dem Altar brannte zumeist schon ein Feuer. Die im Zug mitgeführten Opfergeräte – ein Korb mit ungeschroteter Gerste, unter der sich ein Messer verbarg, und ein Wasserkrug – wurden um die im Kreis stehenden Teilnehmer getragen. Hier sollte offensichtlich die rituelle Abgrenzung der Opfergemeinschaft von der profanen Umwelt zusätzlich unterstrichen werden.

Danach kam es zu einer erneuten rituellen Reinigung der Anwesenden. Durch das Benetzen bzw. Tränken der Tiere sollte eine Kopfbewegung provoziert werden, die als Gestus des Einverständnisses des Opfertiers mit dem ihm bevorstehenden Schicksal interpretiert werden konnte. Anschließend wurden die Gerstenkörner durch die Anwesenden aus dem Korb entnommen.

Nach einem kurzen Innehalten folgte der laute Gebetsruf. Dieses Gebet wurde vom Priester bzw. demjenigen, der das Opfer leitete, wie z. B. im Krieg dem Feldherrn, mit lauter Stimme gesprochen und sollte durch die direkte Anrufung der Gottheit noch einmal deren Aufmerksamkeit auf das folgende Opfer richten. Das Gebet diente auf diese Weise primär dazu, die Präsenz der betreffenden Gottheit bzw. der Gottheiten sicherzustellen und damit eine wichtige Grundlage für die nachfolgenden Handlungen zu schaffen. Die inhaltliche Komponente bei der verbalen Kontaktaufnahme zu den Göttern war insbesondere bei den großen zyklisch durchgeführten Festopfern eher untergeordnet. *Der Gebetsruf*

Die Tötung des Opfertieres war zweifellos der zentrale Höhepunkt des Rituals. Eingeleitet wurde sie durch das Wegschleudern der Gerstenkörner durch die Teilnehmer. Dann schnitt der Priester bzw. derjenige, der diesen vertrat, dem Opfertier mit dem aus dem Korb entnommenen Opfermesser zunächst einige Stirnhaare ab und verbrannte sie auf dem Altar. *Die rituelle Tötung*

Im zeremoniellen Höhepunkt wurde dann das Tier niedergestreckt, wobei die anwesenden Frauen einen lauten Schrei ausstießen. Bei Rindern wurde zuerst ein Schlag mit dem Beil ausgeführt, so dass die Sehnen im Nacken durchtrennt wurden und das Tier nach vorne fiel. Anschließend wurde der Kopf nach oben gedreht und die Halsschlagader mit dem Opfermesser durchtrennt. Kleinere Tiere wurden direkt durch einen Kehlenschnitt getötet. Wichtig für den korrekten Ablauf war, dass das Blut nicht im Boden versickerte, sondern über den Altar floss. Kleinere Tiere wurden dafür über den Altar gehoben, bei größeren wurde das Blut mit Hilfe von Schalen aufgefangen.

Die Zubereitung des Opfertiers zerfiel in zwei Phasen. Zunächst wurde es zügig zerlegt. Die nicht essbaren bzw. weniger genießbaren Bestandteile, insbesondere die Schenkelknochen, das Fett und der Schwanz, wurden den Göttern geweiht und geordnet auf dem Altar ihnen zu Ehren verbrannt. Parallel wurden die Eingeweide des Tieres, die *splanchna*, entnommen und direkt im Altarfeuer geröstet. *Die Zubereitung*

Die *splanchna* wurden anschließend sofort verzehrt, wobei die Teilnahme an dieser exklusiven Mahlzeit eine besondere Hervorhebung innerhalb der Opfergemeinschaft bedeutete. Es galt als herausragendes Privileg und markierte somit unter den Teilnehmern des Opfers eine klare Rangordnung. Auf diese Prozeduren folgte in einer zweiten Phase die Zubereitung der restlichen Teile des Tieres. Dies hatte zumeist den Charakter einer profanen Mahlzeit. Diese kollektiven Mahlzeiten konnten bei wichtigen Festen beachtliche Dimensionen annehmen.

### 3.4.3 Die Verzichtsopfer

Mit den Speiseopfern, die in eine gemeinsame Mahlzeit der Teilnehmer einmündeten, kontrastierten die blutigen Opfer, bei denen der Körper des Opfertiers im Ritual vernichtet bzw. nach dem Ritual beseitigt wurde. Diese zumeist als *sphagia* bezeichneten Verzichts- bzw. Vernichtungsopfer bildeten ihrerseits ein komplexes Konglomerat an rituellen Zeremonien, deren Verbindung sich weniger aus einer schon in den antiken Quellen anzutreffenden Kategorienbildung ableitet, sondern sich eher aus übereinstimmenden Elementen im rituellen Ablauf ergibt.

*Anlässe* So finden sich Opferhandlungen, bei denen entweder das gesamte Tier den sakralen Mächten geweiht wurde oder der Körper des Tieres bzw. Teile davon für rituelle Zwecke genutzt wurden, zum Beispiel als begleitendes sakrales Ritual bei Eidesleistungen, bei Reinigungs- und Sühnezeremonien, im Toten- und Heroenkult sowie beim Kult von Erdgottheiten, bei Flussübergängen oder aber auch im Krieg vor der Eröffnung von Kampfhandlungen.

Daher lässt sich konstatieren, dass *sphagia* primär in Situationen zum Tragen kamen, die entweder für die Gemeinschaft oder für ein Individuum durch die äußeren Umstände von Unsicherheit geprägt waren. Diese Tendenz macht auch die insbesondere in Kriegssituationen anzutreffende Verbindung der *sphagia* mit sakralen Handlungen, die zur Erforschung des göttlichen Willens dienten, verständlich.

*Das Opfertier* Das Spektrum der Opfertiere war bei den *sphagia* erheblich breiter als bei den Speiseopfern, da sich unter den geopferten Tieren auch solche befanden, deren Fleisch normalerweise von den Griechen nicht gegessen wurde. So wurden z. B. auch Wölfe, Bären und Hunde geopfert. Wie die verbreitete Verwendung von Hühnern für *sphagia* zeigt, lässt sich aber keine Beschränkung auf nicht essbare Tiere feststellen.

*Die Opferhandlung* Die Opferhandlung selbst war in der Regel im Gegensatz zu den *thysiai* kaum von rituellen Rahmenhandlungen begleitet. Auch bei der Schlachtung der Tiere ergaben sich signifikante Unterschiede. Während bei den Speiseopfern der Kopf der Tiere nach oben gestreckt wurde, wurde er bei den *sphagia* auf den Boden niedergedrückt und dann die Kehle durchschnitten.

Noch stärker als bei den *thysiai* kam bei den *sphagia* dem Blutfluss eine wichtige Rolle bei der Kontaktaufnahme mit den sakralen Mächten zu. Je nach Anlass konnte der Gegenstand, der mit Blut benetzt werden sollte, der Altar, die Opfergrube, ein bestimmtes Grab oder auch der Fluss sein, den es zu überqueren galt. Der Körper des Tieres wurde danach entweder vollständig im Feuer verbrannt oder nach seinem Einsatz im Ritual vergraben. Zu einer Verwertung der Körperteile, wie z. B. der Haut, kam es bei den *sphagia* in der Regel nicht.

Die rituelle Ausgestaltung der *sphagia* besaß bei den jeweiligen Anlässen ganz unterschiedliche zeremonielle Komponenten, die dem einzelnen Ritual eine ganz spezielle Symbolik verlieh. So trat beispielsweise bei den Eidopfern der instrumentelle Einsatz von Körperteilen des Opfertiers besonders drastisch hervor. Oft mussten die Schwörenden während der Eidesleistung auf Körperteile des geopferten Tieres treten, zumeist wohl auf die Hoden, oder Teile der Eingeweide in die Hand nehmen. Dadurch kamen sie in einen direkten Kontakt zu den Göttern der Unterwelt, die an ihnen einen Meineid rächen sollten. Aber auch im Toten- und Heroenkult war die Spende des Bluts des Opfertiers am jeweiligen Grab ein wichtiges Element im Ritus.

Die rituelle Bedeutung

Die göttlichen Mächte, die hinter den *sphagia* standen, bleiben oft im Dunkeln. Bei vielen Varianten der *sphagia* deutet schon der Opferablauf eher auf chthonische Mächte hin, also auf die sakralen Kräfte, deren Kult stark mit der Erde verbunden war. Doch ist weniger die eindeutige Zuordnung der Verzichtsopfer an eine ‚Kategorie' von sakralen Mächten von Bedeutung als vielmehr die Tatsache, dass sie primär in sakralen Kontexten in Erscheinung traten, die nicht so sehr die Konstitution der menschlichen Ordnung selbst betrafen, sondern die die Individuen bzw. Gemeinschaften gegenüber Unwägbarkeiten absicherten.

## 3.5 Die römischen Rituale

### 3.5.1 Opfer

Die römischen Opferrituale weisen auf den ersten Blick eine große Ähnlichkeit mit den griechischen auf: Auch die Römer waren der Ansicht, dass die vegetarischen Opfer älter seien als die Tieropfer, und sie kannten Erstlingsopfer bei der Ernte und der Weinlese. Ebenso führten die Römer Reinigungszeremonien vor den Tieropfern durch und der Opferablauf mit Prozessionen, Voropfer – meist Wein und Weihrauch, die auf einem tragbaren separaten Altar (*foculus*) geopfert wurden – und Tötung der Tiere zeigt in groben Zügen Parallelen zum griechischen Opfer. Dasselbe galt für die Dominanz von Haustieren bei den Opfern, vor allem von Schafen, Schweinen oder Rindern.

Doch schon bei der Vorbereitung der Opfer gab es komplizierte

**Die Auswahl der Opfertiere**

Vorschriften, die über die in Griechenland zumeist üblichen Ritualvorschriften deutlich hinausgingen. So waren die Auswahl der Tiere und deren eingehende Prüfung auf die Eignung als Opfertier von wesentlich umfangreicheren Regeln geprägt. Die Opfertiere wurden streng nach Geschlecht, Alter, Hautfarbe und der Tatsache unterschieden, ob sie kastriert waren oder nicht. Die Tiere wurden weiterhin in verschiedene Altersklassen eingeteilt, ob sie noch gesäugt wurden (*lactentes*) oder nicht (*maiores*). Zweijährige Tiere, die als besonders geeignet galten, hießen *bidentes* (‚zweizahnig').

Neben diesen Vorschriften, die nur einen kleinen Ausschnitt aus dem vielfältigen Regelwerk darstellen, war von großer Bedeutung, dass für unterschiedliche Tiere auch verschiedene Holzarten für das Opferfeuer vorgeschrieben waren, wobei zwischen glückbringenden Bäumen (*arbores felices*) und eher unheilvolle Bäumen (*arbores infelices*) unterschieden wurde. Die richtige Auswahl des Opfertiers und der Holzart für jede Gottheit war ein komplizierter Akt. Aber nur wenn alle notwendigen Regeln eingehalten wurden, konnte das Opfer erfolgreich durchgeführt werden.

**Der Ablauf des Opfers**

Bei öffentlichen Opfern wurden die Tiere festlich geschmückt. Eine feierliche Prozession führte sie zum Altar, an deren Spitze Magistrate und Priester schritten. Normalerweise endete der Zug am Altar vor dem Tempel der betreffenden Gottheit. Vor der Durchführung des Opfers wurde die umstehende Menge durch einen Herold zum Schweigen aufgefordert, damit nichts denjenigen ablenkte, der das Opfer penibel nach den alten Regeln darbringen sollte.

Der Opferherr zog sich dann unter der Begleitung von Flötenmusik die Toga vom Rücken über den Kopf (bis auf wenige Ausnahmen z. B. bei Opfern für Hercules). Die Bedeutung dieser Handlung ist unklar. Vielleicht sollte er vor störenden Einflüssen abgeschirmt werden. Dann sprach der Opferherr die Darbringungsformel, die exakt und ohne Zögern ausgesprochen werden musste. Bei komplizierten Formeln konnte diese auch schriftlich vorliegen und wurde dann abgelesen bzw. von Priestern vorgelesen. Dann wurde die Stirn des Tieres mit *mola salsa*, einer Mischung aus Salzlake und Speltschrot, bestrichen, als Zeichen für die Reinheit, aber auch für den menschlichen Ursprung der Opfergabe. Nachdem der Opferherr mit dem Messer vom Nacken bis zum Schwanz symbolisch über den Rücken des Tieres gefahren war, erfolgte die Tötung. Bei öffentlichen Opfern geschah dies zumeist durch eine professionelle Hilfskraft.

**Die Bedeutung der Eingeweide**

Nach der Tötung des Tieres wurden als erstes die Eingeweide betrachtet. Nur wenn diese in ihrer Form den Regeln entsprachen, hatte der Gott das Opfer akzeptiert. Bei allen Anomalitäten galt das Opfer als ungültig und musste wiederholt werden. Diese Prüfung der Eingeweide beim Opfer darf aber nicht mit der Untersuchung von Eingeweiden für die Deutung der Zukunft verwechselt werden. Die Eingeweideschau als Mittel der

Vorhersage für zukünftige Geschehnisse wurde in Rom von etruskischen Spezialisten, *haruspices*, durchgeführt, die sich dabei besonders auf die Form der Leber konzentrierten. Bei der Begutachtung der Opfertiere ging es nicht um eine sakrale Orientierungshilfe für menschliche Entscheidungen, sondern um die Akzeptanz des Opfers durch die Gottheit, also um die Herstellung sakraler Kommunikation.

Nahm der Gott das Opfer an, wurden die Eingeweide, die *exta* (Herz, Leber, Lunge, Galle und Teile des Bauchfells), herausgenommen, zumeist gekocht und dann mit anderen Fleischstücken auf den Altar gelegt. Dort wurden sie zu Ehren der Gottheit verbrannt. Die Verwertung des Opfers

Wichtige Würdenträger wie Magistrate und Priester konnten bei bestimmten Gelegenheiten das Privileg haben, vom Opfertier auf öffentliche Kosten zu essen. Aber die Betonung dieses Privilegs zeigt schon, dass das nicht allgemein üblich war. Die spärlichen Quellen lassen wahrscheinlich erscheinen, dass der Rest des Opertieres verkauft wurde; in jedem Fall war er nicht mehr heilig. Die Verwertung des Fleisches heißt ausdrücklich *profanare*, ‚profan machen', also in die profane Sphäre überleiten. So besteht zwar in vielen Fällen ein enger Konnex zwischen dem Opfer und der gemeinsamen Mahlzeit, die sich anschloss. Ein Bestandteil der sakralen Zeremonie war der Verzehr des Fleisches aber wohl nicht.

### 3.5.2 Prozessionen und Krisenrituale

In Rom gab es kaum zyklisch stattfindende Prozessionen, die an festgelegten Zeitpunkten im Jahresablauf auf Ebene der gesamten Bürgerschaft durchgeführt wurden. Eine besondere Bedeutung kam den Prozessionen anlässlich der Circusspiele zu. Den sakralen Hintergrund dieser Prozessionen bildete das feierliche Geleit wichtiger Kultgegenstände, die die Anwesenheit der betreffenden Gottheiten symbolisierten, vom Capitol in den Circus, wo die Götter sozusagen persönlich zusammen mit dem *populus Romanus* den Spielen beiwohnten. *ludi circences*

Eröffnet wurde der Zug von den spielgebenden Magistraten und der römischen Jugend, die nach Centurien, also Vermögensklassen, geordnet war und deren militärische Übungen wahrscheinlich ursprünglich den Kern der Circusspiele als Demonstration kollektiver Wehrhaftigkeit ausmachten. Darauf folgten die Wagenlenker und andere Akteure der *ludi circenses*, dann die Waffentänzer, die in Purpur gekleidet mit Schwertern und Lanzen nach altitalischer Tradition komplexe Ritualschritte vollzogen. Nach den Darstellern von Satyrn, eigenartigen Fruchtbarkeitsgeistern, bildete der Zug der Götter, deren Symbole auf kostbaren Kissen liegend auf speziellen Festwagen (*tensae*) durch die Stadt fuhren, den Abschluss des Festzuges.

Jenseits der *pompae circenses* dominierten in Rom Prozessionen, die nicht zu festgelegten Zeitpunkten stattfanden, sondern situativ anlässlich bestimmter Ereignisse. Eine herausragende Stellung in diesem Kontext nahmen die immer prächtiger ausgestalteten Siegesfeiern ein. Beim Triumphzug zog die siegreiche Armee durch das Triumphtor (*porta triumphalis*) in die Stadt ein. Durch den Circus Maximus führte der Weg über das Forum Romanum auf das Capitol, wo der Feldherr das Dankopfer an Jupiter Optimus Maximus vollzog. Im Zug selbst wurden Beutestücke gezeigt und auf Gemälden entscheidende Szenen des Feldzuges präsentiert. Die Zuschauer, die zu Tausenden den Wegesrand säumen, können auf diese Weise das militärische Geschehen direkt nachvollziehen. Oft werden auch prominente Gefangene mitgeführt, um den tiefen Fall der Gegner Roms noch einmal zu demonstrieren. An der Spitze besonders verdienter Truppenteile fährt schließlich der siegreiche Feldherr auf einer Quadriga in die Stadt. Die Triumphaltracht, die er trug, wurde im Tempel des Jupiter verwahrt und verlieh dem Triumphator deutliche Bezüge zum höchsten Gott. Gekleidet in Purpur, das Zepter in der Hand und den Lorbeerkranz auf dem Kopf, musste er den Menschen, die staunend das prachtvolle Ritual verfolgten, wie eine Inkarnation des Gottes selbst erscheinen. Eine solche Nähe zum Gott wurde von keinem anderen Römer erreicht. Sakrale Kraft und staatliche Macht fielen für kurze Zeit zusammen.

Die römische Bevölkerung, die dem Triumphzug beiwohnte, dürfte keineswegs das Gefühl gehabt haben, passiver Zuschauer dieser Machtdemonstration zu sein. Vielmehr korrespondierte ihre Rolle als imposante Kulisse der militärischen Prozession mit der aktiven Teilnahme an wichtigen religiösen Ritualen, die einen entscheidenden Beitrag zur Vorbereitung des Sieges und seiner Feier leisteten.

In militärisch angespannten Situationen, aber auch für den Fall, dass der Zorn der Götter sich in Naturkatastrophen oder dem Ausbruch von Seuchen manifestierte, wurden in Rom auf Beschluss des Senats Rituale durchgeführt, die darauf abzielten, das Wohlwollen der Götter zu sichern bzw. wiederherzustellen: die *lectisternia* und *supplicationes*. Die *supplicationes* waren kollektive Bittrituale (von *supplicare* = bitten) in den Heiligtümern der Stadt, bei denen die Menschen mit Kränzen in loser Folge von einem sakralen Ort zum nächsten zogen und die Götter um Abwendung des Unheils bzw. Verleihung des Sieges baten. Während die Männer den Göttern Gaben wie z. B. Wein darbrachten, flehten vor allem die Frauen die Götter in hochemotionaler Form an, Schicksalsschläge von der römischen Gesellschaft abzuwenden. Insbesondere bei militärischen Erfolgen bekamen die *supplicationes* allerdings später auch die Funktion, den Göttern in freudiger Erregung Dank für den verliehenen Sieg zu sagen, also die Überwindung einer Krisensituation rituell zu symbolisieren. Bei den *lectisternia* holte man die Kultbilder der Götter aus den Heiligtümern, bereitete ihnen ein Lager, indem man sie auf ein Kissen (*pulvinar*) bettete, und speiste symbolisch mit ihnen.

Charakteristisch für *supplicationes* und *lectisternia* war, dass sie nicht auf einen kleinen exklusiven Personenkreis beschränkt waren, sondern eine breite Menge in loser Folge ohne klare Ordnung in die geöffneten Heiligtümer strömte. Die Struktur, die die römische Kultgemeinschaft zur Durchführung der Rituale annahm, war also nicht durch die sonst im öffentlichen Raum übliche strenge Gliederung nach festen Ordnungsprinzipien geprägt. Während sich die Römer ansonsten bei sozialen Aktivitäten oder sakralen Ritualen gerade durch die physisch greifbare Etablierung gesellschaftlicher Ordnungskategorien unter den Anwesenden auszeichneten, wählten sie gerade in den höchsten Gefahrenmomenten auffälligerweise eine ungeordnete Organisationsform. Die Teilnahme an den Bittritualen gab allen einen persönlichen Status in der Gesellschaft, auch den Bevölkerungskreisen, die im politischen Raum benachteiligt waren. Allen gemeinsam war der Erfolg zu danken, wenn die Krisen überwunden wurden und der triumphale Sieg über den Gegner gefeiert wurde.

Die vielfältigen spontanen und emotionalen Elemente in der Bitte und der Danksagung an die Götter waren möglich und für die gesellschaftliche Ordnung ungefährlich, weil sie in der Regel in ordnungsbetonende Rituale eingebettet waren. Während sich bei den Krisensituationen die Wiederherstellung der Ordnung nach emotionalisierten Ritualen durch das Überleben der Gesellschaft selbst ergab, bedurfte im Falle des Erfolges die Emotionalisierung und Individualisierung der Bevölkerung einer ordnungsstiftenden Rückkopplung, die verhinderte, dass die emotionalisierte Statusreklamation außer Kontrolle geriet. Dies scheint eine wesentliche Funktion des Triumphzuges in der klassischen Republik gewesen zu sein, der mit seinen starken Komponenten der militärischen und zeremoniellen Ordnung einen deutlichen Kontrast zu den *supplicationes* bildete. Das komplexe Set aus Bitt- und Dankesritualen, die ganz unterschiedliche Partizipationsformen für die Bevölkerung bereit hielten, ermöglichten es allen Römern durch aktive Komponenten eine direkte und individualisierte Beziehung zu den Göttern aufzunehmen und gleichzeitig die überindividuelle Leistungsfähigkeit der Gesellschaft bestätigt zu finden, die sich aus der exklusiven Bindung der gesamten Gemeinschaft an die sakralen Mächte ergab.

*Die ordnungsstiftende Funktion von Ritualen*

## 4. Die Heiligtümer

Das polytheistische Weltbild bedingte, dass die Sphäre der göttlichen Mächte bei den Griechen und Römern nicht fundamental getrennt von der menschlichen Lebenswelt gedacht wurde, wie dies bei monotheistischen Religionen mit einer transzendenten Gottheit der Fall ist. Aufgrund der Tatsache, dass die Götter und Menschen zwar in unterschiedlichen Sphären, aber dennoch in derselben ‚Welt' lebten, erhielt das Problem der räumlichen Abgrenzung der Sphären eine ganz konkrete Dimension. Sakrale, öffentliche und private bzw. familiäre Räume mussten voneinander abgegrenzt werden. Die gesellschaftliche Konstruktion des Raumes hatte daher auch wesentliche Auswirkungen auf das religiöse Leben.

### 4.1 Die griechischen Heiligtümer

Für die Kultausübung war es im griechischen Kulturraum von großer Bedeutung, dass die Präsenz der göttlichen Kräfte trotz ihres komplexen Wesens an bestimmten Orten als besonders intensiv empfunden wurde. Hierbei spielten oft natürliche Gegebenheiten, die mit dem Wirkungsbereich der jeweiligen Gottheit verbunden wurden, eine wesentliche Rolle, wie dies bei Altären für Zeus in Bergregionen oder heiligen Grotten für Pan der Fall war.

Da die griechische Religion davon ausging, dass die Gottheiten sich an der Durchführung der Rituale zu ihren Ehren erfreuten, konnten aber auch die Menschen durch ihre Handlungen die Intensität der göttlichen Präsenz beeinflussen. So war es möglich, dass auch von der menschlichen Gemeinschaft Areale für die Kultausübung für eine Gottheit ausgewählt wurden und in diesen eine besondere Nähe zur Gottheit bestand.

*Die Bedeutung des Altars*

Dieser herausragenden Bedeutung der sakralen Handlung entsprach auch die Tatsache, dass der entscheidende Bestandteil des Heiligtums der Altar war, an dem die Opfer vollzogen wurden. Trotz dieser hohen Bedeutung des Altars für das Heiligtum blieb die Gestaltung der Altäre lange Zeit provisorisch. Bis in das 7. Jh. v. Chr. dominierten die einfachen Altäre, die sich aus der Asche früherer Opfer gebildet hatten und die nicht oder nur wenig baulich eingefasst waren. Nicht die bauliche Ausgestaltung der Heiligtümer, sondern die Häufigkeit sakraler Handlungen, die durch die Überreste der Opfer konkret fassbar blieben, war die Basis für die hohe Wahrscheinlichkeit eines geglückten Kontaktes zur Gottheit. Erst in der Spätarchaik stieg die Verbreitung und Dimensionierung von Steinaltären deutlich an.

*Die Ausgestaltung der Heiligtümer*

Dieser aktionale Charakter der Annäherung an die Gottheiten führte dazu, dass selbst viele bekannte Heiligtümer architektonisch lange Zeit nur bescheiden ausgestaltet waren. Im Grundsatz genügten wenige Grenzsteine, die die sakrale Einfriedung des Areals dokumentierten. Der Mensch, der die Grenze des heiligen Bezirks überschritt, trat damit aus der Welt seiner alltäglichen Gewohnheiten heraus und konzentrierte sich auf das Wirken der göttlichen Kraft. Er war verpflichtet, die besonderen Anforderungen an die Reinheit des Ortes zu achten, wollte er die Gottheit nicht erzürnen.

Die intensive Präsenz der Gottheit wurde in vielen Heiligtümern durch Kultbilder symbolisiert. Verschiedene Hinweise lassen es wahrscheinlich erscheinen, dass die ersten Kultbilder aus Holz waren und nicht unbedingt anthropomorphe Züge trugen. Aufgrund des vergänglichen Materials besitzen wir allerdings keine authentischen Relikte aus der geometrischen Epoche (10. und 9. Jh. v. Chr.), sondern sind auf indirekte Rückschlüsse aus späterer Zeit angewiesen.

*Kultbilder*

Die Aufstellung der Kultbilder führte seit dem beginnenden 8. Jh. v. Chr. zu der Tendenz, die sakralen Räume auch architektonisch auszuschmücken. Zunächst war dabei das primäre Ziel, die hölzernen Kultbilder vor der Witterung zu schützen. Aus diesem Grunde begann man, in den Heiligtümern Gebäude zu errichten, die ihrem Schutz dienen sollten. Diese zunächst wenig spektakulär gestalteten Gebäude nahmen in wichtigen Heiligtümern während der Archaik (8. bis 6. Jh. v. Chr.) schnell an Größe zu, bis sie schließlich im 6. Jh. v. Chr. die Dimension monumentaler Tempel erreichten.

Die Errichtung dieser Tempel muss im Kontext der zunehmenden politischen Verfestigung der Polisgemeinschaften gesehen werden. Die neuen gesellschaftlichen Einheiten fanden in der monumentalen Sakralarchitektur ein wesentliches Element zur Konsolidierung ihrer kollektiven Identität. In einer Zeit zunehmenden wirtschaftlichen Wachstums und der sozialen Verdichtung wurden die neuen Heiligtümer zum Symbol der Einheit der jeweiligen Polis.

*Das Heiligtum als Symbol für die Einheit der Polis*

Betrachtet man vor diesem Hintergrund die Positionierung der großen Heiligtümer auf den Territorien der Poleis, so fällt auf, dass die Heiligtümer im urbanen Zentrum nicht immer die wichtigsten heiligen Stätten der jeweiligen Polis waren. In vielen Fällen waren gerade die außerstädtischen Heiligtümer die präferierten Kultzentren der jeweiligen Polisgemeinschaft. Zu den berühmtesten Beispielen einer derartigen Separierung der zentralen Heiligtümer von der städtischen Siedlung gehörten die *Heraia* von Argos und Samos, aber auch das *Artemision* von Ephesos.

Die Polisgemeinschaften nutzten also nicht unbedingt das sich entwickelnde städtische Zentrum, um dort auch ihre sakralen Aktivitäten zu fokussieren. Mit der neuen Anlage der Heiligtümer ist somit noch keine Festlegung eines hierarchischen Verhältnisses zwischen dem Zentrum und der Peripherie verbunden. Stattdessen wurde durch das Nebeneinander von urbanem Zentrum und großem außerstädtischen Heiligtum oft der Bedeutungsunterschied zwischen der städtischen Siedlung und der ländlichen Umgebung im sakralen Ritual ausgeglichen. Diese räumliche Symbolik der Sakraltopographie wies auf die Gleichberechtigung aller das Territorium der Polis bewohnenden Bürger hin.

*Die Symbolik der Sakraltopographie*

Auffällig ist die Tatsache, dass die sakrale Qualität und die Funktion der neuen Tempel, die zum architektonischen Symbol der sakralen Sphäre in den neuen Polisgemeinschaften wurden, nur schwer fassbar sind. So ist bis heute in der Forschung umstritten, ob die Tempel überhaupt der sakralen Sphäre zuzurechnen sind oder ob sie nicht vielmehr Bestandteil der profanen Sphäre blieben. Man kann also nicht mit Bestimmtheit sagen, ob die Tempel das Eigentum der Götter oder der Polis waren.

Zudem umschlossen diese in großer gemeinsamer Anstrengung errichteten Gebäude nicht den heiligsten Ort, den Altar, an dem die entscheidenden Sakralhandlungen vorgenommen wurden. Die Altäre standen vor den Tempeln unter freiem Himmel. Natürlich bildeten sie mit den Tempeln ein architektonisches Ensemble, doch wurde der freie Zugang zu den Altären nicht zugunsten einer eher exklusiven Platzierung im Tempel aufgegeben.

Des weiteren lässt sich festhalten, dass wir über keine Informationen verfügen, die darauf hinweisen, dass der Zugang zu den heiligen Stätten und damit der Kontakt zu den göttlichen Mächten auf eine bestimmte Personengruppe beschränkt gewesen wäre oder dass es andere Vorschriften gegeben hätte, die auf eine Privilegierung von Bevölkerungsgruppen im Kult schließen lassen.

*Panhellenische Heiligtümer* Die Anlage und der Ausbau wichtiger Heiligtümer leisteten im 8. und 7. Jh. v. Chr. einen entscheidenden Beitrag zur Sicherung der kollektiven Identität in den entstehenden Polisgemeinschaften. Diese Fokussierung vieler Kulte auf das sakrale Leben einer einzelnen Polis ließ den Aspekt einer vermittelnden Funktion der Heiligtümer zwischen den Gemeinschaften in den Hintergrund treten. Eine so ausgeprägte lokale Zentrierung der Kulte kann in der davorliegenden Periode nicht beobachtet werden. Im 10. und 9. Jh. v. Chr. bestand die soziale Bedeutung vieler Kulte noch darin, eine Plattform für die Vernetzung zwischen den Gemeinschaften bereitzustellen. In dieser frühen Periode gaben die auf neutralem Boden gelegenen Heiligtümer den relativ verstreut lebenden Bevölkerungsgruppen einen Fokus für Kommunikation und kommerziellen Austausch, der wesentlich zur Stabilisierung gesellschaftlicher Strukturen und zu der dafür notwendigen Konzentration sozialer Aktivitäten beitrug. Gerade durch ihren neutralen Status wurden die Kulte der Verfügbarkeit durch einzelne Gruppen entzogen. Der sakrale Schutz der neutralen Heiligtümer bot dabei für alle Seiten eine vorteilhafte Kontaktebene für den friedlichen Austausch, der nicht nur auf das engere soziale Umfeld beschränkt war.

Während im 8. Jahrhundert v. Chr. jedoch viele Heiligtümer ihre Funktion von neutralen Schaltstellen zwischen Gemeinschaften zu Kristallisationspunkten innerhalb von Gemeinschaften wandelten und damit ihre vermittelnde Stellung zwischen den Gemeinschaften verloren, blieb diese Funktion in einigen Heiligtümern nicht nur erhalten, sondern wurde sogar zum Kern ihrer gesamtgriechischen Bedeutung.

*Delphi und Olympia* Die beiden mit Abstand prestigereichsten unter diesen panhellenischen Kultzentren waren die Heiligtümer von Delphi und Olympia. Die überregionale Anziehungskraft beruhte in beiden Fällen ursprünglich auf ihrer Funktion als Orakelstätte, in denen die Menschen bei wichtigen Entscheidungen den Rat der Götter erfragen konnten. Im Falle von Delphi blieb diese Spezialisierung bestehen und wurde zur Grundlage des enormen Ansehens des dortigen Apollonkultes in ganz Griechenland. Das Heiligtum des Zeus in Olympia hingegen entwickelte sich frühzeitig zu der führenden Stätte zur Durchführung panhellenischer Wettkämpfe, die vor allem den Angehörigen der griechischen Oberschicht die Möglichkeit gaben, ihre Leistungsfähigkeit zu demonstrieren und damit ein überregionales Prestige zu gewinnen. Allerdings besaß Olympia kein Monopol auf die Abhaltung panhellenischer Spiele, sondern auch andere Wettbewerbe waren sehr angesehen, wie diejenigen in Korinth, Nemea und Delphi.

## 4.2 Die römischen Heiligtümer

Auch für die Römer war die Entwicklung klarer räumlicher Strukturen eine entscheidende Grundlage für die Kommunikation und Koexistenz mit den sakralen Mächten. Bei der sakralen Kategorisierung der räumlichen Dimension ihrer Lebenswelt gingen sie sogar skrupulöser und genauer vor als die Griechen. Einerseits gab es wie bei den Griechen Orte, die die Götter sich sozusagen ‚selbst' als Stätte ihres Wirkens ausgesucht hatten. Dies waren vor allem heilige Haine, aber auch Quellen und andere Orte in der Natur, die seit jeher als sakral angesehen worden waren. Die besondere Qualität dieser Lokalitäten wurde von den Römern stets respektiert. Doch vermehrte sich die Zahl dieser natürlichen Kultorte kaum mehr. So gewannen immer mehr Kultstätten an Bedeutung, die die Römer selbst durch rituelle Handlungen geweiht hatten. [Die räumliche Dimension]

Die Weihung von Kultstätten, die für die gesamte Gesellschaft relevant waren, bettete sich dabei in ein übergreifendes Konzept der sakralen Fundierung des Raumes ein. Vor allem von kaiserzeitlichen Schriftstellern wissen wir, dass die römischen Priester den sie umgebenden Raum in fünf Kategorien einteilten, die dem Territorium unterschiedliche sakrale Qualitäten zumaßen: den *ager Romanus* (das römische Kerngebiet), den *ager Gabinus* (das Gebiet der Stadt Gabii), den *ager peregrinus* (‚das fremde Territorium'), den *ager hostilis* (‚das Gebiet der Feinde') und den *ager incertus* (das nicht eindeutig in Kategorien erfassbare Territorium). Entscheidend dabei ist, dass das römische Kerngebiet, der *ager Romanus*, nicht das gesamte Territorium umfasste, auf dem in der späten Republik römische Bürger wohnten. Wie die gesonderte Erwähnung des Gebietes der Stadt Gabii, die in der Frühzeit wichtig war, nahelegt, war der *ager Romanus* lediglich auf das Gebiet beschränkt, das Rom im ausgehen- [Die sakrale Fundierung des Raumes] den 6. Jahrhundert v. Chr. besaß. Auch nachdem sich in den folgenden Jahrhunderten das römische Territorium in Folge der erfolgreichen Expansion in Italien enorm ausgedehnt hatte, blieb die sakrale Qualität des *ager Romanus* nur auf das Kerngebiet der Frühzeit in der Umgebung der Stadt Rom beschränkt. Die neu konfiszierten Ländereien in Italien behielten auch nach ihrer Besiedlung mit römischen Bürgern den Status des *ager peregrinus*, also die Qualität eines fremden Gebietes. Diese sakralrechtliche Einteilung ist umso bemerkenswerter, als der *ager Romanus* in der römischen Ritualordnung erhebliche Privilegien besaß. Nur hier konnten z. B. die Obermagistrate im Rahmen der Auszugsauspizien die Götter befragen, ob sie einem Aufbruch in den Krieg zustimmten, und die sakralen Kompetenzen der Obermagistrate durch die Ernennung eines Dictators in einer Person gebündelt werden. Diese sakrale Heraushebung eines relativ kleinen Gebietes um das politische Zentrum herum zeigt deutlich, dass die Römer im Gegensatz zur griechischen Religion auf der gesamtgesellschaftlichen Ebene ein zentriertes sakrales Weltbild besaßen, das einen territorialen Ordnungspunkt aufwies, von dem aus eine klare Unterscheidung zwischen Zentrum und Peripherie möglich war.

*Die Bedeutung von templa*

Unter den sakralen Privilegien des *ager Romanus* fiel besonders ins Gewicht, dass nur dort *templa* geweiht werden konnten. Das Wort *templum* ist im Lateinischen nicht gleichbedeutend mit ‚Tempel' im modernen Sprachgebrauch. *Templum* bezeichnet vielmehr einen Ort, der durch die Auguren von allen bisherigen sakralen Bindungen befreit ist und dessen Grenzen exakt definiert werden. Ein *templum* ist also ein Ort, der mit Billigung der Götter in Form der *auspicia* aus der Umgebung herausgehoben und von ihr abgegrenzt ist. Dieser Vorgang hieß *inauguratio*. Durch eine *exauguratio* konnte diese Bestimmung wieder aufgehoben werden. Nicht jedes *templum* war jedoch ein sakraler Ort im römischen Sinn. Entscheidend war vielmehr, dass die Ausübung wesentlicher gemeinschaftlicher Funktionen nicht durch bestehende sakrale Verpflichtungen beeinflusst wurde. So kamen die Volksversammlungen oder der Senat stets in *templa* zusammen. Diese konnten, mussten aber nicht Heiligtümer sein.

*Die Weihung*

Damit ein *templum* zu einem Heiligtum wurde, musste der Ort eigens geweiht werden. Bei der Weihung übergab zumeist der zuständige Magistrat im Beisein eines Pontifex, der ihn unterstützte, die Örtlichkeit einer Gottheit. Dabei wurden nicht nur die sakralen Kräfte genau definiert, die Grenzen des Heiligtums bestimmt und die genauen Formen der Verehrung festgelegt, sondern es wurde verkündet, welche Kulthandlungen erlaubt oder verboten waren; eventuell wurden auch Personengruppen genannt, die das Heiligtum nicht betreten durften, ebenso wie vermögensrechtlichen Regelungen für die Weihgeschenke und Schutzmaßnahmen gegen Missbrauch und Raub. Einmal geweiht, war die Örtlichkeit auf Dauer dem menschlichen Zugriff entzogen. Sie wurde Eigentum der göttlichen Mächte. Geweihte Orte, *loca sacra*, mussten sich auf *loca publica* befinden, auf öffentlichem Grund, der von den *loca privata*, dem Privatland, getrennt war. Weihungen von Orten im öffentlichen Raum konnten nur durch staatliche Instanzen erfolgen. Nur Magistrate mit *imperium* oder diejenigen, die von ihnen beauftragt wurden, konnten Orte konsekrieren.

Private Initiativen auf öffentlichem Grund wurden oft geduldet, hatten aber einen prekären sakralen Status. Aber auch sie wurden von der Gemeinschaft geschützt. Private Heiligtümer auf privatem Grund galten zwar nicht als *loca sacra*, durften aber nicht bei einem Verkauf oder Besitzerwechsel beseitigt werden. Sie erhielten einen den Gräbern analogen Status, dem der Schutz der Gemeinschaft galt. Darüber hinaus darf man nicht die Tatsache aus dem Auge verlieren, dass jede römische Familie im häuslichen Bereich eigene Kultstätten besaß, die für das sakrale Leben der Menschen im Alltag eine herausragende Bedeutung besaßen. Die Konstitution des sakralen Lebens in den öffentlichen Heiligtümern stand also in einer komplexen Austauschbeziehung zu den religiösen Aktivitäten im häuslichen Bereich der römischen Familie.

Private Heiligtümer

Auf dem Boden der als *loca sacra* geweihten öffentlichen Räume (*templa*) wurden oft Kultbauten errichtet, so dass langfristig die Bezeichnung *templum* auf das Gebäude überging. In den Tempeln wurden wie in Griechenland die Kultbilder oder die heiligen Gegenstände der Gottheiten bewahrt. Eine weitere Gemeinsamkeit bestand darin, dass der vor dem Tempel stehende Altar, an dem die zentralen Rituale durchgeführt wurden, das Zentrum des Kultes bildete.

Im Unterschied zum griechischen Kulturbereich war der Status der Heiligtümer aber eindeutig festgelegt. Mit der Weihung des Heiligtums ging es zusammen mit den in der Weiheformel genannten Gegenständen dauerhaft in den Besitz der Gottheit über. Veränderungen im Status konnten danach nur noch mit dem Einverständnis der betreffenden Gottheit vorgenommen werden. Dieser einschneidende Statuswechsel, der sich aus dem Akt der Weihung ergibt, schlug sich in der Tatsache nieder, dass in vielen Fällen der Jahrestag der Weihung des Tempels zum zentralen Festtag für die Gottheit wurde. Die Übergabe des Heiligtums an die Gottheit wurde in der sakralen Gedächtniskultur also zum Ausgangspunkt für die kultische Verehrung der sakralen Macht.

Der Status römischer Heiligtümer

Außerhalb des offiziellen Kultes blieben die Heiligtümer in der Regel geschlossen. Mit Zustimmung der zuständigen Behörden – Priester oder Magistrate – konnten Privatleute aber die Erlaubnis bekommen, die Tempel zu betreten, um dort sakrale Handlungen vorzunehmen. Auch der ‚Hausmeister' (*aedituus*), der für den Unterhalt des jeweiligen Tempels zuständig war, konnte Privatleuten in begründeten Fällen den Zutritt gewähren.

Die besondere Stellung des Tempels im architektonischen Ensemble

*Die Architektur des Tempels in der Stadt* der Stadt wurde bei den älteren römischen Sakralbauten, die durch den etruskischen Einfluss geprägt waren, durch die Platzierung des Bauwerks auf einem erhöhten Podium unterstrichen. Die Säulen konzentrierten sich zudem bei diesen altrömischen Tempeln auf der Seite des Eingangs. In Zusammenwirkung mit der erhöhten Position ergab sich damit eine nachdrückliche Hervorhebung des frontalen Zugangsbereichs. Im Gegensatz zu den klassischen griechischen Tempeln, die ringsherum mit Säulen umgeben waren und damit eine Offenheit von allen Seiten suggerierten, betonte diese traditionelle Architektur in Rom einen stärker geregelten Zugang zu den Göttern. Seit dem ausgehenden 3. Jahrhundert macht sich allerdings der griechische Einfluss in der Architektur zunehmend bemerkbar.

Diese Betonung eines zentralen Zuganges sollte aber nicht als ein Versuch der Isolierung des Sakralen im urbanen Ensemble missverstanden werden. Im Gegenteil, die Tempel waren in Rom in vielfältiger Weise mit der öffentlichen Sphäre verwoben. Sie dienten nicht nur als Aufbewahrungsort für staatliches Vermögen und als Archive für wichtige Dokumente des Gemeinwesens. Die Treppen ihrer Podeste wurden nicht selten als Rednertribüne genutzt. Da die Freiräume vor einigen Sakralgebäuden einer größeren Menschenmenge Platz boten, ergab sich daraus eine Anlagerung politischer Aktivitäten in den sakralen Räumen. Das bekannteste Beispiel dafür bildete das große Areal vor dem Tempel des Jupiter Optimus Maximus auf dem Capitol, wo bei regem Besuch die Volksversammlung tagte. In den Tempeln selber tagte zudem häufig der römische Senat und brachte damit die Verbundenheit des erlauchten Gremiums mit den göttlichen Kräften zum Ausdruck. Vielen Magistraten dienten einzelne Tempel als Zentrum ihrer dienstlichen Verpflichtungen, wie es z. B. bei den plebeischen Aedilen mit dem Ceres-Heiligtum auf dem Aventin der Fall war. Möglicherweise beförderte gerade die intensive Integration der Tempel in den öffentlichen Kontext das Bedürfnis, den Zugang zu den Göttern in der Architektur klarer hervorzuheben, als dies bei griechischen Heiligtümern der Fall war, die nicht selten stärker separiert vom Zentrum des öffentlichen Lebens platziert wurden.

*Tempel als Orte der Erinnerung* Da ein großer Teil der Tempelbauten in Rom auf die Initiative von Feldherren zurückging, die während ihrer Krieg für den Fall des Erfolges einer Gottheit ein Heiligtum gelobt hatten, wurden die Sakralbauten auch zu einem wesentlichen Bestandteil der römischen Erinnerungslandschaft. Die Bedeutung des jeweiligen Sieges, von der schon außen Inschriften kündeten, wurde im Inneren durch Beutewaffen und andere Weihgaben unterstrichen. Aber auch politische Ereignisse, wie die Überwindung innerer Konflikte, konnten im Stadtbild in Form eines Tempels dauerhaft memoriert werden. Die römischen Heiligtümer waren also auf das Engste mit dem organisatorischen Funktionieren der Gesellschaft und der Konstitution einer kollektiven Identität verbunden. Vor allem die intensive

Verwobenheit mit der politischen Sphäre stellt einen deutlichen Kontrast zu der strikten Trennung von sakralem und politischem Bereich in den griechischen Poleis dar.

## 5. Die Priester

### 5.1 Sakrale Autorität: Allgemeine Bemerkungen

Im Spannungsfeld zwischen göttlicher und gesellschaftlicher Sphäre nehmen die Träger sakraler Autorität eine Mittlerfunktion wahr. Ihre Position in der Gesellschaft besitzt daher immer einen ambivalenten Charakter: Einerseits weisen sie die herausragende Qualität eines besonderen Verhältnisses zu den göttlichen Mächten auf, die in ihrer Person Einfluss auf die Abläufe in der menschlichen Welt nehmen. Andererseits sind sie aber auch Teil der menschlichen Gemeinschaft und ihre Stellung dort im Rahmen der sozialen Konfiguration hängt entscheidend davon ab, inwieweit sie es schaffen bzw. schaffen wollen, ihre besondere sakrale Qualität zu einer dauerhaften Position in der Gemeinschaft zu verfestigen.

Das Saatbeet für die Entwicklung der sakralen Autoritäten in einer Gesellschaft wird also durch zwei Faktoren bereitet: durch den Aufbau des religiösen Weltbilds und seine Vernetzung mit der Lebenswelt der Menschen einerseits und durch die Komponenten der sozialen Evolution innerhalb der Gesellschaft andererseits.

Aus dieser Komplexität der Faktoren können ganz unterschiedliche Konstellationen sakraler Autorität und Organisation entstehen. Die Bandbreite der sakralen Funktionsträgern reicht von Charismatikern, deren sakrale Autorität sich nur in einzelnen, konkreten Kontexten realisierte, bis hin zu Priestern, deren Position dauerhaft in den gesellschaftlichen Strukturen verankert war.

<small>Vielfältigkeit sakraler Autorität(en)</small>

Die Priester, denen von ihrer Gemeinschaft eine wirkliche Mittlerfunktion zu den göttlichen Mächten zugeschrieben wurde, konnten durch die Vereinigung von sakralem Charisma und gesellschaftlicher Verankerung zu autonomen Impulsgebern bei der gesellschaftlichen Entwicklung werden. Sie konnten innovative und sogar transformative Prozesse unterstützend begleiten oder sogar initiieren.

Für die Einschätzung des Einflusspotentials von etablierten Priestern ist es also von entscheidender Wichtigkeit, inwieweit in ihrer Tätigkeit die Mittlerfunktion zwischen der göttlichen und der menschlichen Sphäre dominierte und sie damit eine von der gesellschaftlichen Konstellation unabhängige Position besaßen, deren ruhender Pol ihre spezielle Beziehung zu den göttlichen Mächten war. Darüber hinaus spielt eine zentrale Rolle, in welcher Form die Priester untereinander vernetzt sind, ob sie gemeinschaftlich ein Deutungsmonopol im sakralen Bereich besitzen und ob es eine theologische Einbettung gesellschaftlicher Prozesse gibt, die die menschliche Welt in ein hierarchisches Verhältnis zur göttlichen Ordnung stellt. Entsprechend heterogen ist auch das Spektrum des Einflusspotentials für die Träger sakraler Funktionen in menschlichen Gesellschaften.

## 5.2 Die griechischen Priester

### 5.2.1 Die Priester der Polis

Die Ausübung der ältesten für uns in Griechenland fassbaren Priestertümer war auf die Mitglieder einzelner Priestergeschlechter (*gene*) beschränkt, die diese Funktionen in Teilen noch in der klassischen Zeit bewahrten. Informationen besitzen wir vor allem über die großen athenischen Priestergeschlechter. Die innere Struktur und die Aufbauprinzipien dieser *gene* sind für uns aufgrund der geringen Informationen nicht völlig klar, doch scheinen verwandtschaftliche Beziehungen dabei zumeist eine wichtige Rolle gespielt zu haben. Die Auswahl der Funktionsträger innerhalb der Angehörigen der *gene* erfolgte offensichtlich in der Regel durch ein Losverfahren, dessen Ergebnis als göttliche Entscheidung galt. Innerhalb der *gene* wurden die sakralen Funktionen zumeist lebenslang auf ein Mitglied übertragen.

*Losverfahren*

Neben der Stellung der einzelnen Priester kamen den Angehörigen der *gene* teilweise auch weitere Funktionen in den Kulten zu und sie konnten unter Umständen auch Einkünfte aus der Kultdurchführung erhalten. Darüber hinaus wissen wir von einzelnen *gene*, dass sie einen gemeinschaftlichen Besitz hatten, aus deren Ertrag die Kosten für die Kulte aufgebracht wurden.

Seit dem 7. Jahrhundert v. Chr. wurden im Rahmen der institutionellen Ausdifferenzierung der Poleis zunehmend neue Priestertümer geschaffen, deren Besetzung und Kontrolle weitgehend den übrigen öffentlichen Funktionsträgern angepasst war. Für die Amtszeit dieser Priester galt normalerweise ein jährlicher Wechsel. Oft war jedoch die Wiederwahl nicht ausgeschlossen, so dass sich faktisch längere Fristen ergaben.

*Keine verbindlichen Voraussetzungen für das Priesteramt*

Für die Übernahme der verschiedenen Priesterämter in den griechischen Poleis gab es keine allgemein verbindlichen Voraussetzungen, die die Bewerber zu erfüllen hatten. In der Regel wurde allerdings verlangt, dass die Aspirantinnen und Aspiranten keine körperlichen Mängel aufwiesen, da diese als Zeichen göttlicher Ungunst interpretiert wurden. Ein anderer sichtbarer Ausweis einer positiven Haltung der Götter zu einem Menschen konnte darin gesehen werden, dass seine Kinder noch lebten.

Neben diesen körperlichen und teilweise auch familiären Konditionen war zumeist der Besitz der vollen bürgerlichen Abstammung in der jeweiligen Polis eine weitere wichtige Voraussetzung für die Übernahme von Priesterämtern. Verboten war die Ausübung sakraler Funktionen wahrscheinlich für männliche Prostituierte und Kinder, die ihre Eltern vernachlässigt hatten. Vor allem galt aber der Grundsatz, dass die Kandidaten für Priesterämter frei von Vergehen sein mussten, die im griechischen Glauben eine religiöse Befleckung nach sich zogen, wie dies insbesondere bei Mord der Fall war.

Abgesehen von diesen Einschränkungen waren die Priestertümer, die nicht unter den Angehörigen einzelner *gene* weitergegeben wurden, allen Bürgern der Polis zugänglich. Als geschlechterspezifische Funktionstrennung lässt sich feststellen, dass gewöhnlich ein männlicher Gott einen männlichen Priester besaß, während der Kult für eine Göttin von einer Priesterin versehen wurde. Doch war dies keine strikte Norm.

In jedem Heiligtum gab es zumeist nur einen Priester, zuweilen aber auch mehrere Priester in einem Heiligtum oder einen gemeinsamen Priester für zwei nahe bei einander gelegene Heiligtümer. Auf der Basis ihrer Kenntnisse sorgten die Priester bei der Abhaltung der Opfer für die Einhaltung der in ihrem Heiligtum festgelegten sakralen Vorschriften und legten so die Grundlage für deren Wirksamkeit. Die wesentliche Funktion der Priester im Rahmen der gottesdienstlichen Handlungen war es, die Opfer so darzubringen, dass diese von den Göttern positiv aufgenommen wurden. Die Durchführung von Opfern in Abwesenheit des zuständigen Priesters war daher eher die Ausnahme.

Anzahl der Priester

Im Rahmen der öffentlichen Opfer und Fürbitten sprachen die Priester der jeweiligen Gottheit das Gebet, mit dem sich die Gemeinschaft an die sakrale Macht wandte. Bei Festen und Prozessionen zu Ehren der Gottheit übernahmen die Priester einen prominenten Anteil im zeremoniellen Ablauf. Kam es zu Freveln gegen die sakrale Weihe des Ortes oder der Gottheit, so sprachen die Priester einen Fluch über die Übeltäter, der die Verfolgung der Schandtat durch die göttlichen Mächte sicherstellen sollte.

Aufgaben und Funktionen

Darüber hinaus hatten die Priester darauf zu achten, dass die Besucher des Heiligtums sich angemessen benahmen. Hierbei konnten Probleme einerseits in der Einhaltung religiöser Tabuvorschriften liegen – so waren Tod und Geburt nach griechischem Glauben von Heiligtümern fernzuhalten –, andererseits aber auch recht profaner Natur sein, wie z. B. der Schutz des heiligen Bezirkes vor Vorschmutzung durch die Rückstände der Opferungen oder der Schutz heiliger Bäume vor illegaler Abholzung.

Durch ihren Dienst in den Heiligtümern und ihre Rolle im Rahmen der Kulte unterlagen die Priester und Priesterinnen noch intensiver als die übrigen Kultteilnehmer dem Grundsatz, dass man sich den Göttern nicht in einem Zustand der Unreinheit und Befleckung nähern durfte. Daher mussten die Priester z. B. außerhalb der Kulthandlungen zumeist den Kontakt mit Blut und Tod meiden.

Außer dieser grundsätzlichen Einschränkung gab es jedoch keine allgemeingültigen Auflagen für die Lebensführung der Priester. Vielmehr zeigt sich auch bei diesem Aspekt eine große Bandbreite der kulturellen Entwicklung in den Regionen. So gab es Priester, die aufgrund ihres Amtes verpflichtet waren, ihr gesamtes Leben in Keuschheit zu verbringen, während andere dies nur für kurze Zeit vor der Ausübung sakraler Funktionen im Verlauf des Jahresrhythmus tun mussten.

*Status*     Sakrale Würdenträger in Griechenland waren keine ‚Priester' in dem Sinne, dass ihnen von der menschlichen Gemeinschaft ein exklusives Verhältnis zu den göttlichen Kräften zugebilligt worden wäre. So wurde ihnen auch von ihren Mitbürgern keine allgemeine Autorität zuerkannt, die sich aus einem engen Bezug zu den sakralen Mächten insgesamt ergeben hätte. Ihr priesterlicher Status bezog sich stattdessen immer auf eine konkrete Gottheit, deren örtlicher Kultform sie verpflichtet waren. Sie waren Priester eines Gottes in einem Heiligtum und nicht die innerweltlichen Repräsentanten der sakralen Mächte in einem weiteren Sinne.

Eine wichtige Folge dieser Konstellation bestand darin, dass die griechischen Priester keine gemeinsamen Überzeugungen hatten. Sie verwalteten keine Dogmen und konnten keine exklusive Auslegung von sakralen Normen reklamieren. Für die Tätigkeit als Priester waren keine Vorkenntnisse und kein Spezialwissen erforderlich. Daher gab es auch keine Ausbildung zum Priester. Die griechischen Priester wurden also nicht durch eine Mauer des Wissens von den restlichen Bürgern getrennt.

Vor diesem Hintergrund verwundert es nicht, dass die griechische Religion keine schriftlichen Texte zur dauerhaften Verbreitung ihrer Lehren hervorgebracht hat. Es gab keine heiligen Texte, keine Offenbarung und keine Lehre, sondern nur wenige moralische Gebote, die soziales Handeln religiös determinierten. Zentrale Kategorien des christlichen Religionsverständnisses wie Sünde, Gnade, Schicksal waren der griechischen Religiosität fremd.

So wurde die Person des Priesters auch nicht durch eine sakrale Konditionierung der Lebensführung aus ihrem sozialen Umfeld herausgehoben und auf diese Weise geheiligt. Die überlieferten Regeln dienten nicht der Veränderung der Person, sondern waren eher technische Vorbedingungen für das Betreten von Räumen, das Berühren von Objekten und die Durchführung von Riten. Im Allgemeinen führten die Auflagen in der Lebensführung nicht zu einer generellen Separierung der Funktionsträger vom öffentlichen Leben der Polisgemeinschaften. So konnten die männlichen Priester sich wie ihre Mitbürger in das öffentliche Leben ihrer Polis einbringen und in diesem Rahmen auch Verantwortung durch die Bekleidung politischer Ämter übernehmen. Sie waren in dieser Hinsicht zumeist ‚normale' Bürger ihrer Stadt.

Das priesterliche Leben besaß somit keine eigene Qualität gegenüber dem bürgerlichen. Die Wahrnehmung priesterlicher Funktionen stellte in den meisten Fällen eine Nebentätigkeit dar, die man zusätzlich zu seiner normalen bürgerlichen Existenz durchführte. Unter institutionellen Aspekten kommt JOHN GOULD daher zu dem Fazit, dass die griechische Religion grundlegend provisorisch blieb. Noch pointierter spricht WALTER BURKERT sogar von einer „Religion ohne Priester" [1.4.2: Griechische Religion 157].

So fällt es schwer, in den Poleis der ausgehenden Archaik und der beginnenden Klassik eine wirklich eigenständige sakrale Autorität zu erkennen. Der eindeutig aufstrebende Faktor im sakralen Bereich ist hingegen klar sichtbar: Es ist die Polisgemeinschaft insgesamt, die mehr und mehr Kompetenzen an sich zieht und damit die sakrale Sphäre ihrem Willen und ihren Entscheidungen unterwirft. Nicht nur die Kulte, Feste und Funktionen neueren Ursprungs wurden durch die Polisgemeinschaft organisiert und kontrolliert, sondern auch die alten Priestergeschlechter wurden der Kontrolle durch die Beamten der Polis unterworfen, die letztlich wiederum der Gemeinschaft insgesamt verantwortlich waren.

*Die Bedeutung der Polisgemeinschaft*

Diese hierarchisierte Konstellation zwischen gesellschaftlicher und sakraler Sphäre schlug sich im Laufe der Entwicklung z. B. in Athen in der zunehmenden Tendenz nieder, Probleme der Kulte und der sakralen Organisation selbst durch Beschlüsse des Demos zu regeln. So fiel die Sanktionierung innovativer Elemente, wie z. B. die Einführung neuer Kulte und Feste, nicht in den Kompetenzbereich der sakralen Experten, wie es eigentlich zu erwarten wäre, sondern unterlag der Zustimmungspflicht durch den Demos. Zudem wurde auch die gesamte finanzielle Komponente der sakralen Organisation der Rechenschaftspflicht gegenüber dem Demos unterworfen. Die sakralen Funktionsinhaber wurden hierdurch in vielerlei Hinsicht auf den Status normaler Amtsträger des Demos reduziert, die nur sehr begrenzt kraft eigener Legitimität agierten.

### 5.2.2 Sakrale Spezialisten außerhalb der Polisorganisation: Die Seher

Neben den offiziellen Repräsentanten der sakralen Sphäre traten in Griechenland auch Männer auf, deren Bezug zu den göttlichen Mächten und deren Wissen um sakrale Deutungsmuster sich nicht aus einer festen Stellung innerhalb der sakralen Organisation der Polisgemeinschaften ableitete. Die wichtigste Gruppe unter diesen ungebundenen sakralen Spezialisten bildeten die Seher, die *manteis*. Die Kunst der Seher beruhte auf der Überzeugung der Griechen, dass ihre Lebenswelt eine Vielzahl von Zeichen barg, die Hinweise auf eine harmonische und möglichst störungsfreie Einordnung der eigenen Existenz in die von den göttlichen Mächten beherrschte Welt gaben. Die Gestalt, in der diese Zeichen auftraten, deckte ein weites Spektrum von Erscheinungsformen ab, die von Traumbildern bis zu Naturereignissen reichten. Zwar konnten potentiell alle Menschen diese Zeichen wahrnehmen und deuten, doch waren die

*Der Glaube an Zeichen*

Bezüge dieser Zeichen zur eigenen Lebenswelt nicht immer leicht herzustellen, und so war es nicht einfach, die richtigen Schlussfolgerungen für das eigene Handeln zu ziehen. In schwierigen Situationen zogen die Menschen deshalb für die Beobachtung und Interpretation der Zeichen *manteis* zu Rate.

Die Autorität der Seher beruhte zumeist auf einer Kombination aus persönlichem Charisma und dem Fachwissen über die Erkundung des göttlichen Willens. Während in der frühen Epik und Dichtung ihre Gabe, die Zeichen zu deuten, zumeist als Geschenk der Götter interpretiert wurde, stand in der späteren Zeit bei den historisch fassbaren *manteis* der Aspekt ihrer Kenntnisse um die eher technischen Details des Deutungsvorgangs im Vordergrund, wenn auch die Konnotation einer besonderen Gunst der Götter nicht vollkommen geschwunden ist.

<small>Die Bedeutung von Opferritualen</small>

Unter den Aktivitäten der *manteis* zur Erkundung göttlicher Zeichen besaßen die mantischen Handlungen bei Opferritualen eine besondere Bedeutung. Dabei standen vor allem das Opfertier, seine physische Beschaffenheit und seine Verwendung im Opferzeremoniell im Zentrum des Interesses. Wenn auch genaue Details über die Deutungsvorgänge nicht rekonstruiert werden können, so lässt sich doch festhalten, dass die Leberschau eine bedeutende Rolle in der Mantik spielte. Aber auch der Galle und dem Rauch beim Verbrennen der Eingeweide konnte die Aufmerksamkeit des Sehers gelten.

<small>Funktionen</small>

Bei den Deutungen der *manteis* handelte es sich nicht so sehr um Vorhersagen eines göttlichen Willens im Rahmen einer kosmischen Ordnung, in der es sehr langfristige Deutungsperspektiven künftiger Ereignisse und Problemstellungen gegeben hätte. Die mantischen Aktivitäten waren vielmehr vom Aspekt der Abwehr momentaner Unsicherheit bzw. kurzfristig drohenden Unheils geprägt. So gehörten Krankheit und Angst vor den Folgen sakraler Verunreinigung zu den häufigsten Motiven, um einen *mantis* zu befragen, welche geeigneten Gegenmaßnahmen zu ergreifen seien. Daraus erklärt sich auch, dass die Funktion der Seher oft mit der von Heilern zusammenfiel. Die Hinzuziehung eines *mantis* zielte also auf die Unterstützung bei der Suche nach Lösungen in existentiellen Gefährdungs- und Entscheidungslagen.

## 5.3 Die Priester in Rom

Die Priesterstellen konnten in Rom wie in Griechenland nur von Bürgern besetzt werden. Von den Inhabern der sakralen Positionen wurde ebenfalls körperliche Unversehrtheit erwartet. Mit Ausnahme der vestalischen Jungfrauen (*Virgines Vestae*) und den für uns nur schemenhaft zu greifenden salischen Jungfrauen (*Saliae Virgines*) blieben die Priesterstellen ausschließlich den männlichen Bürgern vorbehalten.

Die Tätigkeit als Priester wurde in der Regel nach der Bestellung in die Funktion lebenslang ausgeübt. Auch hier bildeten die vestalischen Jungfrauen, die nach 30 Jahren ihre kultische Funktion niederlegen konnten, eine Ausnahme.

Aber auch innerhalb der männlichen Bürgerschaft gab es Beschränkungen. So war es unabdingbar, dass der ‚Opferkönig' (*rex sacrorum*) sowie die Priester für Jupiter, Mars und Quirinus (*flamines maiores*) von Eltern abstammten, die durch die besonders weihevolle Eheform der *confarreatio* miteinander verbunden waren, die nur den Angehörigen des alten Erbadels der Patrizier vorbehalten war. Faktisch waren damit alle Nichtpatrizier von diesen Priesterstellen ausgeschlossen. Eine derartige Beschränkung auf die Patrizier galt auch für die Priesterschaft der *Salii*, die heilige Waffentänze für den Gott Mars aufführte. In der Anfangsphase der römischen Republik im 5. und 4. Jh. v. Chr., die von starken inneren Konflikten geprägt war, galt der Ausschluss der Nichtpatrizier von allen wichtigen Priesterämtern generell. Erst im Jahr 300 v. Chr. wurde den Plebejern der Zugang zu den gesellschaftlich einflussreichsten Priesterämtern ermöglicht. Die Gleichberechtigung in der sakralen Organisation war damit der politischen Gleichberechtigung nachgelagert. Schon das ist ein wichtiges Indiz dafür, dass sakrale Kompetenzen in Rom einen wesentlich höheren Einfluss auf gesellschaftliche Prozesse mit sich brachten als in Griechenland: Nach dem Fall des politischen Monopols waren die Patrizier auch bereit, Plebejer in den entscheidenden Positionen der sakralen Organisation zu dulden.

<small>Zugangsbeschränkungen zum Priesteramt</small>

In Rom lassen sich zwei unterschiedliche Formen priesterlicher Funktionen unterscheiden, die jenseits des Formalen auch ganz unterschiedliche Zugangsformen zu den sakralen Mächten und deren gesellschaftlicher Einbettung reflektieren. So kannten die Römer Priester, deren Aufgaben im Kult überaus eng mit einer Gottheit verbunden waren. Dies galt vor allem für die *flamines*, die noch einmal in drei ‚bedeutendere *flamines*' (*flamines maiores*) für Jupiter, Mars und Quirinus und zwölf ‚nachgeordnete *flamines*' (*flamines minores*) für andere Gottheiten, u. a. Ceres, Flora und Volturnus, unterschieden wurden. Insgesamt ist unser Wissen über diese Priester ausgesprochen begrenzt. Lediglich über den Flamen des Jupiter (*flamen Dialis*) besitzen wir Kenntnisse, die – so fragmentarisch sie auch sein mögen – über die reine Funktionsbenennung hinausgehen. Dabei wird deutlich, dass dieser Priester, dessen ganzes Leben von Ritual- und Tabuvorschriften bestimmt war, weniger ein gesellschaftlicher Repräsentant gegenüber der Gottheit als viel eher eine Verkörperung der göttlichen Kraft in der Gesellschaft war. Ob diese sakrale Charakterisierung für alle *flamines* galt, lässt sich auf der heute zugänglichen Informationsbasis nicht klären. Während die *flamines* aber in jedem Fall eng mit jeweils einer Gottheit verbunden waren, besaß der *rex sacrorum* keine derart exklusive Bindung, auch wenn der große Teil

<small>*flamines*</small>

seiner kultischen Verpflichtungen mit dem Gott Janus verbunden war. Stattdessen sind seine Kultaufgaben so eng mit dem Ablauf des alten Mondkalenders verbunden, dass JACQUES HEURGON pointiert von einem lebenden Kalender („calendrier vivant') spricht.

*sodalitates und collegia*
Die andere Komponente der sakralen Organisation bildete die kollektive Wahrnehmung kultischer Funktionen und sakraler Kompetenzen im Rahmen von ‚Priestergesellschaften' (*sodalitates*) und ‚Priestercollegien' (*collegia*). Einige *sodalitates*, wie die *luperci*, die im Februar alte Fruchtbarkeitsrituale veranstalteten, und die *salii*, die im März und Oktober aktiv wurden, waren nur zu bestimmten Anlässen im religiösen Leben der römischen Gesellschaft präsent.

Dies galt im Grunde genommen auch für die etruskischen Spezialisten für die Eingeweideschau, die *haruspices*, die vom römischen Senat bei Bedarf zur beratenden Unterstützung anlässlich wichtiger Entscheidungen hinzugezogen wurden. Diese angesehenen auswärtigen Fachleute, die aus der komplexen Analyse der Eingeweide von Opfertieren Hinweise für die Handlungsorientierung der Gesellschaft ableiteten, blieben allerdings strikt von der römischen Gesellschaft getrennt und gehörten im strengen Sinne nicht zu den römischen Priestern.

Demgegenüber bildeten die *collegia* feste und dauerhafte Bestandteile der gesellschaftlichen Organisation. Es gab vier *collegia*: die *pontifices*, die *augures*, die *(quin)decemviri sacris faciundis* und die *septemviri epulonum*. Während die *septemviri epulones* wichtige Kultmahlzeiten organisierten, waren die *quindecemviri* vor allem für die Befragung der sibyllinischen Orakelbücher zuständig. Die beiden prestigereichsten *collegia* waren die *augures* und die *pontifices*. Sie besaßen in der klassischen Republik jeweils neun Mitglieder, von denen fünf Plebejer und vier Patrizier sein sollten. Während die Sodalitäten zumeist nur eine temporäre Führung besaßen, wiesen die *augures* und *pontifices* mit dem *augur maximus* und dem *pontifex maximus* eine dauerhafte Leitung auf.

*augures*
Die *augures* waren die entscheidenden Experten für die Interpretation göttlicher Vorzeichen, die den Römern wesentliche Orientierungspunkte für ihr gemeinschaftliches Handeln gaben. Ohne die Zustimmung der Götter waren wichtige staatliche Aktivitäten, wie z. B. die Abhaltung von Versammlungen, für die Römer kaum denkbar. Da die Deutung dieser Vorzeichen, die vor allem im Flug oder im Fressverhalten von Vögeln bestanden, äußerst kompliziert war, besaßen die *augures* ein nicht zu unterschätzendes Einflusspotential auf das Gemeinschaftsleben und vor allem auf die politischen Abläufe.

*pontifices*
Die *pontifices* ihrerseits bildeten das Rückgrat der sakralen Organisation. Zwar brachten sie auch selbst Opfer dar und waren an sakralen Ritualen beteiligt, doch bestand ihre Hauptaufgabe in einer fehlerlosen Gewährleistung derjenigen Sakralhandlungen, die nicht der Selbstorganisation und -kontrolle einer anderen Priestervereinigung unterlagen. So

gehörten auch der *rex sacrorum* und die *flamines* formal zum *collegium pontificum* und wurden vom *pontifex maximus* in ihrer Amtsführung kontrolliert.

Dasselbe galt für die vestalischen Jungfrauen. Diese Priesterinnen, die mit der Sorge um den heiligen Herd der Vesta eine ganz zentrale kultische Funktion im Staat besaßen, wurden zwar mit ihrer Berufung aus der väterlichen Gewalt ihrer *patres familias* herausgelöst, doch war es aus der Sicht der Römer dennoch nicht akzeptabel, dass eine Vereinigung weiblicher Priester sich völlig autonom verwaltete. So wurden sie im Gegensatz zu anderen Vereinigungen direkt dem *pontifex maximus* unterstellt.  Die vestalischen Jungfrauen

Diese Kontrollfunktionen waren jedoch nicht die einzigen Kompetenzen der *pontifices*. Sie verwalteten darüber hinaus zentral die Kultsatzungen und Opferregelungen, die bei der Errichtung neuer Heiligtümer erlassen wurden, und erhielten damit einen monopolhaften Zugriff auf wesentliche Bestandteile der sakralen Regelungen.

Wie bei den Griechen, so fällt auch in Rom die Tatsache ins Auge, dass es keine Ausbildung zum Priester gab. Auch in Rom gab es keine theologischen Konzeptionen, die erst durch ein längeres Studium rezipiert werden mussten, bevor man die Tätigkeit eines Priesters ausüben konnte. Genau wie in Griechenland wurde man nicht Priester aus ‚innerer Berufung' zum Dienst an den Göttern.

Und doch gab es bei der Rekrutierung der Priester tiefgreifende Unterschiede: Während es in Griechenland in der Regel üblich war, die Priester – zumeist durch Los – unter geeigneten Mitgliedern größerer Priestergeschlechter auszulosen oder aber auf Zeit von der Polisgemeinschaft auswählen zu lassen, herrschten in der klassischen Republik ganz andere Prinzipien. Die *flamines maiores* und der *rex sacrorum* wurden vom *pontifex maximus* ‚ergriffen' (vom lat. *capere*), d. h. sie wurden vom *pontifex maximus* ernannt, in einigen Fällen auch gegen ihren Willen. Dies galt ebenfalls für die vestalischen Jungfrauen, allerdings wurde bei dieser Priesterschaft unter den benannten Kandidatinnen im Alter zwischen 6 und 10 Jahren noch einmal eine Auslosung durchgeführt. Die Priestervereinigungen und -collegien rekrutierten ihren Nachwuchs durch Kooptation, d. h. bei Tod oder Ausscheiden eines Mitgliedes einigten sich die verbleibenden Priester auf einen Nachfolger. Lediglich die Position des *pontifex maximus* wurde in der klassischen Republik seit der Mitte des 3. Jahrhunderts v. Chr. durch eine Volkswahl besetzt. Erst in der späten Republik ab 104 v. Chr. gab es die Tendenz, dieses Auswahlprinzip auf die übrigen *pontifices* auszudehnen, was allerdings umstritten blieb.  Ernennung der Priester

Die Mitglieder der großen Priestercollegien spielten im öffentlichen Leben Roms eine wesentlich aktivere Rolle als die griechischen Priester. Ihre Entscheidungen im sakralen Bereich konnten einen nicht unerheblichen Einfluss auf die gesellschaftlichen Abläufe ausüben. Die Gutachten der *augures* zu der Interpretation göttlicher Vorzeichen oder die Einfü-  Der politische Einfluss der Priester gung von Schaltperioden in den offiziellen Kalender durch die *pontifices* konnten die politischen Entscheidungsprozesse erheblich beeinflussen. Neben der temporären Ausübung politischer Ämter war daher die lebenslange Mitgliedschaft in einer der wichtigen Priestervereinigungen für viele Angehörigen der führenden Familien in Rom wesentlich, um ihre herausragende gesellschaftliche Stellung dauerhaft abzusichern.

Doch kam es auch in Rom nicht zu einer Vorherrschaft der Priester in der Gesellschaft. Die Einflussperspektive einzelner Priestertümer, die auf der ganz engen Verwobenheit der gesellschaftlichen und der sakralen Sphäre beruhte, wurde durch vielfältige Faktoren in ihrer politischen Wirkungsmächtigkeit begrenzt. So gab es für den *rex sacrorum* ein explizites Verbot, politische Ämter zu bekleiden. Der *flamen Dialis*, aber auch die anderen *flamines maiores* waren durch komplexe Ritual- und Tabuvorschriften von einer Betätigung im politischen Raum zwar nicht dezidiert ausgeschlossen, jedoch in ihrer Entfaltung soweit eingeschränkt, dass sie im realen politischen Leben fast keine Rolle spielten. Die sakralen Verpflichtungen der *sodalitates*, wie z. B. der *salii* oder der Arvalbrüder, boten ihren Mitgliedern kaum politische Anknüpfungspunkte. Selbst die Angehörigen der wichtigen *collegia* der *augures*, *pontifices* und *quindecemviri* konnten nur sehr beschränkt ihre religiöse Kompetenz in handlungsleitende Vorgaben an die Gesellschaft umsetzen. Gaben diese *collegia* öffentlich eine Bewertung zu sakralen Problemen ab, die für das gesellschaftliche Leben von Relevanz war, so taten sie dies in der Regel nicht aus Eigeninitiative, sondern nach der Aufforderung durch politische Instanzen, etwa des Senats oder der Amtsinhaber hoher Magistraturen.

Pointiert könnte man sagen, dass diese *collegia* eher sakrale ‚Unterausschüsse' des Senats waren. Zur Entfaltung einer sakralen Autorität, die auch die politischen Entscheidungsmechanismen überstrahlt hätte, fehlte ihnen eine entscheidende Grundlage: der exklusive Zugang zu einer Gottheit und zu theologischem Wissen, auf das sie sich im öffentlichen Diskurs hätten berufen können. Die Expertise der *pontifices* beschränkte sich daher hauptsächlich auf Fragen der sakralen Organisation.

Trotz der weitreichenden Kompetenzen und des großen Einflusses, den die großen Priestercollegien in Rom besaßen, agierten die sakralen Würdenträger nicht unabhängig von den gesellschaftlichen Institutionen, sondern waren fest in die Strukturen der politischen Organisation eingefügt. Die zentrale Instanz, die als Fokus für die Vernetzung religiöser und politischer Autorität auftrat, war der römische Senat. In seiner herausragenden Position bei der Vermittlung zwischen der göttlichen und der menschlichen Sphäre wird die intensive Verwobenheit von Religion und Gesellschaft in Rom besonders deutlich.

Jedes Amtsjahr der neuen Obermagistrate begann mit einer Senatssitzung, in der zunächst über die wichtigen religiösen Angelegenheiten, die aktuell zu regeln waren, beraten wurde. Aber auch im gesamten laufenden Jahr war der Senat die entscheidende Clearingstelle, in der die religiöse Autorität der Priestercollegien bei wichtigen Fragen zu einem gesellschaftlichen Handlungszusammenhang verdichtet wurde. So entschied der Senat einerseits über die Einführung neuer Staatskulte und legte die Bedingungen für deren Ausübung fest, wie er es 213 v. Chr. bei der Einführung des Kultes der *Magna Mater* getan hat. Andererseits demonstrierte der Senat 186 v. Chr. anlässlich der Beschlüsse über die rigorose Verfolgung der Anhänger der Bacchanalienkulte, dass er auch die Autorität für die Unterdrückung unerwünschter religiöser Aktivitäten besaß.

Auch bei der Kommunikation mit den Göttern, die für das gesellschaftliche Handeln der Römer von elementarer Bedeutung war, nahm der Senat eine zentrale Stellung ein. Er legte fest, welche unheilvollen Vorzeichen, die gemeldet worden waren, wirklich von den Göttern stammten, und bestimmte unter Beratung mit den Priestercollegien die Maßnahmen, die zur Versöhnung mit den Göttern zu treffen waren. Nur auf ausdrücklichen Beschluss des Senates durften zudem die sibyllinischen Bücher befragt werden, deren Orakelsammlung eine unverzichtbare Hilfe bei der Bewältigung unvorhergesehener Ereignisse und der Einführung innovativer Elemente im religiösen Leben war. Im Rahmen der Bewahrung des fragilen Gleichgewichtes zwischen der göttlichen und der menschlichen Sphäre, auf dem nach römischer Überzeugung das ganze Wohlergehen des Gemeinwesens beruhte, kam dem Senat also eine Schlüsselfunktion zu.

# 6. Die griechische und die römische Religion im Vergleich – eine Bilanz

Wirft man aus der monotheistischen Perspektive einen oberflächlichen Blick auf die Religionen der Griechen und Römer, so erscheinen die Gemeinsamkeiten derart auffällig zu sein, dass man sich des Eindruckes nicht erwehren kann, es handele sich bei diesen religiösen Deutungssystemen um regionale Ausprägungen derselben Weltinterpretation. Sowohl die Griechen wie auch die Römer gingen von der fundamentalen Überzeugung aus, dass ihre Lebenswelt von einer Vielzahl sakraler Mächte beherrscht wird, zu denen die menschliche Gesellschaft ein konstruktives Verhältnis aufbauen muss, um ihr Überleben zu sichern. Die Schlüsselfunktion für diese sakrale Stabilisierungsleistung kam in beiden Kulturen nicht der Einhaltung moralischer Normen und religiöser Gebote zu, sondern der genauen Durchführung sakraler Rituale, die die Kommunikation mit den göttlichen Kräfte gewährleistete. Die grundlegende Bedeutung des Tieropfers und der mit ihm untrennbar verbundenen Fleischverteilung als zentralen Elements der sakralen Handlung bildeten eine weitere Übereinstimmung. Die architektonischen Analogien bei der Ausgestaltung der sakralen Räume, in denen wichtige religiöse Handlungen durchgeführt wurden, scheinen diese Interpretation als einheitliches Weltbild abzurunden.

Diese Überlegungen zu den übereinstimmenden Komponenten der religiösen Weltdeutung in den antiken Kulturen haben zweifellos ihre Berechtigung. Doch ist äußerste Vorsicht geboten, damit der Kontrast zu den monotheistischen Buchreligionen, deren Deutungsansatz den modernen Religionsdiskurs beherrscht, nicht zu einer Überbetonung der strukturellen Gemeinsamkeiten der antiken Religionen führt.

Im Folgenden werde daher auf der Basis der vorangegangenen Darstellung die beiden religiösen Deutungssysteme noch einmal knapp und pointiert gegenübergestellt. Dieser resümierende Vergleich hilft dabei, neben den Gemeinsamkeiten auch die tiefer liegenden Gegenläufigkeiten in den religiösen Weltbildern, der sakralen Organisation und der rituellen Symbolik der antiken Kulturen zu erkennen.

Ein in dieser Kürze erfolgender kontrastierender Vergleich beinhaltet ohne Zweifel die methodische Schwierigkeit, dass man die grundlegenden Aspekte pointiert zuspitzen muss. Nicht allen Nuancierungen des religiösen Alltags, der regionalen Differenzen und der historischen Evolution kann diese Darstellung gerecht werden. Dieser Problematik muss man sich beim Versuch der argumentativen Verdichtung bewusst sein. Insgesamt verstehen sich daher die nachfolgenden Ausführungen eher als resümierende Thesen, die sich auf die Fragen nach dem Verhältnis der Religion zu den gesellschaftlichen Strukturen und nach den unterschiedlichen Formen der Präsenz der sakralen Mächte in den antiken Kulturen konzentrieren. Trotz aller Schwierigkeiten bietet der zusammenfassende Vergleich der grundlegenden Strukturen die große Chance, fundamentale Orientierungen der religiösen Deutungssysteme offenzulegen, die in einer getrennten Analyse der Weltbilder, wie sie in der Forschung üblich geworden ist, nicht in den Vordergrund treten.

### 6.1 Religion und Gesellschaft in den antiken Kulturen

Fundamentale Unterschiede zwischen dem griechischen und dem römischen Kulturbereich werden schon bei der vergleichenden Analyse des Aufgabenbereichs und der gesellschaftlichen Einbindung der Priester deutlich. In Griechenland bezog sich die sakrale Autorität der Priester in den Poleis auf den speziellen Kult in einem Heiligtum. Ihr Wissensvorsprung gegenüber den übrigen Mitgliedern der Gesellschaft ergab sich eher aus den Kenntnissen technischer Abläufe der Rituale und verlieh ihnen keine exklusive Beziehung zu der jeweiligen Gottheit. Jenseits ihres religiösen Tätigkeitsbereichs agierten die griechischen Priester in ihrem gesellschaftlichen Umfeld nicht als sakrale Würdenträger.

Ihre sakrale Autorität war daher höchst selten in den öffentlichen Raum transferierbar, um zum Beispiel politische Entscheidungen zu beeinflussen. Der Kult legte die Grundlage für die soziale Gemeinschaft, doch dominierten seine Würdenträger nicht die öffentlichen Entscheidungsstrukturen. *Die Funktion der Priesterschaft*

Im Gegenteil: Die Priester, auch diejenigen aus den alten Priestergeschlechtern, wurden im Laufe der Spätarchaik zunehmend der Kontrolle durch die politischen Institutionen der Poleis unterworfen. Zudem gab es die Tendenz, neu geschaffene Priesterstellen mit Hilfe der gesellschaftlichen Entscheidungsverfahren zu besetzen und so deren Inhaber in der gesellschaftlichen Stellung den anderen öffentlichen Funktionsträgern anzugleichen. Die Amtsinhaber dieser neuen Priesterstellen agierten nicht mehr aus einer ganz eigenen, dem Zugriff der gesellschaftlichen Mechanismen entzogenen Legitimität, sondern konnten diese Funktionen nur wahrnehmen, weil sie aufgrund ihrer Auswahl im Rahmen der gesellschaftlichen Selektionsverfahren von der Gemeinschaft dazu die Berechtigung erhalten hatten. Die Entwicklung der sakralen Organisation war also davon geprägt, dass bei der Wahrnehmung sakraler Aufgaben die Mittlerfunktion zwischen göttlicher und menschlicher Sphäre zunehmend zugunsten der Erfüllung festgelegter organisatorischer Tätigkeiten im Rahmen der gesellschaftlichen Ordnung in den Hintergrund trat. Diese Entwicklung führte nicht selten zu einer subordinierenden Integration der sakralen in die Strukturen der öffentlichen Organisation – ein Vorgang, der zumindest in Teilen das Ergebnis bewusster Entscheidungsfindung im Rahmen der politischen Willensbildung in den Polisgemeinschaften war. So kam es nicht zu einer Fokussierung der religiösen Autorität in einer exklusiven Priesterschicht. Im Gegenteil, der offene Zugang zu den Kulten und die weitgehende Gleichheit in den sakralen Riten bildeten ein wichtiges Element. Die ‚Gleichheit vor der Religion' war das Fundament der frühen Polis. So könnte man in Griechenland von einer ‚offenen Verankerung' der Gesellschaft in der Religion sprechen, bei der der Zugang zur Religion nicht durch Experten kanalisiert wurde, sondern für alle Bürger offen stand.

Der Kontrast zu Rom ist – trotz mancher Übereinstimmungen – beachtlich. Die römischen Priester waren im öffentlichen Raum als sakrale Würdenträger permanent präsent. Ein Teil von ihnen, vor allem die *flamines*, repräsentierte dort die dauerhafte Präsenz der göttlichen Kräfte in der Gesellschaft. Ihre von sakralen Normen geprägte Lebensführung wurde zu einem permanenten ‚Gottesdienst', der die Verbindung mit den sakralen Mächten nicht abreißen ließ. Andere sakrale Würdenträger, vor allem die in den großen *collegia* organisierten Priester, garantierten durch ihre komplexen Kenntnisse religiöser Vorschriften eine sakrale Kommunikationsfähigkeit der römischen Gesellschaft, die die unabdingbare Basis für den störungsfreien Kontakt zu den göttlichen Mächten legte. Die Angehörigen der wichtigen Priestercollegien ließen dabei selbstverständlich ihre hohe sakrale Autorität in die gesellschaftlichen Entscheidungsprozesse einfließen. Die parallele Ausübung religiöser Funktionen und politischer Ämter war in Rom nicht die Ausnahme, sondern die Regel. Gab es bei den Griechen die Tendenz, die sakrale von der politischen Sphäre zu separieren und dabei die sakralen Würdenträger der gesellschaftlichen Kontrolle zu unterwerfen, findet sich in Rom der Grundsatz, dass politische und sakrale Organisation auf das Engste miteinander verwoben waren und diese gegenseitige Durchdringung als Kernbestandteil der *res publica* angesehen wurde. Eine Trennung der beiden Bereiche war undenkbar.

**Die Funktion der Heiligtümer** Die unterschiedliche Einbettung des Sakralen in die Gesellschaft zeigt sich auch bei der Verortung und der Funktion der Heiligtümer im öffentlichen Raum. In Griechenland waren sakrale und politische Räume weitgehend voneinander getrennt. Nicht selten lagen die großen Heiligtümer sogar relativ isoliert außerhalb des Zentrums an der Peripherie des Territoriums und waren schon räumlich von den politischen Aktivitäten separiert. Aber auch bei den Heiligtümern, die im urbanen Kernbereich angesiedelt waren, gab es kaum funktionelle Überschneidungen mit der politischen Sphäre. Die Heiligtümer fungierten in der Regel nicht als Tagungsräume politischer Gremien. Das Sakrale war dem politischen Konflikt entzogen und bildete eine Zone der Neutralität, die der Gemeinschaft angesichts der intensiven Streitkultur im politischen Raum einen wichtigen Halt bot. Das Asylrecht, also die Möglichkeit, den politischen Streit durch das Eintreten in den sakralen Raum zu suspendieren, war ein wichtiges Symbol dafür. So kamen Agora und Heiligtum, den politischen und den sakralen Räumen unterschiedliche Funktionen für das Zusammenleben in den griechischen Poleis zu, deren innere Balance nur durch die Austarierung beider Pole gewährleistet werden konnte: „Politik fand nicht unter der Autorität der poliadischen Gottheit, sondern in einem eigenen politischen Raum statt. Dieser politische Raum war zwar kein profaner Bereich, sondern unterstand religiösem Schutz. Aber diese Religiosität diente in bemerkenswerter Weise dazu, der Politik ihren eigenen Raum zu schaffen" [4.1: HÖLSCHER, Öffentliche Räume 45].

Dagegen gab es eine derartige Trennung von politischen und sakralen Räumen in Rom nicht. Die römischen Tempel waren fest integriert in das vielfältige Organisationsspektrum der politischen Sphäre. Fast alle wichtigen Heiligtümer befanden sich nicht nur im politischen Zentrum oder in dessen unmittelbarer Umgebung, sondern wurden auch von den politischen Gremien als Tagungsorte genutzt. Oft trat die Volksversammlung im heiligen Bezirk des großen Jupitertempels auf dem Capitol zusammen, was z. B. die athenische Volksversammlung auf der Akropolis nicht tat. Vor allem aber nutzte der römische Senat verschiedene Tempel, um seinen Sitzungen gezielt eine bestimmte religiöse Konnotation zu geben. Sakrale und politische Räume waren in Rom nicht zu trennen, sondern überschnitten sich in vieler Hinsicht.

Im Unterschied zu vielen griechischen Poleis war in Rom zudem das sakrale Leben auf der gesamtgesellschaftlichen Ebene durch eine Orientierung auf das gemeinsame Zentrum geprägt. Die Stadt Rom fungierte als Fokus, in dem die kollektiven Aktivitäten der Gemeinschaft der römischen Bürger, der *res publica*, im politischen und sakralen Bereich gebündelt wurden und zu einer untrennbaren Einheit verschmolzen. Die Römer hatten die klare Vorstellung, dass der alte Kernbereich ihres Siedlungsgebietes, der *ager Romanus antiquus*, der schon im 5. Jh. v. Chr. zum römischen Gemeinwesen gehörte, eine besondere sakrale Qualität besaß, da die göttlichen Mächte dort besonders intensiv mit den Römern kommunizierten. Innerhalb dieser sakralen Kernzone nahm noch einmal die Stadt Rom (*urbs*) mit ihrer heiligen Stadtgrenze, dem *pomerium*, eine gesonderte Stellung ein. Der strikt befriedete Bereich innerhalb des *pomerium*, in dem noch nicht einmal die Wahlversammlungen der Obermagistrate stattfinden durften, da diese ursprünglich vom Heer in Waffen gewählt wurden, vereinte die Funktionen des sakralen und politischen Zentrums. Hier konzentrierten sich die wichtigsten Kulte, vor allem der des Jupiter Optimus Maximus auf dem Capitol und der Kult der Vesta mit dem heiligen Herdfeuer, das die Lebenskraft des gesamten Gemeinwesens symbolisierte. Waren die griechischen Poleis oft bipolar aufgebaut, indem die großen Heiligtümer weit außerhalb des städtischen Zentrums als sakrale Kontrapunkte fungierten, die rituell mit diesem vernetzt wurden, wiesen die Kulte des *populus Romanus*, des römischen Volkes, eine klare Konzentration auf das Zentrum auf.

<sub>Religiöse Topographie</sub>

Diese Unterschiede setzten sich auch in der sakralen Raumerfassung fort. In vielen griechischen Städten führten Prozessionen vom städtischen Zentrum ausgehend zu den großen Heiligtümern an der Peripherie. Die Trennung von Haupttheiligtum und urbanem Zentrum gab den Menschen die Gelegenheit, die räumliche Dimension ihrer Lebenswelt gemeinschaftlich in der Prozession rituell zu durchschreiten. Bei der gemeinsamen Bewegung im Raum waren die sakrale, die soziale und die territoriale Selbstvergewisserung auf das Engste miteinander verwoben. In vielen Fällen wurden diese intensiven Erfahrungen des Gemeinschaftsgefühls in einer großen Prozession fokussiert, in deren Rahmen sich die Gesellschaft periodisch neu konstituierte. Zentrum und Peripherie standen unter sakralen Gesichtspunkten nicht in einem hierarchischen Verhältnis. In Griechenland gab es also eine Tendenz zur Egalität der sakralen Raumerfassung.

Die Prozessionen

In Rom hatten die Prozessionen eine ganz andere Ausrichtung. Zum einen fehlte auffälligerweise eine große Prozession, in deren Rahmen ein größerer Teil der Bürgerschaft die Stadt verließ und durch seinen Zug das Zentrum mit einem peripheren Heiligtum verband. Abgesehen vom Sonderfall des Latinerfestes kann man feststellen, dass sich durch die enorme territoriale Expansion Roms seit dem ausgehenden 3. Jahrhundert v. Chr. die Konzentration der sakralen Aktivitäten – wie auch der politischen – noch stärker auf das städtische Zentrum auswirkte. Die politische Expansion korrespondierte also mit einer sakralen Kontraktion. Eine verbindende Funktion zwischen den territorialen Sphären von Peripherie und Zentrum, wie in Griechenland, nahmen die religiösen Rituale kaum wahr.

Genauso bemerkenswert ist die Tatsache, dass es keine konstituierende Prozession gab, anlässlich derer die Bürgerschaft als Gesamtheit sakral bedeutsame Stätten aufsuchte. In Rom fand kein großer Zug zum Heiligtum des Jupiter statt, an dem alle Römer vom Senator bis zum einfachen Bürger in klarer sozialer Gliederung zur Teilnahme aufgefordert gewesen wären. Sowohl beim Triumphzug wie auch bei der *pompa* der Circusspiele agierten spezielle Teile der Gesellschaft, während die Masse der Bürger die Kulisse bildete. Zweifellos interagierten dabei die Teilnehmer und die Zuschauer intensiv, doch waren es eben keine Prozessionen, in deren Rahmen der Bürger seine individuelle Position im sozialen Gefüge durch seine spezifische Partizipationsform am sakralen Ritual erleben konnte, wie dies bei den Panathenäen in Athen der Fall war.

Erstaunlicherweise sind die einzigen Rituale, bei denen alle Einwohner Roms zur aktiven Teilnahme aufgefordert waren – die Bitt- und Dankprozessionen – ausgerechnet Rituale der Krisenbewältigung, bei denen sämtliche Ordnungsstrukturen aufgehoben waren und die Menschen ohne kollektive Vorgaben ganz individuell handelten. Die Ordnung der Gesellschaft schien den Römern so stabil, dass sie im Gegensatz zu den griechischen Poleis offensichtlich nicht das Bedürfnis eines fundamentalen Basisrituals für die Konstituierung der sozialen Ordnung hatten.

In einem Zwischenfazit zur personellen Organisation und räumlichen Positionierung der Kulte ergeben sich erste kontrastive Konturen. Innerhalb der Polisgemeinschaften in Griechenland entwickelte sich in vieler Hinsicht eine mehrpolige Konstellation. Es gab nicht nur die Tendenz, die sakralen und die politischen Räume voneinander zu trennen, auch die politische und die sakrale Organisation wiesen innerhalb einer Polis kaum Schnittmengen auf. So konnten die Priester nur sehr beschränkt im öffentlichen Kontext aktiv werden. Zwar war die Gemeinschaft ohne ein Ineinandergreifen von sakralem und politischem Leben nicht denkbar, doch wurden diese Komponenten personell und räumlich eher separierend organisiert. Es ist nicht unwahrscheinlich, dass die großen und aufwendigen Prozessionen dazu dienten, als Rituale der gemeinschaftlichen

Verbindung diese Pole unter Beteiligung eines großen Teils der Bürgerschaft miteinander zu verknüpfen.

In Rom lässt sich in den Ergebnissen der Rekonstruktion eher eine räumlich und organisatorisch konzentrierende Tendenz erkennen. Das politische Monopol des urbanen Zentrums, das es durchaus auch in Griechenland gab, korrespondierte hier mit einer exklusiven sakralen Konzentration. Eine bipolare Situation wie im Falle der großen extraurbanen Heiligtümer in Griechenland entstand nicht. Zudem besaßen die römischen Heiligtümer wichtige Funktionen als Orte politischen Handelns. Ganz parallel konnte auch bei den Priestern – vor allem bei den *collegia* – eine vielschichtige Überschneidung der sakralen und der politischen Organisation festgestellt werden. Die Implementierung der sakralen Organisation und ihrer Räume in die Gesellschaft war also nicht wie in Griechenland von einer eher separierenden Tendenz geprägt. Für Rom könnte man stattdessen von einer Konstellation der intensiven Verwobenheit sprechen.

## 6.2 Die Formen sakraler Präsenz

Trotz der gebotenen Vorsicht, die die schwierige Informationsgrundlage erfordert, lassen sich auch in den Ritualabläufen im griechischen und römischen Kulturbereich deutliche Unterschiede erkennen, auch wenn die sakralen Rituale auf den ersten Blick einer weitgehend identischen Handlungsstruktur zu folgen scheinen. Im Zentrum steht das Opfer eines Tieres, dessen Tötung durch die Formierung der Teilnehmer zu einer Opfergemeinschaft eingerahmt wird. Die Verteilung und der Verzehr des Opferfleisches bilden den Abschluss des Ritualkomplexes.

Bei näherer Betrachtung fallen jedoch trotz aller Übereinstimmungen gravierende Differenzen ins Auge. Im griechischen Opferritual wurde einerseits durch die Verteilung des Opferfleisches eine soziale Gemeinschaft konstituiert, andererseits aber auch durch den separaten Verzehr der gerösteten Eingeweide eine interne Hierarchie etabliert. Die Tatsache, dass die Götter den materiell wertlosesten Anteil bekamen, verweist auf eine gewisse Distanz der sakralen Mächte zu der innergesellschaftlichen Logik des Ritualablaufes. Gerade der Ausschluss von den Kriterien der Opferhierarchie symbolisiert die Vorstellung, dass die Existenz der Götter und ihre Stellung im Kosmos losgelöst von den Handlungsabläufen in der menschlichen Gesellschaft gedacht wurden. Sie bedurften der menschlichen Nahrung nicht, unterlagen aber auch nicht der innergesellschaftlichen Hierarchie der Ehre. Zweifellos war ihre unterstellte Gegenwart für den erfolgreichen Verlauf des Rituals von fundamentaler Bedeutung. Doch sie wirkten dabei eher als Zeugen bei einem Prozess der Konstitution sozialer Ordnung. Ihre wohlwollende

*Die Opferrituale*

Anwesenheit, die in einem störungsfreien Ritualablauf deutlich wurde, verlieh der Bestätigung und Festigung der sozialen Gemeinschaft im Ritual eine religiöse Weihe und ließ die Menschen hoffen, dass die göttlichen Mächte die gefundene Ordnung dauerhaft vor ernsthaften Gefährdungen schützen würden. So ist in dieser Logik die menschliche Gesellschaft der dynamische Teil, der im Ritual seine situative Verfestigung und innere Struktur findet, die es immer wieder zu erneuern gilt. Die Götter hingegen agierten als Schutzmächte, die dem Ritual vorgelagert waren und von dessen transformativen und konstitutiven Wirkungen nicht betroffen sind.

Beim römischen Opferritus wurden die Götter hingegen wesentlich intensiver in die Teilung des Opferfleisches miteinbezogen. Als erstes erhielten sie die entscheidenden Bestandteile des Opfertieres. Die Hierarchie des Opferfleisches und die Ehrung der Götter standen in Rom also nicht wie in Griechenland in einem eigenartig kontrastiven Verhältnis zueinander, bei dem sich die Überlegenheit der Götter durch die Betonung der Nicht-Integration in menschliche Ritualhierarchien ergibt. Vielmehr korrelierte in Rom die fundamentale Asymmetrie im Verhältnis von Menschen und Göttern harmonisch mit der Hierarchie der Ehrung im Ritual. Der Spannungsbogen von der Auswahl des Tieres bis zur hierarchischen Verteilung des Fleisches führte dort in einer klaren Linie zur Ehrung der Götter. Die regelmäßige Prüfung der Eingeweide zur Feststellung des Einverständnisses der Gottheit mit dem Opfertier stellte die Präsenz der Gottheiten sicher. Diese sakrale Präsenzsicherheit zeigt sich in der Tatsache, dass man für sie die besten Bestandteile verbrannte. Die römischen Götter waren also nicht nur wohlwollende Zeugen wie in Griechenland, sondern wurden aus der Sicht der Römer zu aktiven Teilnehmern des sakralen Rituals.

*Die Position der Götter im antiken Weltbild*
Die unterschiedliche Eingebundenheit der Götter in die scheinbar so ähnlichen Ritualabläufe wirft die Frage nach der spezifischen Positionierung der sakralen Mächte im Kosmos der antiken Gesellschaften auf. Diese Problemstellung lässt die komplizierten Grundlagen und Differenzen der antiken Weltbilder in besonderer Eindrücklichkeit deutlich werden. Die griechischen Götter können wir auf der Basis mythischer Erzählungen besser fassen als die römischen. Dort werden ihre Taten, Stärken und Schwächen thematisiert. Auf diese Weise entstehen – bei aller Variationsvielfalt – Vorstellungen über das Binnenverhältnis zwischen den göttlichen Mächten, die mit Hierarchieentwürfen verbunden sind. Von lokal begrenzten Heroenkulten bis zur sakralen Dominanz von Zeus entstehen Konturen einer sakralen Ordnung, die zwar nicht theologisch verbindlich konzeptionalisiert wird, die aber nichtsdestoweniger den Menschen das Gefühl der Einbettung in eine geordnete Welt vermittelt.

Erstaunlich vor dem Hintergrund dieser relativen Konturenklarheit der sakralen Mächte ist die Tatsache, dass wir ihre Präsenz in der Gesellschaft nur schwer fassen können. Es ist eine eigenartige ‚parallele Sozialität‘, die die Götter im Verhältnis zur Gesellschaft auszeichnet. Materiell gewinnen sie nichts aus den Opfern. Daher entsteht auch für die Götter keine verpflichtende Disposition aus den Opferhandlungen. Pointiert könnte man sagen, die Götter sind ‚asozial‘, da sie nicht an der Grundlage der menschlichen Gesellschaft partizipieren und nicht in deren basale Symbolsysteme zur Konstituierung von Gemeinschaft eingebunden sind. In dieser fragilen Ritualsymbolik können die Menschen nur hoffen, dass die göttlichen Kräfte ihre Gemeinschaft wirklich beschützen. So ist die sakrale Kommunikation in Griechenland hoch risikobehaftet.

Dies könnte ein Grund dafür sein, dass lokale Gottheiten und sakrale Mächte, wie die Heroen, eine so starke Anziehungskraft auf die Griechen ausübten. In einer sakral unsicheren Welt erschien die Fokussierung auf eine lokale bzw. regionale Exklusivität in der Bindung an eine sakrale Kraft als eine erfolgversprechende religiöse Strategie.

Das Abhängigkeitsgefühl von Mächten, die sich der Prognostizierbarkeit für eine geglückte Kommunikation aus der Sicht der Menschen in einem erstaunlichen Maße entzogen, führte dazu, dass in Griechenland das religiöse Leben primär ein Ringen um die Verdichtung sakraler Präsenz in der Gesellschaft war. Dieses intensive Spannungsverhältnis zwischen dem Ringen um sakrale Präsenz und der prekären Implementierung der sakralen Mächte in das Leben der menschlichen Gesellschaft spiegelt sich auch in der besonderen Stellung der Tempel wider. Selbst diese mit großem Aufwand errichteten Bauwerke, mit deren Hilfe man die Präsenzwahrscheinlichkeit der Götter erhöhen wollte, weisen einen schwer zu definierenden Status auf. So ist die Frage, ob die griechischen Tempel wirklich sakrale Bauten waren oder eher profane mit einer sakralen Aura, bis heute umstritten. Die Tempel bilden eher eine architektonische Dekoration, die den Willen der menschlichen Gemeinschaft, ihre beschränkten materiellen Ressourcen zur Ehrung der Gottheit einzusetzen, demonstrieren soll. Die Tempel könnte man daher als ‚architektonische Kommunikationsangebote‘ an die Gottheiten bezeichnen. Inwieweit die Gottheit dieses Kommunikationsangebot annahm, blieb für die Menschen nur schwer einschätzbar. Die Steigerung der Tempelarchitektur ins Monumentale ist also nicht unbedingt ein Zeichen für die ‚Anwesenheit‘ der göttlichen Mächte, sondern eher für die hohe Unsicherheit über deren Präsenz, die man durch den immer größeren Ausbau der Tempel abmildern wollte.

Diese Unsicherheit über die Intensität der Präsenz sakraler Mächte hatte eine wesentliche Ursache in der Zersplitterung der griechischen Gesellschaft. Eine Vielzahl von politisch unabhängigen und nicht selten in Konflikt stehenden Gemeinwesen bezog sich im Kult auf die gleichen Gottheiten. Als Ansprechpartner für mehrere menschliche

Gemeinschaften wiesen die Gottheiten also eine soziale Polyvalenz auf, ihr Wirkungsspektrum konzentrierte sich nicht exklusiv auf eine Gemeinschaft. Eine exklusive Beziehung zu einer Gottheit konnte unter diesen Bedingungen kaum erreicht werden. Diese soziale Polyvalenz der griechischen Götter führte zu einer latenten Konkurrenz unter den Poleis um deren Gunst. Dieser Wettbewerb zwischen den griechischen Poleis schlug sich in einer sich verschärfenden Konkurrenz der Sakralarchitektur nieder, mit deren Hilfe man die Präsenz der Gottheit in der eigenen Gemeinschaft erhöhen wollte. Die relative Nähe und Häufigkeit der Zuwendung einer Gottheit zu einer Polis wurden so zu einer entscheidenden Kategorie. Das sakrale Leben in Griechenland war auf diese Weise von einer spannungsreichen Unruhe über das aktuelle Verhältnis der eigenen Gemeinschaft zu den Göttern geprägt.

In Rom ist die Präsenz der sakralen Mächte klarer fassbar. Die Konstitution sakraler Präsenz folgte dort offensichtlich einer anderen Logik als in Griechenland. Während in Griechenland das religiöse Leben durch ein Ringen um die Verdichtung sakraler Präsenz in der menschlichen Lebenswelt bestimmt war, war die Gemeinschaft der römischen Bürger tief von dem Glauben durchdrungen, dass die für ihre Gesellschaft relevanten göttlichen Kräfte in ihrem Zentrum präsent waren. Das Problem ihrer potentiellen Abwesenheit aufgrund einer polysozialen Relativität – durch die konkurrierenden Kulte anderer Gemeinschaften – stellte sich aus römischer Sicht nicht. Die Götter waren anwesend. Auf den Straßen konnte man Priestern begegnen, die in ihrer ganzen Lebensform diese Anwesenheit symbolisierten. Bei den Circusspielen waren sie genauso präsent wie in den Triumphzügen. Und auch in den Ritualen besaßen die Römer keinen Zweifel über die Präsenz der Götter. Die in den Heiligtümern abgehaltenen politischen Aktivitäten demonstrierten nachdrücklich die enge Verwobenheit zwischen dieser sakralen Präsenzgewissheit und der gemeinschaftlichen Handlungsorientierung.

Dem graduellen Konzept göttlicher Präsenz in Griechenland stand also in Rom eine Stabilitätsbehauptung gegenüber. Die Implementierung des Sakralen in die Gesellschaft, sowohl in ihrer sozialen wie in ihrer räumlichen Dimension, wurde in Rom vorausgesetzt. Eine Trennung beider Sphären war in diesem Selbstverständnis undenkbar. Nicht eine graduelle Annäherung bzw. eine situative Verdichtung des Sakralen lag dem römischen Weltbild zugrunde, sondern ein fundamentaler Einklang.

Auch wurden die göttlichen Mächte nicht als Wesen gedacht, die außerhalb des gesellschaftlichen Zusammenhangs standen und mit willkürlicher Intentionalität auf diesen einwirkten, sondern eher als ein Teil dieser Gemeinschaft, deren Regeln sie akzeptierten und durch ihre übermenschlichen Kräfte garantierten. Diese Einbettung der sakralen Mächte in das Geflecht der römischen Gesellschaft ging soweit, dass JOHN SCHEID von ‚sakralen Mitbürgern' (*dieux citoyens*) spricht.

Auch bei den Heiligtümern sind die Differenzen zu Griechenland sehr auffällig. Für die römischen Tempel gilt: Sind sie einmal geweiht, gehen sie in das ‚Eigentum' der Götter über und können ihnen nur mit ihrer Zustimmung und mit äußerstem sakralrechtlichen Aufwand wieder genommen werden. Interessant dabei ist, dass das republikanische Rom im Gegensatz zu den griechischen Stadtstaaten der Monumentalisierung der Sakralarchitektur keine Aufmerksamkeit widmet. Zwar wurde zur Zeit der Republik eine Reihe von Tempeln gebaut, doch hielt sich ihre Dimension in engen Grenzen. Die Präsenzgewissheit der Römer gegenüber den sakralen Mächten schuf auch im architektonischen Bereich eine ganz andere Situation: Die Steigerung der Bauten ins Monumentale zur Steigerung der göttlichen Zuwendung war nicht erforderlich.

Die sakrale Präsenzgewissheit der Römer gründete auf ihrer festen Überzeugung, dass aus der Einhaltung einer Vielzahl von Ritualvorschriften eine bemerkenswerte Kommunikationsoffenheit der Götter gegenüber ihrer Gesellschaft entstand. Diese ergab sich aber nur, wenn einmal festgelegte rituelle Verhaltensformen äußerst präzise identisch reproduziert wurden. Diese Konzentration auf rituelle Exaktheit hat der römischen Religion in der älteren Forschung oft den Vorwurf der ‚Primitivität' eingebracht. In der aktuellen Forschung wird hingegen auf das beachtliche Glaubenspotential verwiesen, das sich in dieser Form der Kommunikationssicherheit mit den Göttern ausdrückte.

Aus der festen Überzeugung, als Gemeinschaft von Bürgern eine exklusive Beziehung zu den sakralen Mächten zu besitzen, resultierte eine für den modernen Betrachter nur schwer nachvollziehbare Konzentration auf die eigene Gesellschaft und die für sie relevanten Aspekte des göttlichen Wirkens. Zweifelsohne gingen auch die Römer davon aus, dass die göttlichen Mächte ihre Kräfte und Einflüsse auch außerhalb der römischen Gesellschaft entfalteten. Eine konsistente Zusammenschau des gesamten Wirkungsspektrums der Götter in der Welt und deren Eingliederung in einen kosmologischen Gesamtentwurf war für die Römer aber keine vordringliche Aufgabe ihrer Religion. Überlegungen über die hinter den situativen Wirkungen stehenden Mächte und deren ‚sakrale Substanz' wiesen daher eine bemerkenswerte Konturenschwäche auf.

Die für die Römer relevanten Handlungen und Einwirkungen der göttlichen Mächte sind das Entscheidende, das es durch die sakrale Kommunikation zu beeinflussen gilt. Die Basis für die römische Religion könnte man als ein ‚sektorales Weltbild' bezeichnen: Nicht die Welt an sich wird durch die Religion erklärt und konstituiert, sondern die römische Gesellschaft und die sie tragenden sozialen Einheiten werden in einen ganz speziellen Kontakt zu den göttlichen Mächten gesetzt und damit sakral ‚aufgeladen'. So ist das religiöse Weltbild der Römer auf ihre soziale Gemeinschaft zentriert und auf die situative Evokation dieser exklusiven Bindungen zu den göttlichen Mächten fokussiert. Alles, was nicht direkt für ihre Gesellschaft relevant war, gehörte nicht zum Kern ihrer gemeinschaftlichen Religion. Die Römer besaßen ein Weltbild der kollektiven Relevanz.

## 6.3 Resümee zu den antiken Weltbildern

Trotz vielfältiger Gemeinsamkeiten haben sich die Konstellationen der religiösen Weltbilder in Griechenland und Rom in erheblichen Teilen als erstaunlich different erwiesen. In Griechenland war das sakrale Leben in einer sehr komplexen und auch spannungsreichen Weise in die menschlichen Gemeinschaften eingewoben. Die Menschen rangen um die Aufmerksamkeit der Götter, deren Wirkungsspektrum eine kosmologische Relevanz besaß, da ihr Walten die Dimensionen jeder einzelnen menschlichen Gemeinschaft bei weitem überstieg und diese mit Handlungsbedingtheiten konfrontierte, die in ‚kosmischen Zusammenhängen' verankert waren.

Da es in Griechenland jedoch keine Instanz gab, die eine zentrale Autorität für die konkrete Einbettung des sakralen Lebens in die menschliche Sphäre reklamieren konnte, entfaltete jede Polisgemeinschaft ihr religiöses Leben nach eigenen Traditionen und Entscheidungen. Auf diese Weise bekam die Verehrung der gemeinsamen Gottheiten der Griechen jeweils eine spezielle regionale Prägung. Die kosmologische Dimension der bedeutenden Götter stand im kultischen Alltag der einzelnen Polis auf diese Weise in einer spannungsreichen Wechselwirkung zu der regionalen Prägung des religiösen Lebens, aber auch zu der ‚kultischen Konkurrenzsituation' zwischen den einzelnen Poleis. Das Trauma, beim Ringen mit anderen Gemeinschaften um die Zuwendung der Gottheiten zu unterliegen, wurde zu einem handlungsleitenden Faktor im religiösen Leben in Griechenland.

Auch in Rom war die Verehrung der Gottheiten ursprünglich eingebettet in einen polysozialen Kontext. Als Teil des Latinerbundes verehrten die Römer die gleichen Gottheiten wie die umliegenden latinischen Gemeinden. Auch dort gab es eine gewisse Konkurrenzsituation. Doch schon früh lässt sich eine gegenüber den griechischen Verhältnissen fundamental gegenläufige Tendenz feststellen. In Rom wurden als Zeichen der eigenen Dominanz in der Region in aufwendiger Form Kulte latinischer Gottheiten etabliert, die in klarer Form in Konkurrenz zu den gesamtlatinischen Kulten traten und diese langfristig ersetzen sollten. Das prominenteste Beispiel für dieses durchaus erfolgreiche Vorgehen ist mit Sicherheit der herausragende Kult des Jupiter Optimus Maximus, der seit dem ausgehenden 6. Jh. v. Chr. einen gewaltigen Tempel auf dem römischen Capitol besaß und damit den zentralen latinischen Kult des Jupiter Latiaris in den Schatten stellte. In den Quellen wird der ‚römische Jupiter'

## 6. Die griechische und die römische Religion im Vergleich – eine Bilanz 61

in einen Antagonismus zum latinischen Jupiter gesetzt. In Rom wurden also die allen Latinern gemeinsamen Kulte durch Kulte ersetzt, die ganz auf die Gemeinschaft der römischen Bürger bezogen waren. Im Laufe dieser Entwicklung entstand eine romzentrierte Kultkonstellation, in der die ‚römischen Gottheiten' in einen klaren Kontrast zu den latinischen Gottheiten und ihren Kultstätten traten. Die vormalige polysoziale Verankerung der Kulte in Latium wurde durch eine Konzentration auf die römische Gesellschaft abgelöst. Man könnte in diesem Zusammenhang von einer zunehmenden ‚monosozialen Verankerung' der römischen Religion sprechen, da sie sich nur noch auf eine Gesellschaft bezog. Nach dem endgültigen Sieg der Römer über die anderen Latiner schwand die Bedeutung der latinischen Kulte bzw. wurden sie in das religiöse Leben Roms integriert. Auf diese Weise wurde dieser Prozess vollendet.

Zukünftig wurde das Wirken der Götter in konsequenter Form auf seine Relevanz für die römische Gesellschaft hin befragt und das ganze religiöse Leben der Gemeinschaft auf diesen Aspekt ausgerichtet. Übergreifende kosmologische Zusammenhänge rückten dabei in den Hintergrund und verloren auf der sakralen Ebene der römischen Bürgerschaft an Bedeutung. Der enorme imperiale Erfolg, den Rom nach dem Sieg über die Latiner im ausgehenden 4. Jahrhundert v. Chr. verzeichnete und der es innerhalb von 150 Jahren zu einer wahren Weltmacht werden ließ, bestärkte die Römer in ihrer Gewissheit einer exklusiven Bindung an die Gottheiten. Am Ende dieser Entwicklung stand eine religiöse Interpretation der Welt, die durch eine erstaunliche Ausrichtung auf die eigene Gesellschaft geprägt war. So verfestigte sich in Rom ein Weltbild der ‚kollektiven Egozentrik'.

# II. Grundprobleme und Tendenzen der Forschung

## 1. Forschungsgeschichte

### 1.1 Geschichte der Religionswissenschaft

Die Annäherung an das Phänomen Religion war in der europäischen Wissenschaftstradition der Neuzeit lange Zeit dadurch geprägt, dass die Autoren selbst einen klaren Standpunkt in religiösen Fragen vertraten. Die existentielle Wahrheit der christlichen Lehre wurde nur selten angezweifelt. In dieser Sichtweise gab es nur eine ‚wahre Religion', das Christentum, das durch göttliche Offenbarung den Menschen vermittelt worden war. Alle anderen religiösen Strömungen, insbesondere diejenigen, die nicht zu den großen ‚Buchreligionen' gehörten, wurden mit dem abwertenden Begriff des Heidentums belegt, der ihren Charakter als Irrglauben unterstreichen sollte. Dies führte dazu, dass ‚Religion' als anthropologisches Phänomen, das sich in den einzelnen Kulturkreisen unterschiedlich manifestierte, nicht ins Blickfeld geriet. Die Deutung wahrer Religion fiel mit der Theologie zusammen, während die Beschäftigung mit anderen Glaubenssystemen eher antiquarischen oder volkskundlichen Charakter besaß. Eine übergreifende Religionswissenschaft konnte unter diesen Umständen nicht entstehen.

<small>Referenzrahmen Christentum</small>

Dies änderte sich erst in der zweiten Hälfte des 18. Jahrhunderts. Nachdem schon die Aufklärung die religiösen Überzeugungen mit den Grundsätzen des ‚vernünftigen Denkens' konfrontiert und relativiert hatte, entwickelte sich vor allem durch den zunehmenden Kontakt mit anderen Kulturen eine neue Einstellung. Aus dem wachsenden Interesse an fremden Sprachen gingen Übersetzungen außereuropäischer Literatur hervor. Vor allem die Übersetzung des iranischen Avesta im Jahr 1771 erregte die Aufmerksamkeit gebildeter Kreise, die sich in der Folgezeit in der Rezeption der Übersetzung von indischen Schriften zur Religion fortsetzte. Die Ägyptenexpedition Napoleons und die daran anschließende Ägypteneuphorie, die zur Entzifferung der Hieroglyphen und schließlich auch der Keilschrift führte, warfen ein ganz neues Licht auf die Schilderungen des Alten Testaments. Die alttestamentarischen Ereignisse wurden nun nicht mehr als singuläre Vorgeschichte der modernen Menschheit angesehen, sondern nur noch als ein Teil einer viel breiteren altorientalischen Geschichte, in die sie einzubetten waren.

<small>Kontakt mit anderen Kulturen</small>

Parallel zu diesen Entwicklungen dehnten sich die Herrschaftsräume der großen europäischen Mächte im Zuge des aufkommenden Imperialismus immer stärker aus. Vor allem in Afrika, aber auch in Fernost und Polynesien sahen sich die Repräsentanten der europäischen Staaten mit einheimischen Kulturen konfrontiert, deren Weltbild und Organisationslogik sich grundlegend von der Kulturtradition der neuen Machthaber unterschied. Geboten schon die Grundsätze einer effizienten Herrschaftsorganisation intensivere Kenntnisse der Gewohnheiten und Denkstrukturen der unterworfenen Bevölkerung, übernahmen es bald christliche Missionare, sich längerfristig bei den Einheimischen aufzuhalten, um sie zum Christentum zu bekehren. Aus diesen – wenn auch oft tendenziösen – Quellen nahmen die Kenntnisse der so genannten Naturvölker erste Konturen an. Die entstehenden europäischen Sozialwissenschaften mussten das Problem lösen, diese ,primitiven' Kulturen in ihre Kulturtheorien der Menschheit einzufügen.

*Imperialismus*

Während ursprünglich die Meinung vorherrschte, die Stammesgesellschaften repräsentierten degenerierte Überreste alter Hochkulturen, setzte sich seit den Studien von EDWARD BURNETT TYLOR (1832–1917) die Auffassung durch, dass die ,primitiven' Kulturen die Anfangsstadien in der Entwicklungsgeschichte der menschlichen Gesellschaft darstellten [1.1: TYLOR, Primitive Culture]. Besonders anhand von religiösen Phänomenen suchte TYLOR den Nachweis zu führen, dass es keine eindeutige Trennung zwischen primitiven und modernen Gesellschaften gebe, sondern dass auch in den gegenwärtigen Gesellschaften eine Vielzahl alter Rituale als Relikte überlebt habe, so dass diese eher eine Mischung aus beiden Entwicklungsstufen darstellen. Die Beschäftigung mit den frühen Gesellschaften war also auch für die Selbsterkenntnis der eigenen Gegenwart von großer Bedeutung. Auch die berühmte Umfrage von WILHELM MANNHARDT (1831–1880) über Ernterituale in verschiedenen Regionen Mitteleuropas aus dem Jahr 1865 wies in die gleiche Richtung und stimulierte die Forschung wesentlich [1.1: Wald- und Feldkulte]. Fortgesetzt wurden diese Studien durch die einflussreichen Arbeiten von JAMES GEORGE FRAZER (1854–1941), der von einer Dichotomie von Magie und Religion ausging [1.1: Bough]. Zwischen diesen beiden religiösen Ebenen, die er nur unzureichend konzeptionalisierte, sah er einen Prozess des Fortschritts, den allerdings nur Teile der Gesellschaft vollzogen. Während die Gebildeten sich aus den Fängen des magischen Weltbildes befreiten und komplexe Religionen entwickelten, verharrte vor allem die bäuerliche Unterschicht in der Welt magischer Rituale [1.1: HARRISON, Ancient].

*Entwicklungsgeschichte*

*Magie und Religion*

Mit diesen Forschungsansätzen war eine wichtige Verbindungslinie zwischen den Gesellschaftsformen hergestellt. Doch blieb bei ihnen die Religion ein eher isoliertes Phänomen. Einen Weg aus dieser isolierten Betrachtung wies WILLIAM ROBERTSON SMITH (1846–1894) am Ende der 80er Jahre des 19. Jahrhunderts. In seinen Studien zu der ,Religion der Semiten' wies er auf den engen Zusammenhang zwischen dem religiösen

Weltbild und den Sozialstrukturen einer Gesellschaft hin [1.1: Religion]. Noch konsequenter als bei SMITH findet sich dieser Ansatz bei dem bedeutenden französischen Soziologen EMILE DURKHEIM (1858–1917) verwirklicht. Für DURKHEIM entsprang die Religion nicht dem Bestreben der Menschen, Erscheinungen zu deuten und die Welt zu erklären, sondern für ihn war sie eine universelle Komponente des menschlichen Verhaltens, die es dem Individuum erst ermöglichte in Gesellschaften zu leben [1.1: Formen]. Die Religion symbolisiert in allen Gesellschaften die Integration des Einzelnen in kollektive Strukturen der sozialen Organisation. Religion ist also kein geistiges Phänomen der Vormoderne, das durch wissenschaftlichen Fortschritt überwunden werden kann, sondern sie ist integraler Bestandteil aller Gesellschaften und legt erst das Fundament für deren Funktionsfähigkeit. Die Forschungsperspektive verschob sich damit von der isolierten Untersuchung und Klassifizierung religiöser Überzeugungen hin zum Aufbau menschlicher Gesellschaften und der Bedeutung, die der Religion dabei für den Bestand der Gesellschaften zukam.

Religion und Gesellschaft

Die Betonung der Universalität von sozialen Tatbeständen (*faits sociaux*) sowohl in einfachen wie auch in komplexen Gesellschaften, etwa der religiösen Überhöhung sozialer Strukturen, bei DURKHEIM ließ zudem aus dem qualitativen Sprung von ‚primitiv' zu modern, der die ältere Forschung beherrschte, einen graduellen Unterschied werden.

faits sociaux

Funktionalität und Universalität wurden die entscheidenden Aspekte, die die einflussreichen ethnologischen Forschungsrichtungen des Funktionalismus und der strukturalen Anthropologie prägen sollten, deren Überlegungen weit in die Religionswissenschaften abstrahlten [1.1: LÉVI-STRAUSS, Mythologicae; DERS., Anthropologie; 1.1: MALINOWSKI, Argonauten; zu einer kritischen Auseinandersetzung mit dieser Forschungsrichtung 1.1: EVANS-PRITCHARD, Theorien; einen vorzüglichen Forschungsüberblick gibt 1.1: PETERMANN, Geschichte]. Eine besonders konsequente Weiterentwicklung in der aktuellen soziologischen Forschung stellt der systemtheoretische Ansatz von NIKLAS LUHMANN (1927–1998) dar [1.1: Funktion; Gesellschaft].

Funktionalismus

Parallel zu DURKHEIM entwickelte MAX WEBER (1864–1920) seine gesellschaftstheoretischen Konzepte [1.1: Wirtschaft; Religionssoziologie]. Auch WEBER ging davon aus, dass soziales Handeln von Menschen mit ‚Sinn' behaftet ist, indem es sich am Verhalten anderer orientiert und darauf Bezug nimmt. Auch für WEBER ist also die Einordnung in einen gemeinsamen Handlungszusammenhang die Grundlage menschlicher Existenz. Im Gegensatz zu DURKHEIM verzichtet WEBER aber auf eine universell anwendbare Definition von Religion und sieht in ihr den Versuch einer Sinngebung in rational kaum zu bewältigenden Krisensituationen, wie z. B. Tod und Krankheit. Darüber hinaus komme der Religion eine wichtige Funktion bei der gemeinsamen Auswahl bzw.

‚Sinn'

66  II. Grundprobleme und Tendenzen der Forschung

dem Ausschluss von Handlungsoptionen innerhalb einer Gruppe zu. Die Konvergenz sozialen Verhaltens durch religiöse Legitimation und die Verarbeitung persönlicher Existenzkrisen stehen somit im Zentrum der Betrachtung. Damit werden zwei Komponenten bei der Analyse religiöser Phänomene stärker berücksichtigt als bei DURKHEIM: die Individualität und die jeweilige Gruppenzusammensetzung. Erst aus dem Spannungsfeld zwischen der individuellen Sinnsuche und der Konstellation des sozialen Umfeldes, z. B. unter Bauern, Kaufleuten oder Adligen, ergibt sich die spezifische Ausformung der religiösen Sphäre. Der universellen Funktion des Religiösen für das Sozialleben bei DURKHEIM steht bei WEBER also die spannungsreiche Einbettung der Religion in den jeweiligen gesellschaftlichen Kontexten gegenüber.

Aus diesen fundamentalen Ansätzen, die zu Beginn des 20. Jahrhunderts entwickelt wurden, ist in der Folge eine immense Fülle von Forschungstendenzen und Religionstheorien hervorgegangen, die an dieser Stelle in ihrer ganzen Komplexität unmöglich resümierend referiert werden können. Ein herausragendes Beispiel bleibt ohne Zweifel der in den 1960er Jahren von den Soziologen THOMAS LUCKMANN und PETER BERGER unternommene Versuch, ‚Wirklichkeit' als ein gesellschaftliches Produkt der permanenten Interaktion zwischen den Individuen und den von ihnen geschaffenen sozialen Institutionen zu definieren [1.1: Konstruktion]. Im Rahmen dieses äußerst dynamischen Prozesses kommt ihrer Meinung nach der Religion eine wichtige Ankerfunktion für die situative Stabilisierung kollektiver Weltentwürfe zu. Nach der Abfassung dieses Klassikers trennten sich jedoch die analytischen Wege der beiden Autoren bei der Beurteilung der Rolle der Religion in der modernen Gesellschaft [1.1: LUCKMANN, Religion; 1.1: BERGER, Dialektik].

*Konstruktion der Wirklichkeit*

*Evolution von Weltbildern*

Einen weiteren wichtigen Zweig der Forschung, der es verdient exemplarisch hervorgehoben zu werden, bilden die Versuche von Soziologen und Ethnologen, die jeweiligen Weltbilder von Gesellschaften mit unterschiedlichem Entwicklungsniveau in ein Ablaufschema einzufügen, das die Korrelation zwischen der Entwicklung des religiösen Denkens und den Veränderungen der sozialen Strukturen deutlich macht. Trotz zum Teil differierender Einteilung der Phasen und unterschiedlicher Einschätzung einzelner Phänomene tragen die Leitlinien dieser Evolution der religiösen Weltbilder weitgehend übereinstimmende Züge, die den einzelnen Stadien von den Jäger- und Sammlergesellschaften bis zu den vormodernen Hochkulturen eine eigene Prägung des religiösen Denkens geben. Der grundlegende Ansatz stammt dabei von ROBERT BELLAH [1.1: Evolution; mit einem Überblick zur älteren Forschung 1.1: KIPPENBERG, Religion; s.a. 1.1: DÖBERT, Systemtheorie].

In eindrucksvoller Weise wurden diese epochenübergreifenden Komponenten von GÜNTER DUX mit systematischen Überlegungen zur Erkenntnistheorie verknüpft [1.1: Logik; Ursprung]. Auf diese Weise gelingt ihm eine differenzierte Analyse des Einflusses kollektiver Sinn- und Weltentwürfe auf die gesellschaftliche Entwicklung bis in die Gegenwart.

## 1.2 Einführungen in die Religionswissenschaften

In den zurückliegenden zwanzig Jahren sind eine Reihe guter und sehr instruktiver Überblickswerke zur Problematik der Religionswissenschaft und deren Geschichte erschienen, die auch Nichtfachleuten einen sinnvollen Einstieg in diese Fragestellungen ermöglichen. Einen sehr anschaulichen Einblick in die wissenschaftliche Genese der Religionswissenschaften im Kontext der zeitgenössischen Geistesgeschichte vom ausgehenden 18. Jahrhundert bis zur Mitte des 20. Jahrhunderts gibt H. G. KIPPENBERG [1.2: Entdeckung], der zusammen mit K. v. STUCKRAD eine systematische Einführung in die Religionswissenschaft verfasst hat [1.2: Einführung]. Einen vorzüglichen und klar gegliederten Überblick über die allgemeinen Grundlagen der Religionswissenschaft und die verschiedenen Methoden der Annäherung an das Phänomen Religion gibt jetzt die Einführung von K. HOCK [1.2: Einführung]. Eine detaillierte Übersicht über die verschiedenen Aspekte der Religionswissenschaft bietet der Sammelband von M. STAUSBERG [1.2: Religionswissenschaft]. Für den Historiker besonders informativ ist die Einführung von J. RÜPKE, der anschaulich die Perspektiven religionswissenschaftlicher Ansätze mit einem Schwerpunkt auf die Vormoderne behandelt [1.2: Historische Religionswissenschaft].

Methodische Schwerpunkte aus der Sicht einzelner Disziplinen setzen die Einführungen in die Religionsethnologie von J. F. THIEL [1.2: Religionsethnologie] und in die Religionssoziologie von G. KEHRER [1.2: Religionssoziologie] und K. ROBERTS und D. YAMANE [1.2: Religion]. Eine sinnvolle Ergänzung zu diesen Überblicksdarstellungen bilden die Zusammenstellungen klassischer Texte der Forschung zu diesen Problemfeldern. Als Beispiele dafür wären für die ethnologisch-anthropologische Perspektive die von M. BANTON [1.2: Approaches] und von H. G. KIPPENBERG und B. LUCHESI [1.2: Magie] herausgegebenen Bände zu nennen. Grundlegende Texte zu Religionssoziologie finden sich jetzt in dem Band von K. GABRIEL und H.-R. REUTER [1.2: Religion].

Darüber hinaus ist das seit 1988 erschienene mehrbändige Handwörterbuch der religionswissenschaftlichen Grundbegriffe von grundlegender Bedeutung [1.2: CANCIK/GLADIGOW/LAUBSCHER/KOHL, Handbuch]. Während sich die Beiträge im ersten Band nicht nur der Forschungsgeschichte und unterschiedlichen Forschungsrichtungen widmen, sondern auch eine ausführliche Prosopographie herausragender Wissenschaftler beinhalten, umfassen die folgenden vier Bände in alphabethischer Reihenfolge Artikel zu einer Vielzahl zentraler Aspekte, die zumeist

*Allgemeine Einführungen*

*Religionsethnologie und -soziologie*

*Handwörterbuch*

sehr konzentriert geschrieben sind und denen jeweils eine ausführliche Bibliographie beigegeben ist.

## 1.3 Forschungsgeschichte zur antiken Religion

Religionswissenschaft und antike Religion

Zu den Entwicklungen in der Religionswissenschaft steht die Erforschung der antiken Religionen in einem eigentümlich ambivalenten Verhältnis. Einerseits ist sie in wesentlichen Teilen mit der aufkommenden Religionswissenschaft auf das Engste verbunden und beide Forschungsrichtungen haben sich intensiv stimuliert. Andererseits gab es deutliche Tendenzen, sich von diesen modernistischen Tendenzen zu distanzieren und die klassische Antike als einen kulturellen Sonderfall zu betrachten. Eine einfache, linear verlaufende Rekonstruktion der Forschungsentwicklung kann es also nicht geben [zur Forschungsgeschichte s. 1.4.1: MUTH, Einführung 1-23; 1.3: SCHLESIER, Kulte; 2.2.1: HENRICHS, Götter].

Die Distanz, die der grundlegende Gegensatz zwischen christlicher Religion und heidnischen Glaubensformen begründet hatte, wirkte sich auch lange Zeit prägend auf die altertumswissenschaftlichen Untersuchungen zu den antiken Religionen aus. Dabei ergab sich die besondere Schwierigkeit, dass im Rahmen des humanistischen Weltbildes die antiken Kulturen und in intellektueller Hinsicht vor allem die Griechen als direkte Vorläufer der modernen abendländischen Kultur angesehen wurden. Angesichts der unterstellten Kulturkontinuität stellte der heidnische Glaube der antiken Völker ein erklärungsbedürftiges Phänomen dar.

Mythologie

Zum entscheidenden Ansatzpunkt für die Lösung dieses Problems wurde im 19. Jahrhundert zunächst die Interpretation der Mythologie [zur Mythologie in der Forschung 1.3: GRAF, Mythologie 7-57; 1.3: BURKERT, Mythologie; 1.4.2: VERNANT, Mythos 209-242; zur älteren Forschung s. 1.3: ROSE, Mythologie 1-13]. Eine einflussreiche Forschungsrichtung sah in den vielfältigen Mythen, in denen die Griechen das Wirken ihrer Gottheiten thematisierten, symbolische Verschlüsselungen religiöser Überzeugungen, die die Griechen mit der orientalischen Welt gemeinsam hatten. Damit war die Brücke von der biblischen Welt zu den Griechen geschlagen. Insbesondere FRIEDRICH CREUZER (1771-1858) entwarf für die griechische Kultur eine Konstellation, die man als einen heidnisch codierten Monotheismus bezeichnen könnte [1.3: Symbolik].

Rituelles Handeln

Die mehr als problematischen Grundlagen dieser Interpretation wurden schon von Zeitgenossen zu Recht intensiv kritisiert. Im ausgehenden 19. Jahrhundert machte sich eine deutliche Verschiebung der thematischen Schwerpunkte bemerkbar. Statt aus der Interpretation von Mythen auf Glaubensinhalte schließen zu wollen, rückte zunehmend die Analyse von rituellem Handeln in das Zentrum der Untersuchungen. Nicht mehr die Thematisierung des Wirkens der Götter in den großen Erzählungen, sondern die Rekonstruktion einer alltäglichen Religion, die sich in vielfältigen Ritualen niederschlug, wurde zum Ziel der Forschung. Wesentlich stimuliert wurde diese Neuausrichtung durch die Arbeiten von HERMANN USENER (1834–1905), der parallel zu den Untersuchungen von WILHELM MANNHARDT damit begann, die volkskundlich belegten Rituale der nordeuropäischen Bauern mit den aus der Antike überlieferten Beispielen zu vergleichen [2.3: Götternamen; 1.3: Handlung; dazu: 1.3: KANY, Usener]. Die Überlegungen einer frühen Ackerbauernreligion, die den Ausgangspunkt der religiösen Entwicklung gebildet habe, wurde schließlich durch das grundlegende Werk von MARTIN NILSSON (1874–1967) zur „Geschichte der griechischen Religion" im Rahmen des Handbuchs der Altertumswissenschaften für lange Zeit fest in der religionswissenschaftlichen Tradition zur Antike verankert [1.4.2: Geschichte].

Dieser Paradigmenwechsel verschob die Forschungsperspektive von einer Betrachtung der Gemeinsamkeiten in der Mythologie vom zeitgenössischen Indien bis zum antiken Europa hin zu allgemeinen Kategorien früher Agrargesellschaften. Dadurch wurde die Rezeption der Innovationen in der anthropologischen Religionswissenschaft, wie sie sich u. a. in den Arbeiten von TYLOR, FRAZER und JANE HARRISON dokumentierten, ganz wesentlich erleichtert. So gaben diese Schriften schließlich wichtige Impulse für den Einbezug anthropologischer Überlegungen in die Beurteilung der antiken Religionen. Stimuliert von den Arbeiten von LOUIS GERNET (1882–1962) [1.3: Génie] und KARL MEULI (1891–1968) [3.4.2: Opferbräuche] haben diese Versuche der Einbettung der antiken Gesellschaften in kulturübergreifende Überlegungen zu den sozialen Handlungshorizonten von Menschen bis heute ihre zentrale Bedeutung behalten. Sowohl die Ansätze der französischen Forschergruppe um JEAN-PIERRE VERNANT und MARCEL DÉTIENNE als auch die Interpretationen von WALTER BURKERT und FRITZ GRAF mit den ihnen nahe stehenden Forschern wären ohne diese anthropologische Fundierung kaum denkbar, so unterschiedlich ihre jeweilige Sichtweise auf die antiken Religionssysteme auch sein mögen. Für die aktuelle Forschung bleiben sie von entscheidender Bedeutung. *Paradigmenwechsel*

Die in der zweiten Hälfte des 19. Jahrhunderts aufkommenden Theorien zur Anthropologie führten allerdings nicht nur zu einer Suche nach Gemeinsamkeiten in den unterschiedlichen Gesellschaften, in die auch die Antike mit einbezogen wurde. Vielmehr öffnete die geschärfte Wahrnehmung fremder Kulturen auch den Weg zu einem wertenden Vergleich, der sich vor allem in der Dichotomie von ‚zivilisiert' und ‚primitiv' niederschlug. Der Gegensatz zwischen diesen Kulturebenen wurde als Ergebnis eines Entwicklungsgefälles zwischen den betreffenden Gesellschaften interpretiert, in die der die Zeitgenossen zumeist die europäische Kultur als *Anthropologie*

Höhepunkt des Zivilisationsprozesses ansahen. Der dieser Sichtweise zugrunde liegende Gedanke, dass sich primitive Gesellschaften zu höher stehenden Kulturstufen entwickeln können, wirkte nachhaltig auf die altertumswissenschaftliche Religionsanalyse. Da die antiken Kulturen als der europäischen Moderne besonders nahe stehend angesehen wurden, lag es nahe, eine analoge Entwicklungsstruktur zu unterstellen.

So erschienen zahlreiche Werke, die sich darum bemühten, unter den Zeugnissen zu dem religiösen Leben in der Antike zwischen den Relikten einer alten, ‚primitiven' Volksreligion, die sich in simplen und abergläubischen Ritualen und Gottesvorstellungen erschöpfte, und höher stehenden religiösen Glaubensinhalten, die sich im Lauf der Kulturentwicklung herausbildeten, zu unterscheiden. Im griechischen Kontext wurde dieser unterstellte Fortschritt oft mit der Annahme verbunden, dass der Glaube an die olympischen Gottheiten ein relativ spätes Phänomen sei, das nur durch die Überwindung primitiver Vorläufer zu erklären sei [1.3: BELOCH, Geschichte, 144–180; 1.3: BERVE, Geschichte, 93–96]. Auch wenn diese Gottheiten die Durchsetzung weiter entwickelter Zivilisationsprinzipien in der griechischen Gesellschaft verkörperten, erreichte die griechische Kultur doch erst mit der Loslösung von heidnischen Denkprinzipien in den philosophischen Weltentwürfen ihre eigentliche zivilisatorische Bestimmung. Die Selbstemanzipation der Griechen aus der heidnischen Primitivität wurde zur entscheidenden Kulturleistung erklärt. So schrieb der klassische Philologe BRUNO SNELL in seinem Buch, das den bezeichnenden Titel „Die Entdeckung des Geistes" trägt: „*jeder* Primitive hält sich für gebunden an die Götter und ist noch nicht erwacht zum Bewusstsein eigener Freiheit. Die Griechen haben diese Gebundenheit durchbrochen und dadurch unsere abendländische Kultur gestiftet" [1.3: Entdeckung 36].

*Der griechische Kulturraum*

Die Selbstdistanzierung von den eigenen religiösen Wurzeln war also die heroische Geistesleistung, die die Griechen zu den Begründern der europäischen Kultur und damit zu den Vorläufern des christlichen Abendlandes werden ließ. Dass große Teile der Bevölkerung von diesem geistigen Kraftakt überfordert waren, verwunderte die modernen Wissenschaftler nicht. So deuteten sie die Fortführung alter Rituale und die Äußerungen heidnischer Religiosität als zähes Fortbestehen einer primitiven Volksreligion in den breiten Massen, deren abergläubische Grunddisposition leicht von der geistig aufgeklärten Oberschicht zur Sicherung ihres Herrschaftsanspruchs genutzt werden konnte. Die geistige Emanzipation und die Entwicklung eines philosophischen Glaubens, der in vielen Bereichen christliche Überzeugungen vorwegnahm, wurden selbstverständlich als ein Elitenphänomen angesehen.

*Der römische Kulturbereich*

Für den römischen Kulturbereich lagen die Dinge anders. Dort wurden über lange Zeit alte Rituale weiter durchgeführt und in offiziellen Erklärungen immer wieder zur Grundlage des römischen Staates stilisiert. Dieses demonstrative Festhalten an überkommenen religiösen Praktiken, die kaum durch Neuerungen überwunden zu werden schienen, provozierte den berühmten Althistoriker THEODOR MOMMSEN zu einer vollkommen abfälligen Bewertung römischer Religiosität: „Das Orakel- und Prophetentum hat in Italien niemals die Bedeutung erlangt wie in Griechenland und nie vermocht, das private und öffentliche Leben ernstlich zu beherrschen. Aber auf der anderen Seite ist dafür auch die latinische Religion in eine unglaubliche Nüchternheit und Trockenheit verfallen und früh eingegangen auf einen peinlichen und geistlosen Zeremonialdienst" [1.3: Geschichte I 185; zu den Bewertungen des ‚römischen Ritualismus' in der Forschungsgeschichte 1.3: DURAND/SCHEID, „Rites"].

Zu den eigenen Gottheiten hätten die Römer ein an juristischen Normen geprägtes Verhältnis entwickelt, bei dem jede Handlung eine genau vorhersehbare Reaktion hervorgerufen habe, die sich von beiden Seiten streng an den Strukturen rechtlicher Beziehungen orientiert habe. Vor diesem erstarrten ritualistischen Hintergrund sei nicht verwunderlich, dass immer größere Teile der römischen Bevölkerung diese Religion als unbefriedigend ansahen und sich anderen Überzeugungen zuwandten. Auch in Rom habe die Oberschicht schon im dritten Jahrhundert v. Chr. im Rahmen des zunehmenden Einflusses der griechischen Kultur diesen Ablösungsprozess vollzogen und die Durchführung der alten Rituale nur als lästige Pflichterfüllung empfunden, während man privat die griechische Philosophie rezipierte. Die religiöse Ausrichtung der breiten Bevölkerung sei wie in Griechenland von einem Verzögerungseffekt geprägt gewesen. Der dann im zweiten und ersten Jahrhundert v. Chr. in Erscheinung tretende Überdruss an den überkommenen Glaubensformen im Volk habe schließlich im Aufstieg der orientalischen Religionen gemündet, deren krönender Abschluss letztendlich die Durchsetzung des Christentums gewesen sei.

‚Juristischer Ritualismus'

Diese Rekonstruktion des religiösen Lebens in Rom war geradezu prädestiniert für die Umsetzung eines konsequenten entwicklungsgeschichtlichen Ansatzes. Diesen bot 1960 KURT LATTE in seiner Darstellung der ‚römischen Religionsgeschichte' [1.4.3: Religionsgeschichte], die im Rahmen des Handbuches der klassischen Altertumswissenschaften den älteren Beitrag von GEORG WISSOWA [1.4.3: Religion] ersetzen sollte. Schon der Titel der Hauptkapitel zeigt dabei die Tendenz der Rekonstruktion. Für LATTE mündete die Geschichte der römischen Religion schon zu Zeiten der Republik in Verfall und Selbstauflösung dieses Weltbildes.

Auch in der Forschung zur römischen Kultur fehlte es allerdings nicht an Stimmen, die mahnten, die ethnologisch-anthropologischen Neuansätze aufzunehmen [2.3: PFISTER, Numen; 2.3: WAGENVOORT, Dynamism; Wesenszüge], und in der Einzelforschung haben sich daraus wichtige und fruchtbare Überlegungen ergeben.

Einen speziellen Fall, der vor allem in der französischsprachigen Forschung einen außerordentlichen Einfluss ausübte und zum Teil noch ausübt, bildet das Œuvre des Sprachwissenschaftlers GEORGES DUMÉZIL [1.3: religion]. DUMÉZILS Thesen zu einer gesellschaftlichen Dreiteilung, die die sozialen Strukturen aller indo-europäischen Kulturen in der Frühzeit geprägt habe, wird allerdings in der aktuellen Forschung intensiv kritisiert. Auf der Gesamtebene der römischen Religionsgeschichte blieben diese Ansätze jedoch eher Randerscheinungen.

*Vernachlässigter Forschungsgegenstand*

Resümierend lässt sich daher festhalten, dass die Religion in der geistesgeschichtlichen Forschungsperspektive zumeist nicht als eine tragende Säule des gesamten gesellschaftlichen Zusammenhanges gewertet wurde, sondern als ein Kulturphänomen unter anderen. So erklärt sich auch, dass die Religion fast vollständig aus den Arbeiten der Historiker verschwand [vgl. z. B. 1.3: MEYER, Geschichte 377–388 u. 548–553; 1.3: BERVE, Geschichte, Bd. 1, 93–96]. Die Beschäftigung mit den antiken Religionen wurde daher für lange Zeit eine Domäne von kulturwissenschaftlichen Spezialisten, die von der Ausbildung her zumeist klassische Philologen waren.

*Bedeutung der Religion für antike Menschen*

Allerdings stand diese neue Bewertung des Stellenwertes des religiösen Lebens im Rahmen der gesellschaftlichen Ordnung im eklatanten Gegensatz zu den Selbstzeugnissen der antiken Menschen. Diese betonen immer wieder nachdrücklich die hohe Bedeutung ihrer Religion für das persönliche, aber auch für das gemeinschaftliche Leben. Schon in der Mitte des 19. Jahrhunderts hatte der französische Historiker NUMA DENIS FUSTEL DE COULANGES (1830–1889) in seinem zum Klassiker gewordenen Buch „La cité antique" die Religion zum Fundament allen Soziallebens in der Antike erklärt und seine Darstellung daher intensiv auf der Rekonstruktion des religiösen Lebens aufgebaut [1.3: Staat; dazu: 1.3: MOMIGLIANO, Città]. Nachdem diese Herangehensweise lange Zeit isoliert geblieben war, wurde sie seit den achtziger Jahren des 20. Jahrhunderts durch Altertumswissenschaftler wieder aufgenommen: „The shift from Archaic to Classical is then not a repudiation of the religious role of the state nor a movement to eliminate religious structures nor to confine religion to private or politically insignificant matters. The polis remains a society in which the Sacred has a central role, in some respects perhaps an even more vital role than before" [1.3: CONNOR, „Sacred", 184]. Da-

*Religion als Stabilitätsfaktor*

bei wird insbesondere auf die fundamentale Bedeutung der Religion für die Stiftung der kollektiven Identität und die Stabilisierung der gemeinschaftlichen Organisationsformen hingewiesen [vgl. 1.3: COLE, Cult; 1.3: DE POLIGNAC, Naissance; Repenser; Influence; 1.3: SOURVINOU-INWOOD, Religion; Aspects; 1.3: DAVIES, Religion].

Diese Wende bei der Beurteilung der Religion beschränkt sich nicht nur auf den griechischen Kulturbereich. Neben den Arbeiten der englischen Wissenschaftler MARY BEARD, JOHN NORTH und SIMON PRICE haben vor allem die Studien des französischen Forschers JOHN SCHEID eine fundamentale Neuorientierung bei der Einschätzung der römischen Religion eingeleitet. SCHEID analysiert nicht nur in brillanter Weise die enge Verwobenheit zwischen religiösem Leben und politischem Handeln in Rom, sondern er befreit die Ritualbetontheit der römischen Religion vom Vorwurf der spirituellen Leere. Unter dem plakativen Schlagwort „quand croire, c'est faire" („wenn Glauben Handeln bedeutet") weist er darauf hin, dass die feste Überzeugung von Wirksamkeit der kollektiven Riten ein hohes und oft auch emotionales Glaubenspotential beinhaltete, auch wenn dieses nicht mit einer transzendenten Welterklärung verbunden war [3.5: LINDER/SCHEID, Quand croire]. Diese revidierte Sicht auf die römische Religion wird durch neuere Forschungen zur Rolle von Emotionen in den römischen Ritualen bestätigt [3.5.2: LINKE, Emotionalität].

„quand croire, c'est faire"

Die Forschungsentwicklung der zurückliegenden 25 Jahre könnte man als ‚kopernikanische Wende' bezeichnen. Religion und Gesellschaft in der Antike werden wieder als Einheit betrachtet, die man nicht künstlich aufspalten sollte.

## 1.4 Standard- und Überblickswerke

### 1.4.1 Allgemeine Einführungen

Das Interesse an den antiken Religionen ist in den zurückliegenden Jahren stark gestiegen. Abgesehen von dem überholten Buch von R. MUTH [1.4.1: Einführung], das inhaltlich und methodisch in keiner Weise mehr dem Forschungsstand entspricht, herrscht allerdings zur Zeit einer großer Mangel an vergleichenden Religionsdarstellungen, die sowohl den griechischen als auch den römischen Kulturraum behandeln. Zu begrüßen ist daher, dass V. ROSENBERGER jüngst ein Einführungswerk zur „antiken Religion" vorgelegt hat [1.4.1: Religion].

Vergleichende Betrachtungen

Einen kurzen, aber sehr kompetenten Überblick über die Religionen in den beiden Kulturräumen bieten die komprimierten Darstellungen von F. GRAF zur griechischen Religion [1.4.1: Griechische Religion], von J. SCHEID zur römischen Religion der republikanischen Zeit [1.4.1: Republikanische Zeit] sowie von M. BEARD zur kaiserzeitlichen Religion [1.4.1: Kaiserzeit] in den beiden sehr empfehlenswerten Bänden „Einleitung in die griechische Philologie" [1.4.1: NESSELRATH, Philologie] und „Einleitung in die lateinische Philologie" [1.4.1: GRAF, Philologie]. Zur Entwicklung der kaiserzeitlichen Religion liegt neuerdings eine Analyse der komplexen Konstellation zwischen Reichsreligion und Provinzialreligion von J. RÜPKE vor, die als Resümee eines DFG-Schwerpunktprogramms gelten kann [Jupiter].

Seit 2004 erscheint ein neues Standardwerk zu den vielfältigen Aspekten des religiösen Lebens in den antiken Gesellschaften, der Thesaurus

ThesCRA

Cultus et Rituum Antiquorum (ThesCRA) [1.4.1: BALTY (Hrsg.), Thesaurus]. Er ist auf mehrere Bände angelegt. Der achte Band ist 2012 erschienen. Während die ersten Bände den ‚dynamischen Elementen und Handlungen', wie z. B. Prozessionen, Opfern, Banketten und Eiden, gewidmet sind, finden sich in den folgenden fünf Bänden die ‚statischen Elemente', wie z. B. Kultplätze, Kultpersonal und Feste. In einem dritten Abschnitt sollen die letzten Bände die Beziehungen der antiken Kulturen zu ihren Nachbarn beleuchten. Ziel dieses sehr umfangreichen Projektes ist es, einen dauerhaften Überblick zu der Informationsgrundlage zu den einzelnen Elementen des religiösen Lebens und zur aktuellen Forschungsliteratur zu geben. Dieser langperspektivische Objektivitätsanspruch führt an nicht wenigen Stellen in den frühen Bänden jedoch zu einer extremen Dominanz der Quellenangaben und einem eher knapp gehaltenen Anteil an inhaltlich deutender Strukturierung durch die Autoren der Artikel. Für den gezielt suchenden Fachmann ist dies zweifelsohne sehr nützlich. Doch ohne große Vorkenntnisse sind viele Abhandlungen kaum nachzuvollziehen. Bis zum achten Band von 2012 hat sich ein deutlicher Wandel hin zur Ausweitung der darstellenden Rekonstruktion vollzogen. In jedem Fall bleibt dieses neue Überblickswerk eine wertvolle Bereicherung und ein unerlässliches Hilfsmittel für die schnelle und gezielte Einarbeitung in die antiken Religionen.

Companions In einem klaren konzeptionellen Kontrast zu dem Thesaurus stehen die Zusammenfassungen („Companions"), die in den zurückliegenden Jahren vor allem in angelsächsischen Verlagen erschienen sind. Zu nennen wären hierbei vor allem das von D. OGDEN herausgegebene „Companion to Greek Religion" [1.4.1] und das von J. RÜPKE konzipierte „Companion to Roman Religion" [1.4.1]. In beiden Bänden finden sich Artikel zu Einzelaspekten der Religionen, die in der Regel von hervorragenden Fachleuten der jeweiligen Thematik geschrieben wurden. Diese Bücher sind als gehobene Einstiegswerke außerordentlich sinnvoll. Ergänzt werden sie durch „Reader" wie den von R. BUXTON herausgegebenen „Oxford Readings in Greek Religion" [1.4.1]. Hier wird ein Wiederabdruck an anderer Stelle publizierter, grundlegender Artikel geboten, die bei der Abfassung inhaltlich nicht aufeinander abgestimmt waren und auch keinen vollständigen Überblick geben wollen. Die Qualität dieser Projekte hängt also in einem außerordentlichen Maße von der Auswahl durch den Herausgeber ab.

Im Band von P. E. EASTERLING und J. V. MUIR [1.4.1: Religion] haben die Herausgeber hingegen Originalbeiträge zusammengeführt, die auf einem hohen Niveau grundlegende Fragen der religiösen Erfahrungs- und Lebenswelt der Griechen reflektieren, wobei der Artikel von J. GOULD „On Making Sense of Greek Religion" besonders erwähnenswert ist [1.4.1: Making Sense].

Neben diesen Einführungen gibt es mittlerweile eine ganze Reihe wichtiger Nachschlagewerke [1.4.1: AUFFARTH/BERNARD/ MOHR, Lexikon; 1.4.1: BETZ, Religion; 1.4.1: GALLING; Religion] sowie das von B. GLADIGOW verfasste Handbuch im Rahmen der Reihe Religionswissenschaft heute [1.4.1: Religionswissenschaft].

### 1.4.2 Griechenland

Zu den einzelnen Kulturkreisen ist eine Vielzahl zum Teil ausgezeichneter Einführungsbücher und vertiefender Überblicksliteratur erschienen. Im griechischen Bereich wäre dabei unter den einführenden Werken J. MIKALSON [1.4.2: Religion] zu nennen, der eine lebendig geschriebene und anregende Sicht auf das religiöse Leben im archaischen und klassischen Griechenland gibt. Fachlich sehr kompetent und gut zu lesen sind auch die knappen Übersichten von J. BREMMER [1.4.2: Götter] und R. GARLAND [1.4.2: Religion]. — Einführung

Das gemeinsame Buch von L. BRUIT ZAIDMAN und P. SCHMITT PANTEL [1.4.2: Religion] gehört mit Sicherheit zu den besten Einführungswerken, ist in seiner konzeptionellen Grundaussage aber nur vor dem Hintergrund der theoretischen Grundüberlegungen von J.-P. VERNANT und M. DÉTIENNE zu verstehen, in deren wissenschaftlicher Tradition die Autorinnen stehen. Methodisch neutraler, aber ohne Zweifel auf Grund seines im besten Sinne soliden Zugriffs auf das Thema als Einstieg sehr gut geeignet ist das Buch von M. JOST [1.4.2: Aspects].

Jenseits dieser Einführungsliteratur gibt es eine beachtliche Anzahl grundlegender Arbeiten zur griechischen Religion. Ganz aktuell hat R. PARKER eine umfassende Studie zur athenischen Religion vorgelegt, die wesentliche Aspekte der Religion im griechischen Kulturbereich insgesamt beleuchtet [1.4.2: Polytheism]. PARKER gelingt dabei eine sehr anregende Synthese aus allgemeinen Überlegungen und intensiven Fallstudien. Dieses Buch scheint eine erste große Studie zur athenischen Religion des Autors [1.4.2: Religion] ersetzen zu sollen, der zu Recht der kritische Einwand entgegengebracht wurde, sie beschäftige sich weniger mit religiösen Fragestellungen als vielmehr mit den Problemen der staatlichen Bürokratie bei der Organisation der Kulte. Ein derartiger Einwand kann gegen das neue Buch von PARKER nicht vorgebracht werden. — Standardwerke

Wer in seinem Blick auf die griechische Religion nicht durch eine Zentrierung auf die athenische Situation beeinflusst sein will, für den bleibt die umfangreiche Darstellung von W. BURKERT auch 35 Jahre nach ihrem Ersterscheinen, nun in zweiter Auflage, das grundlegende Werk [1.4.2: Religion]. Das mehrbändige Werk von M. NILSSON [1.4.2: Geschichte], das im Rahmen des „Handbuchs der Altertumswissenschaften" erschienen ist und das in vielen Einzelaspekten nach wie vor wichtige Informationen beinhaltet, sollte hingegen aufgrund seiner in Teilen zeitgebundenen inhaltlichen und methodischen Ausrichtung nicht als Einstieg gewählt werden. Wer nach einer soliden Aufarbeitung der antiken Literatur sucht, dabei aber auch den zeitbedingten Horizont der Abfassung beachtet, für den behält das Vorläuferwerk von NILSSONS Beitrag zum Handbuch der Altertumswissenschaften, das P. STENGEL verfasste, seinen Wert [1.4.2: Kultusaltertümer].

,Klassiker'  Zu den Werken, deren herausragende interpretative Leistung eine Einschätzung als ‚überholt' verhindert und die daher auch lange Zeit nach ihrer Entstehung mit großem Gewinn rezipiert werden können, gehören mit Sicherheit die Ausführungen von J. BURCKHARDT im Rahmen seiner „Griechischen Kulturgeschichte" [1.4.2], aber auch das Buch von L. GERNET und A. BOULANGER [1.3: Génie]. Insbesondere die Rekonstruktion der archaischen und klassischen Zeit durch den bedeutenden Kulturhistoriker und historischen Anthropologen GERNET stellt einen höchst innovativen Zugang zu der Problematik dar und lässt den Band zu einem wichtigen Beitrag der französischen Reihe „L'évolution de l'humanité" werden, die lange Zeit im deutschsprachigen Raum nur bedingt die Aufmerksamkeit bekommen hat, die sie verdient.

Durch diese große Tradition der französischen Anthropologie sind auch die Arbeiten von J.-P. VERNANT wesentlich mitinspiriert worden, dessen Buch „Mythos und Gesellschaft im antiken Griechenland" [1.4.2] zwar kein klassisches Handbuch im eigentlichen Sinne ist, das aber nichts desto weniger einen grundlegenden Einblick in die elementaren Strukturen religiösen Denkens in Griechenland zu geben vermag.

Zur Terminologie  1958 hat J. RUDHARDT eine um sprachliche Genauigkeit und literaturwissenschaftliche Präzision bemühte Studie zur Begrifflichkeit des religiösen Lebens in Griechenland vorgelegt [1.4.2: Notions]. Dieses Werk mit seinem sperrigen Titel ist zweifellos bis heute ein wichtiges Hilfsmittel für jeden, der sich um eine exakte Annäherung an die spezifische Terminologie im Bereich der griechischen Religion bemüht.

### 1.4.3 Rom

Einführung  Für den römischen Kulturbereich stagnierte die Auswahl im Bereich der Basis- und Handbuchliteratur zum sakralen Weltbild über einen erheblichen Zeitraum. Doch in den zurückliegenden Jahren hat sich die Situation grundlegend geändert. So ist die übersichtliche und sehr informative Einführung, die JOHN SCHEID verfasst hat, hervorzuheben [1.4.3: Introduction]. Sie vereint die Vorzüge einer kompetenten Übersicht über die wesentlichen Strukturen mit der Anwendung der neuen Sicht des Autors auf die römische Religion. Zur Entwicklung des religiösen Lebens in der Kaiserzeit bleibt auch das Buch von J. H. W. G. LIEBESCHUETZ lesenswert [1.4.3: Continuity].

Nicht so sehr als Übersichts- und Nachschlagewerk versteht sich die Einführung von J. RÜPKE [1.4.3: Religion]. Stattdessen unternimmt RÜP-

KE es, den Blickwinkel des Lesers von den klassischen Themen hin zu Problemkomplexen zu lenken, die bisher weniger im Fokus von Darstellungen stehen, wie z. B. die Bedeutung der sakralen Kulte und ihrer materiellen Voraussetzungen als Faktor des wirtschaftlichen Lebens in den antiken Gesellschaften. Insgesamt sieht RÜPKE die Gefahr, dass die modernen Rekonstruktionen sich zu stark auf die Religion der Oberschicht konzentrieren, die die literarischen Quellen dominiert, und dadurch das Leben der breiten Bevölkerung falsch einschätzen. Gerade dieser innovative Ansatz setzt allerdings einige Vorkenntnisse voraus.

Empfehlenswert ist auch das Buch von R. TURCAN. Der entscheidende Schwerpunkt dieser Einführung besteht ebenfalls darin, die Abläufe des religiösen Alltags zu rekonstruieren, was dem Autor insbesondere für die häusliche Religion der Familien ausgesprochen gut gelungen ist [1.4.3: Gods].

Auf der Ebene der großen Handbücher bleibt das Werk von G. WISSO- *Handbücher*
WA bei allen Vorbehalten gegenüber einzelnen Deutungen eine wichtige Basis für die intensive Annäherung an die römische Religion [1.4.3: Religion], die auch durch das Buch von K. LATTE nicht ersetzt wurde [1.4.3: Religionsgeschichte]. Erst mit dem Gemeinschaftswerk von M. BEARD, J. NORTH und S. PRICE gibt es wieder eine ausführliche aktuelle Darstellung des religiösen Lebens in Rom [1.4.3: Religions]. Die Beiträge, die sich im Wesentlichen auf die entsprechenden Artikel der Autoren in der Cambridge Ancient History stützen, sind jedoch chronologisch angelegt, so dass sich bei der Untersuchung systematischer Fragestellungen ein gewisser Zeitbedarf für die Zusammenschau der Aspekte in den einzelnen Abschnitten ergibt. Eine sinnvolle Ergänzung stellt ein Quellenband dar, der die im darstellenden Teil gemachten Aussagen mit antiken Texten unterlegt.

Eine sehr gute Übersicht zu der aktuellen wissenschaftlichen Litera- *Forschungsbericht*
tur bieten die ausgezeichneten Forschungsberichte zur römischen Religion, die etwa alle drei Jahre im Archiv für Religionsgeschichte erscheinen (2000, 2003, 2007, 2009).

## 2. Die sakralen Mächte

### 2.1 Einheit und Vielfalt: Die spezifischen Konstellationen in polytheistischen Religionen

Die spezifische sakrale Konstellation, die sich in polytheistischen Re- *Grundsätzliches*
ligionen aus der Vielfalt der göttlichen Mächte ergibt, wird in einer Anzahl guter Grundsatzartikel klar erläutert [2.1: BENDLIN, Polytheismus; 2.1: BRELICH, Polytheismus; 2.1: DI NOLA, Politeismo; 2.1: RÜPKE,

Polytheismus]. Polytheistische Religionen haben vor allem das Problem, die Kräftebalance zwischen den göttlichen Mächten zu klären und das Spannungsfeld zwischen Individualität der einzelnen Gottheit und ihrer Einordnung in einen übergreifenden religiösen Deutungshorizont zu überbrücken. Die dabei möglichen Ordnungskriterien nach Geschlecht, Alter der Götter, hierarchischer Verwandtschaftsordnung oder der Polarität von kooperierenden und feindlichen Göttern untersucht B. GLADIGOW [2.1: Strukturprobleme]. Doch lassen sich die dort entworfenen Ordnungsperspektiven vor allem auf die griechische Religion anwenden, während sich die spezifisch römische Sicht auf die göttlichen Mächte derartigen Kategorien entzieht.

Zu Recht legt J.-P. VERNANT bei der Analyse des antiken Polytheismus großen Wert auf die Tatsache, dass die polytheistischen Götter keine transzendenten Mächte sind, die – wie in monotheistischen Religionen – streng getrennt von der menschlichen Lebenswelt gedacht werden: „Die Götter sind da, uns überlegen, aber – wenn ich es so ausdrücken darf – in derselben Welt. Zudem haben sie diese Welt nicht geschaffen. Im Gegenteil, sie wurden in einem Prozeß, der sich in dieser Welt abspielte, selbst geschaffen. Sie sind Teil der Welt. Es gibt keine Transzendenz, zumindest nicht in der Religion. Es gibt eine relative Transzendenz, die aber mit Sicherheit nicht deshalb intellektuell ausgestaltet wurde, um aus Gott ein höheres Wesen zu machen, das über allem steht, was er selbst aus dem Nichts geschaffen hat; ein Gedanke, der für die Griechen absurd wäre" [2.1: Croyance 120: Übersetzung B.L.; vgl. 1.4.2: DERS., Mythos 103].

## 2.2 Die sakralen Mächte in Griechenland

### 2.2.1 Die Gottheiten

Diese nur schwer in eindeutige Konzeptionen einzufügende Natur der polytheistischen Gottheiten führte zu ganz unterschiedlichen Einschätzungen zu ihrer Bedeutung im Rahmen des sakralen Kosmos der antiken Kulturen.

In den älteren Darstellungen der griechischen Religion im 19. Jahrhundert nehmen die Götter und ihre Wirkungsformen einen besonders prominenten Platz ein – sehr traditionell in dieser Hinsicht erweist sich noch MUTH [1.4.1: Einführung]. Ausgehend von der intensiven Beschäftigung mit der griechischen Mythologie wurde die Analyse der ‚Gottesidee' der Griechen insgesamt als entscheidender Einstieg in die gesamte Problematik des religiösen Kosmos der Griechen angesehen [2.2.1: OTTO, Gottesidee].

*Mythen in der Literatur* Seit dem beginnenden 20. Jahrhundert setzte sich allerdings die Tendenz durch, den literarischen Charakter vieler Mythen hervorzuheben.

Eine simple Gleichsetzung der mythologischen Erzählungen mit den religiösen Überzeugungen der griechischen Bevölkerung wird zunehmend skeptisch gesehen [2.2.1: HENRICHS, Götter 121–125]. Auch wenn zweifellos die Analyse der Mythen wichtige Aufschlüsse über strukturelle Grundaspekte der religiösen Weltinterpretation in der griechischen Gesellschaft geben kann, müssen die vielfältigen Brechungen in der literarischen Tradition beachtet werden [1.4.2: NILSSON, Religion].

Eine gute einführende Darstellung zu den einzelnen griechischen Gottheiten und ihrem Erscheinungsbild in den literarischen Quellen gibt ein Buch von J. LARSON, das am Ende jedes Kapitels kurze, kommentierende Hinweise zur weiterführenden Forschungsliteratur bietet [2.2.1: Cults]. Dicht und gehaltvoll ist ein Artikel von F. GRAF zu den Göttern und Heiligtümern in Griechenland [2.2.1: Gli dèi greci]. Eine ausgesprochen gelungene Sammlung fachlich vertiefender Artikel zu einzelnen Aspekten der Thematik haben 2010 J. BREMMER und A. ERSKINE als Herausgeber vorgelegt [2.2.1: Gods].

Mit dem Problem der Rekonstruktion der Götter aus den alten mythischen Erzählungen hängt eng die Frage nach dem kulturellen Umfeld zusammen, in dem sich die spezifisch griechische Sicht auf die sakralen Mächte ausprägte; eine Fragestellung, für die es bisher noch keine konsensfähige Antwort gibt. Erschwert wird die Lösung dieser Problematik dadurch, dass die Etymologie der Namen der griechischen Götter bisher weitgehend ungeklärt ist. Nur der Name des höchsten Gottes, Zeus, ist eindeutig und kann zweifelsfrei auf eine indo-europäische Wortwurzel (*dyaus-pitar*) zurückgeführt werden, also auf die Sprachfamilie, der das Griechische angehörte. Diese Tatsache führt in Teilen der Forschung zu der Vermutung, dass die Griechen nach der Einwanderung Götter aus dem kleinasiatischen Kulturraum übernommen haben könnten. Eng mit diesen Fragen verwoben ist das Problem, ob es zwischen der mykenischen Palastkultur, die in der zweiten Hälfte des zweiten Jahrtausend v. Chr. in Griechenland ihre Blüte erlebte, und der griechischen Kultur der archaischen und klassischen Zeit direkte Kontinuitäten im religiösen Weltbild gab. A. SCHACHTER sieht diese durchaus, wenn er feststellt, dass die griechischen Gottheiten in großen Teilen auf mykenische Vorläufer zurückgehen, auch wenn ihr ‚Schicksal' sehr unterschiedlich war: Einige wurden nur noch in einem lokalen Umfeld verehrt, während andere zu bedeutenden panhellenischen Gottheiten aufstiegen [2.2.1: Deities]. B. C. DIETRICH plädiert vehement für eine starke Kontinuitätslinie der griechischen Religion. Er verweist nachdrücklich darauf, dass in archaischer Zeit oft alte mykenische Kultplätze für sakrale Zwecke genutzt wurden [2.2.1: Origins; Tradition]. Allerdings besteht das Problem, dass diese Kultstätten vorher oft mehrere Jahrhunderte verwaist waren, so dass nicht klar ist, ob die Wiederaufnahme der Kulttätigkeit wirklich mit einer Kultkontinuität für dieselben Gottheiten gleichgesetzt werden kann.

*Marginalien:* Kulturelles Umfeld; Mykene

80    II. Grundprobleme und Tendenzen der Forschung

**Homer und Hesiod**

Unbestreitbar ist die Wirkung der herausragenden literarischen Werke der Dichter Homer und Hesiod für die Sichtweise der Griechen auf die göttlichen Mächte [2.2.1: ERBSE, Untersuchungen 209–256; 2.2.1: GRAF, Religion und Mythologie; 2.2.1: KULLMANN, Begriff; 2.2.1: SNELL, Welt]. Schon im fünften Jahrhundert v. Chr. unterstrich der Historiker und Ethnograph Herodot diese Tatsache [2,53: „Homer und Hesiod haben den Stammbaum der Götter in Griechenland aufgestellt und ihnen ihre Beinamen gegeben, die Ämter und Ehren unter sie verteilt und ihre Gestalt klargemacht"]. Allerdings bleiben noch große Probleme bei der Einschätzung der Frage, für welche Epoche die homerischen Epen im Kern aussagekräftig sind und ab wann sie in Griechenland so bekannt wurden, dass ihnen eine Breitenwirkung zukam, wobei z. B. B. C. DIETRICH nachdrücklich die Auffassung vertritt, dass die sakralen Konfigurationen, die uns in den homerischen Epen entgegentreten, keine mythischen Überhöhungen sind, sondern dem religiösen Weltbild der Menschen im archaischen Griechenland entsprechen, gerade weil sie in Teilen so erratisch wirken und schwer zu ordnen sind [2.2.1: Views]. Im Fall von Hesiod wird in der neueren Forschung von W. BURKERT [2.2.1: Orientalisierende Epoche] und J. VON UNGERN-STERNBERG [2.2.1: SEYBOLD/VON UNGERN-STERNBERG, Amos] auf den intensiven Einfluss orientalischer Vorbilder auf sein Werk verwiesen [s.a. 2.2.1: WALCOT, Hesiod]. Zudem bleibt nach G. S. KIRK auch für Hesiods Theogonie („Abstammung der Götter") zu beachten, dass sie ein literarisches Werk und kein theologisches Dogma ist [2.2.1: Theogony].

**Olympische und chthonische Gottheiten**

Trotz dieser Vielschichtigkeit der religiösen Traditionen und Praktiken wird die Frage diskutiert, ob die Griechen zumindest eine fundamentale Dichotomie kannten, die die sakralen Mächte in zwei Gruppierungen teilte. Einzelne Hinweise, die allerdings teilweise erst aus der Spätantike stammen, lassen auf eine Unterscheidung zwischen den olympischen Gottheiten, die eher in himmlischen Sphären angesiedelt wurden, und chthonischen Gottheiten, die in der Erde wirkten, schließen [zur älteren Forschung s. 2.2.1: SCHLESIER, Religion; 1.4.2: BURKERT, Religion 305–310]. Während die olympischen Gottheiten klare eigenständige Konturen aufwiesen, mieden die Menschen den zu engen Kontakt mit den chthonischen Mächten, so dass deren sakrale Konturen für uns nur schwer fassbar bleiben [3.4.3: STENGEL, Opferbräuche 126–145]. Dieser Unterscheidung innerhalb der sakralen Mächte ordnen die Befürworter auch signifikante Differenzen im Ablauf des Opferrituals und in der Ausgestaltung des Altars zu.

Es fehlt jedoch nicht an skeptischen Stimmen, die die Eindeutigkeit dieser Einteilung bezweifeln [2.2.1: SCHLESIER, Religion 29–32]. Sie bemängeln die äußerst dünne Quellenbasis, deren einzelne Informationen zudem nicht immer eindeutig in diese Richtung ausgelegt werden können. Die ganze Einteilung entspränge eher einem modernen Willen zur

Ordnung der verschiedenen Elemente in der griechischen Religion als der komplexen Annäherung der Griechen an ihre sakralen Mächte, die vielschichtige Erscheinungsformen annehmen konnten. So sei es sehr wohl möglich gewesen, dass dieselbe Gottheit in unterschiedlichen Kontexten entweder als olympisch oder chthonisch angesehen werden konnte. Aber auch R. SCHLESIER sieht sich durch S. SCULLION der Kritik einer zu kategorischen Argumentation ausgesetzt [2.2.1: Olympian]. SCULLION distanziert sich zwar von den rigiden Schematismen der alten Forschung, meint aber, dass es in der Wahrnehmung der Gottheiten und im Spektrum der sakralen Rituale Ordnungsentwürfe gibt, die diese Unterscheidung sinnvoll erscheinen lassen. Die wissenschaftliche Debatte zu dieser Problematik bleibt also offen. Als Lösungsperspektive weist F. GRAF darauf hin, dass es nicht auf ‚Substanz' der Gottheit ankäme, sondern auf die ‚innere Logik' des Rituals [3.4.1: Milch 220].

Die Problematik, ob die griechischen Götter sich grundsätzlich in verschiedene Kategorien einteilen lassen, steht in einem ganz engen Zusammenhang mit der in der Wissenschaft seit dem 19. Jahrhundert intensiv diskutierten Frage über die sakrale Substanz der griechischen Götter. Einen sehr guten und dichten Einblick in diese lange Forschungsgeschichte bietet A. HENRICHS [2.2.1: Götter passim].

*Sakrale Substanz der Gottheiten*

Umstritten ist in der Forschung vor allem, ob die einzelnen Gottheiten im Rahmen eines Pantheons arbeitsteilig jeweils Subaspekte der Gesamtordnung verkörpern, deren Gefüge durch die Ausbalancierung der Wirkungsspektren der einzelnen Gottheiten im Gleichgewicht gehalten wird. Diese Auffassung wird primär von der strukturalistisch-orientierten Forschergruppe um J.-P. VERNANT verfochten, die die Gesamtheit des göttlichen Pantheons als ein Spiegelbild der komplexen Realität interpretiert, die sich aus dem Zusammenspiel von natürlichen und sozialen Faktoren ergibt [1.4.2: Mythos 94–112; 1.4.2: BRUIT ZAIDMAN/ SCHMITT PANTEL, Religion 179–214]. Aus dieser Sicht ist eine isolierte Betrachtung der einzelnen Gottheiten gar nicht sinnvoll, da sich das Wesentliche der göttlichen Mächte nur aus einer komplementären Analyse ihrer divinen Antipoden ergibt [1.4.2: VERNANT, Mythos 101–102; 1.4.2: BRUIT ZAIDMAN/SCHMITT PANTEL, Religion 185–187]. Die Götter der gesellschaftlichen Ordnung wie z. B. Athena und Apollon können ihre Funktion nur deshalb erfüllen, weil ihre soziale Wirkung mit der Beherrschung der natürlichen Gewalten, wie sie insbesondere von Poseidon inkarniert wird, korrespondiert. Die Individualität der Gottheiten und der daraus resultierende Spielraum zu einer Vielfalt von persönlichen Handlungsformen treten bei dieser Betrachtungsweise zugunsten der inhärenten Logik einer Gesamtordnung in den Hintergrund [zur Kritik dieser Darstellung 1.4.2: BREMMER, Götter 28]. Die menschenähnliche Darstellung kann in dieser Interpretation der Götter in Literatur und Kunst, die zunächst den personal gedachten Charakter der Gottheiten zu

*Götter als Mächte*

belegen scheint, nur als äußerliche Allegorie eingestuft werden, die dazu diente, sich den schwer fassbaren Wesen der göttlichen Mächte besser nähern zu können [2.2.1: DÉTIENNE, Expérimenter]. Der symbolische Charakter dieser Vergegenwärtigung sei den Menschen jedoch stets bewusst geblieben. Trotz dieser Bemühungen um Konkretisierungen im künstlerischen Kontext sei offensichtlich, dass die griechischen Götter Mächte und keine Personen waren. J.-P. VERNANT stellt daher fest: „Wenn ich den Ausdruck göttliche Macht oder Gewalt verwende, so um hervorzuheben, dass die griechischen Gottheiten keine Personen sind, denen die Einheit eines vollständig individuierten Einzelwesens zukäme und die so etwas wie ein geistiges Innenleben besäßen. Die griechischen Götter sind Mächte und keine Personen" [1.4.2: Mythos 100–101].

Götter als Personen   Dieser Auffassung steht die insbesondere von W. BURKERT vertretene Interpretation der griechischen Götter als eher unabhängigen Individuen gegenüber, die zwar in ihrem Handlungsspektrum eine gewisse Spezialisierung aufwiesen, die sich aber nicht unbedingt durch den Bezug auf ein übergeordnetes System definierten [1.4.2: Religion 280: „Die griechischen Götter sind Personen und keine Abstraktionen, Ideen, Begriffe; *theós* kann Prädikat sein, ein Göttername in mythischer Erzählung ist Subjekt; ... im Griechischen wird Aussage und Vorstellung so strukturiert, dass eine individuelle Person erscheint, die ihr eigenes plastisches Sein hat; sie ist nicht zu definieren, doch kann man sie kennen, und solche Bekanntschaft kann Freude, Hilfe und Rettung sein"]. BURKERT betont, dass den griechischen Göttern in vielfältiger Weise menschliche Handlungs- und Erlebnisformen wie Sexualität, Schmerz und Mitleid zugeschrieben werden. Auch wenn sie riesige räumliche Distanzen überwinden können, sind sie nicht allgegenwärtig; wie bei menschlichen Individuen entspricht die Kraft des Anwesenden somit der Option der Abwesenheit, auch wenn dies bei Göttern in einer sehr viel komplexeren Form der Fall ist. Eine omnipräsente, abstrakte Macht vermag BURKERT darin jedenfalls nicht zu sehen. Für ihn ist die zunehmende Abstraktion das Resultat einer langen religiösen Evolution, die sich erst in der klassischen Zeit entfaltet. Doch auch dann bleiben die abstrakten Begriffe wie z. B. Themis als gerechte Ordnung, Metis als Klugheit oder Tyche als Schicksal immer an personale Vorstellungsformen gebunden und werden nicht zu unpersönlichen Mächten. So bleibt das Verhältnis der Menschen zu ihren Göttern nicht frei von prekären Elementen, da diese nicht einfach die natürliche Ordnung repräsentieren, die als vorgegebener Rahmen jede menschliche Aktion einbettet, sondern sie können auch als personale Reaktion in Distanz zum Menschen treten und ihn mit seinen Problemen seinen begrenzten Möglichkeiten überlassen [1.4.2: BURKERT, Religion 287–288; s.a. allgemein 2.2.1: GLADIGOW, Sinn 47–48]. Nähe und Distanz bedingen sich auf diese Art und Weise im anthropomorphen Götterbild gegenseitig [1.4.1: MUTH, Einführung 60; 2.2.1: BURKERT, „Mein Gott" 3–14].

Im Kern geht es bei der Kontroverse darum, ob der Kult für die Götter in Griechenland darauf abzielte, den kaum berechenbaren Willen personaler Gottheiten zu beschwichtigen und in positive Bahnen zu lenken oder ob die vielfältige Sphäre der Götter den Versuch darstellte, die komplexen Strukturen der Welt in einem sakralen Kosmos zu kodieren und durch die Kultausübung zu einem harmonischen Verhältnis zu den nicht von den Menschen kontrollierten Lebensbedingungen zu gelangen. Angesichts einer Forschungstendenz, die die Vielschichtigkeit und Verwobenheit der religiösen Phänomene immer stärker hervorhebt, werden allerdings zunehmend Stimmen laut, die zu bedenken geben, dass ein strikter Gegensatz zwischen Personen und Mächten für die Menschen in der Antike nicht existiert hat. So plädiert W. NICOLAI vehement dafür, dass beide Vorstellungen parallel existiert haben könnten und es vom jeweiligen Kontext abhing, ob man sich die Götter eher als persönliche Ansprechpartner in emotional geprägten Situationen vorstellte oder sie bei philosophischen Reflexionen als abstrakte Mächte thematisierte [2.2.1: Gottesvorstellung]. Auch J. BREMMER meint, dass erst beide Aspekte zusammen der Komplexität der göttlichen Kräfte gerecht werden [1.4.2: Götter 30]. Funktion des Kultes

Diese abwägende Sichtweise wird auch durch die äußerst genaue und differenzierte Untersuchung von T. SCHEER zur Stellung der Kultbilder in der griechischen Religion unterstützt [2.2.1: Gottheit]. SCHEER gelingt der Nachweis, dass sich die Frage, welche sakrale Qualität die Kultbilder im religiösen Leben der Griechen besaßen, nicht schematisch beantworten lässt, sondern sich die Begegnung in einer großen Bandbreite bewegte. Diese reichte von der Überzeugung einer direkten Präsenz der Gottheit im Kultbild bis zu einer distanzierten Einstellung, die in den Statuen eher die künstlerische Annäherung an die Göttlichkeit durch die Menschen sah. Kultbilder

Die Frage nach der ‚sakralen Substanz' der griechischen Götter ist auch deshalb so schwer zu beantworten, weil die Götter in der Kultpraxis fast nie für ihr gesamtes Wirkungspotential, das sie im Rahmen des Pantheons repräsentierten, verehrt wurden, sondern sich ihre Verehrung zumeist auf Teilaspekte der unterstellten Macht richtete, wie sie sich in den vielfältigen Beinamen der Götter wiederfinden [1.4.2: RUDHARDT, Notions 90–92]. Diese Unterteilung einer übermächtigen göttlichen Kraft in Einzelaspekte und deren kultische Konkretisierung in den Riten ist ein bei polytheistischen Systemen weitverbreitetes Phänomen [2.2.1: GLADIGOW, Sinn 55–58]. Auf diese Weise wird es dem Gläubigen möglich, die Distanz zu dem göttlichen Wesen zu verringern, das in seinem Anders-Sein so unfassbar erscheint. Mit Hilfe der Parzellierung ihres Wirkungsspektrums werden die Götter einerseits stärker in die Bedürfnisse des alltäglichen Lebens Aufteilung des Wirkungsspektrums eingebunden, wodurch den kultischen Riten eine verbesserte funktionale Perspektive gegeben wird, andererseits beugt aber auch die Zuordnung von verschiedenen Epitheta zu einer Gottheit deren drohender Auflösung in Teilgottheiten vor, die sich aus der Komplexität der zugeschriebenen göttlichen Wirkungsweisen und Einflussbereiche ergeben könnte [2.2.1: GLADIGOW, Sinn 56].

**Epitheta** Bei der Anwendung dieser grundsätzlichen Überlegungen auf die Darstellung der sakralen Sphäre in den Poleis erweisen sich die Epitheta der griechischen Götter als ein vielschichtiges Phänomen [1.4.2: JOST, Aspects 24–27; 1.3: GERNET/BOULANGER, Génie 222–223; 2.2.1: GLADIGOW, Sinn 43–44]. Nicht nur die große Zahl der vorhandenen Beinamen – allein für Zeus sind mehr als hundert nachgewiesen [2.2.1: SCHWABL, Zeus] – ist bemerkenswert, sondern vor allem auch die Tatsache, dass das gleiche Epitheton mehreren Göttern zugewiesen werden kann: So tragen z. B. sowohl Zeus als auch Apollon, Hermes und Tyche den Beinamen *Soter* („Retter"); Athena, Herakles und Hermes können als *Promachos* („Vorkämpfer") bezeichnet werden; Poseidon, Hera, Ares und Athena tragen das Epitheton *Hippios/Hippia* („Reiter"), und dies ist nur eine kleine Auswahl aus den verschiedenen Kombinationsmöglichkeiten.

**Lokale Einflüsse** Neben diesen gleichen Beinamen für verschiedene Gottheiten, die zumeist schon in ihrer Sinngebung eine deutliche Funktionszuweisung enthalten, gibt es auch Epitheta, die nur regional vorkommen und der so benannten Gottheit ein stärkeres Lokalkolorit geben, wie dies häufig bei der engen Verbindung einer olympischen Gottheit mit einer regional verehrten Gottheit oder einer einheimischen Heroengestalt der Fall ist [2.2.1: BELAYCHE, Nommer; 2.2.2: KEARNS, Between 77–93]. Diese Komplexität der Benennungsformen zeigt eindrücklich, dass die Kultkonstellationen in den einzelnen Poleis aus einem Spannungsfeld von überregionalen Gemeinsamkeiten und eigenständigen regionalen Einflüssen entstanden sind: „The gods who were worshipped in the different *poleis* were, of course, perceived to be the same gods [...]. What differed was the precise articulation of the cult, its history, its particular modalities, which aspect of each deity each city chose to emphasize, which deities were perceived to be more closely connected with, and so more important to the city and so on" [1.3: SOURVINOU-INWOOD, Religion 300; s.a. 2.1: VERNANT, Croyance 118–119; 1.4.1: GRAF, Griechische Religion 497]. Mit einer identischen Reproduktion einer für alle Poleis vorgegebenen Kultkonstellation auf der lokalen Ebene sahen sich die Griechen jedenfalls nicht konfrontiert [2.2.1: THOMAS, Wingy Mysteries 185].

**Regionale Vielfalt** Seit längerer Zeit bemüht sich die Forschung, diese regionale Vielfalt angemessen zu untersuchen. Dabei wurde deutlich, dass die Kultkonstellationen, also die Zusammenstellung der in den einzelnen Poleis verehrten Gottheiten, sowohl im Aufbau der Kultkalender als auch bei der Gewichtung der Kulte für bestimmte Gottheiten keinem einheitlichen Schema folgen. Selbst hinsichtlich der wichtigsten olympischen Gottheiten gibt es kein offensichtliches Bemühen, deren jeweilige Verehrung in prominenter Form hervorzuheben. Zwar deckte die Fülle der zyklischen Opferhandlungen zumeist die wichtigsten Götter ab, doch sind rein regional erklärbare Schwerpunktsetzungen zugunsten einzelner Gottheiten unübersehbar. Viele Städte setzten im Kult und bei den Sakralbauten so starke Prioritäten zugunsten einer Gottheit, dass diese in der modernen Forschung als ‚Stadtgottheiten' bezeichnet werden, d. h. als Schutzgottheiten, die aus der Sicht der jeweiligen Einwohner weit über den eigentlichen Kernbereich ihres sakralen Wirkens hinausgehende Schutzfunktionen für die betreffende Polis ausübten [2.2.1: BRACKERTZ, Schutzgottheiten; vor zu starken Schematisierungen warnt 1.3: COLE, Cult 298–301].

Diese signifikanten regionalen Unterschiede werfen sogar die Frage auf, ob man überhaupt von ‚der' Religion der Griechen sprechen sollte [2.2.1: GLADIGOW, Erwerb 110–111]. Auch wenn eine Auflösung des Religiösen im Regionalen wohl zu weit geht, bleibt jedoch festzuhalten, dass sich die religiöse Erfahrungswelt der Griechen in einem Spannungsfeld von überregionalen Überzeugungen und lokaler Realisierung konstituierte [2.2.1: PIRENNE-DELFORGE, Panthéons].

Der auffällige Kontrapunkt zum regionalen Element in der griechischen Religion ist die Stellung, die der mächtigste Gott, der olympische Zeus, im sakralen Spektrum einnimmt [2.2.1: GRUBE, Zeus]. In der Literatur, vor allem bei Homer, Hesiod und in den Tragödien des fünften Jahrhunderts v. Chr., wird ihm eine so dominante Rolle unter den Göttern zugeschrieben, dass in den literaturwissenschaftlichen Auswertungen nicht selten die Meinung vertreten wurde, es habe in dieser Zeit eine starke Tendenz zum Monotheismus bzw. ‚Pantheismus' gegeben [2.2.1: KIEFNER, Allbegriff 128; 2.2.1: FISCHER, Telosgedanke 135; 2.2.1: GERHARDT, Zeus 46]. Demgegenüber wird eingewandt, dass eine Abnahme der sakralen Virulenz der anderen wichtigen Gottheiten wie z. B. Hera, Artemis oder Apollon in den regionalen Kultkonstellationen nicht zu beobachten ist, der Polytheismus also nichts von seiner Vielfältigkeit verloren hat. Kritisch wendet sich H. LLOYD-JONES [2.2.1: Zeus] gegen die These eines sich langsam seit der Archaik entwickelnden Monotheismus, der sich in der Klassik vollendet. M. BRAUN [2.2.1: Eumeniden 231–244] weist zu Recht auf die spannungsreiche Vereinigung von Gegensätzen in der göttlichen Gestalt von Zeus hin, die aber nicht andere Kräfte notwendigerweise ausschließen bzw. ‚alte Kräfte' verdrängen müsste.

Ganz im Gegenteil, ein von der Forschung lange wenig beachtetes Phänomen ist die Tatsache, dass der olympische Zeus zwar in der Literatur eine sakrale Kraft entfaltet, die derjenigen aller anderen Gottheiten zusammen weit überlegen ist, dass Zeus aber in den Kulten der Poleis bis in das vierte Jahrhundert v. Chr. hinein nirgendwo eine herausragende Rolle spielte. Erst diese eigentümliche Leerstelle für den mächtigsten Gott eröffnete die Freiräume für die Entfaltung in den lokalen Panthea. In neueren Ansätzen wird diese Zurückhaltung gegenüber einer hervorgehobenen Verehrung des olympischen Zeus damit erklärt, dass die führenden Familien in den Poleis besorgt waren, dass ein zentraler Kult dieser übermächtigen Gottheit einzelnen Mitglieder der Aristokratie die Chance für eine zu starke Profilierung im Kult geben könnte und damit das labile Gleichgewicht in der Führungsschicht sprengen würde [2.2.1: LINKE, Zeus; 2.2.1: KREUTZ, Zeus 169–228].

*Abwesenheit eines einheitlichen Kultes*

Die aus dieser Entwicklung resultierende Abwesenheit eines einheitlichen zentralen Kultes in den Poleis legte die Grundlage für die lebendige Vielfalt von Göttern, die in den regionalen Kontexten ganz unterschiedliche sakrale Potenziale entfalten konnten. Nachdem die Forschung lange Zeit bemüht war, dieser Vielfalt mit systematischen Überlegungen zu begegnen, gibt es in den zurückliegenden Jahren die Tendenz, die einzelnen Gottheiten separat zu behandeln.

*„Gods and Heroes of the Ancient World"*

Dies gilt vor allem für die bei Routledge erschienene Reihe „Gods and Heroes of the Ancient World". Diese setzt in ihren Beiträgen auf einen dreigeteilten Aufbau: Zu Beginn eines jeden Werks steht eine Einleitung mit einer Rechtfertigung eines ‚biographisch' angelegten Zugriffs auf die antiken Gottheiten und Heroen. Den Hauptteil bildet eine Beschäftigung mit Hauptaspekten der jeweiligen Gottheit bzw. des jeweiligen Heroen. Abschließend wird kurz auf die Rezeptionsgeschichte bis in die Gegenwart hinein eingegangen. Eine Reihe, die die einzelnen griechischen Gottheiten separat und beinahe ‚biographisch' behandelt, schien nach den zahlreichen Arbeiten gerade der französischen Forschung eigentlich nicht mehr möglich zu sein. Dennoch enthalten einige Bände originelle Ansätze, die nicht nur für einen breiteren Leserkreis Anregungen schaffen dürften [2.2.1: DOWDEN, Zeus; GRIFFITHS, Medea; DOUGHERTY, Prometheus; SEAFORD, Dionysos; EDMUNDS, Oedipus; OGDEN, Perseus; DEACY, Athena; GRAF, Apollo; CYRINO, Aphrodite; STAFFORD, Herakles].

## 2.2.2 Die Heroen

Die Heroen sind eine „sehr bunte und gemischte Gesellschaft" [1.4.2: NILSSON, Religion 185]. Mit dieser prägnanten Formulierung weist M. NILSSON auf die Tatsache hin, dass die Heroen sich einer einfachen Definition weitgehend entziehen. In der Forschung wurde trotzdem des Öfteren der Versuch unternommen, übergreifende Klassifikationen zu erstellen. Der umfassendste Versuch in dieser Hinsicht stammt von L. R. FARNELL [2.2.2: Hero-Cults], der dabei von der Überlegung ausging, dass aufgrund der engen Verwobenheit mit dem Volksglauben die psychologischen und gefühlsmäßigen Einstellungen der Menschen bei der Formierung der Heroen eine besondere Rolle spielten. Bei seinen defi-

nitorischen Anstrengungen kam er zu sieben verschiedenen Kategorien
von Heroen, die von alten Vegetationsgottheiten bis hin zum Kult real
existenter Persönlichkeiten reichten. A. BRELICH [2.2.2: Eroi] hingegen  Soziale Funktionen
legte den Fokus seines Ordnungsansatzes auf die sozialen Funktionen, die
Heroen erfüllten, etwa als Kenner der Heilkunde oder Helfer im Krieg.
E. KEARNS [2.2.2: Between; Heroes] geht diesen Weg der sozialen Priorität noch weiter, indem sie vor allem nach den sozialen Gruppen fragt,
die einen Heroen verehren, z. B. die Stadt, Kultgenossenschaften oder
dörfliche Gemeinschaften. Insgesamt wird in aktuellen Untersuchungen
davor gewarnt, den Heroenkult leichtfertig mit einer Weiterentwicklung
des Ahnenkultes gleichzusetzen. Dafür seien seine Wurzeln zu vielfältig,
wie D. BOEHRINGER betont [2.2.2: Heroenkulte 37–46]. Er kommt dabei
zu dem Ergebnis, dass die Kulte sich in Teilen gegen die Tendenzen
der sozialen Verdichtung in archaischer Zeit richteten und daher später
von Polisgemeinschaften nicht fortgeführt wurden [2.2.2: Heroenkulte
372–375].

Angesichts des begrenzten Fundmaterials zu den Heroenkulten  Schlechte Quellenlage
zieht die Interpretation der aus mehreren Regionen Griechenlands
bekannten Kultrelikte an alten mykenischen Gräbern aus der archaischen Zeit die Aufmerksamkeit der Forschung auf sich [zur Fundlage
s. 2.2.2: BOEHRINGER, Heroenkulte; 2.2.2: MAZARAKIS-AINIAN, Reflections; 2.2.2: HÄGG, Gifts; 2.2.2: COLDSTREAM, Hero-Cults]. Dabei
werden die Heroenkulte vor allem in Bezug zu den starken gesellschaftlichen und demographischen Umwälzungen gesetzt, die die archaische
Zeit kennzeichnen [2.2.2: ANTONACCIO, Archaeology; 2.2.2: LORENZ,
Heroenvorstellung]. A. SNODGRASS [2.2.2: Origines] wertet die Dokumentierung des Eigentumsanspruchs auf das Land durch eingewanderte
Bevölkerungsgruppen als entscheidende Motivation für den Kult. Die
These eines Zusammenhangs zwischen den kultischen Aktivitäten und
territorialen Besitzansprüchen greift J. WHITLEY [2.2.2: Early States 176–
181] auf, doch betont WHITLEY die Bedeutung der Initiative alteingesessener Siedler für die Kulte. P. G. CALLIGAS [2.2.2: Hero-cult] vermutet,
dass eine wesentliche Ursache für die Durchführung dieser Kultrituale
die Ablehnung der zeitgenössischen Veränderungen durch größere Teile
der Bevölkerung gewesen sei. Diese Menschen hätten sich, angeregt
durch die homerischen Epen, wieder demonstrativ den alten Gräbern
zugewandt.

Die hohe Bedeutung der frühen Heroenkulte für die kollektive Identi-  Bedeutung für die
tät der sich ausbildenden sozialen Gemeinschaften im achten und siebten  kollektive Identität
Jahrhundert v. Chr. wird auch darin deutlich, dass immer wieder Fälle
auftreten, bei denen alte Gräber von den Einwohnern einer entstehenden
Polis gemeinschaftlich als Kultstätte genutzt werden, so z. B. im Falle
der Polis Eretria auf Euböa, wo ein altes Grab in ein Stadttor eingebaut
wurde und der dort verehrte Heroe nun den sensiblen Zugang zur Stadt

bewachte. Diese Form von ‚Vergesellschaftung' von Grabkulten wird besonders augenfällig bei den Oikistenkulten, also den sakralen Handlungen für die Gründer einer neuen Stadt. Im Rahmen der griechischen Kolonisation begegnet immer wieder das Phänomen, dass diese Kulte nicht durch die Familienangehörigen der Gründer durchgeführt wurden, sondern von der ganzen Polis, die diesen Kult im Gegensatz zu allen anderen Grabkulten im Zentrum der Stadt ansiedelte [2.2.2: LESCHHORN, Gründer]. C. BÉRARD ordnet diese Phänomene überzeugend in den Zusammenhang einer breiteren Entwicklung ein, indem er die Heroenkulte als eine Loslösung der sakralen Kraft von der konkreten Person eines Königs sieht [2.2.2: Récuperer]. Im archaischen Griechenland hätten die neu entstehenden Gemeinschaften eine starke Konzentration religiösen Prestiges in ihrer Mitte nicht mehr geduldet und deshalb die sakrale Komponente auf ihre Heroen fokussiert.

## 2.3 Die sakralen Mächte in der römischen Kultur

*Kaum antike Konzeptualisierungen*

Die Rekonstruktion des römischen Polytheismus stellt die Forschung vor fast noch größere Probleme, als dies bei den griechischen Gottheiten der Fall ist. Auch der römische Kosmos war von einer Vielzahl göttlicher Mächte und Kräfte bevölkert, die einen intensiven Einfluss auf die Entwicklung der Lebenswelt der Römer ausübten. Doch unternahmen die Römer im Gegensatz zu den Bemühungen in der griechischen Literatur kaum Anstrengungen, das Wesen ihrer Gottheiten konzeptionell zu fassen.

*religio*

Diese Problemkonstellation reflektiert schon die schwierige Ableitung des Wortes *religio*, dessen Etymologie bis heute nicht zweifelsfrei geklärt ist [2.3: KOBBERT, Religio 565–566]. So hält R. MUTH [2.3: Wesen 338–352] keine der vorgeschlagenen Ableitungen für endgültig gesichert. Eine ausführliche Darstellung der Forschungsmeinungen bietet G. J. SZEMLER [2.3: Religio; s.a. 1.4.3: LATTE, Religionsgeschichte 36–50; 2.3: BAYET, Histoire 42–61]. Aufschlussreich in diesem Zusammenhang ist die Feststellung von KOBBERT [2.3: Religio 565–570], dass *religio* ursprünglich ein negatives Tabu war, eine bindende Kraft, die einem Ort oder einer Handlung anhaftete: „Allgemein übereinstimmend ist die Überzeugung, dass die *religio loci*, die ein Tabu ist, das den Menschen hindert, seine Tätigkeit frei zu entfalten, will er sich nicht im entgegengesetzten Falle in Unglück und Gefahr bringen" [ebd. 565]. So bezeichnete die alte Formel *religio est* ursprünglich ein Verbot, z. B. Gell. 10,15,2: „equo Dialem flaminem vehi religio est". Erst später hat sich dann aus dieser Drohung der von außen wirkenden Mächte für den Fall einer Missachtung von Regeln ein Reglement für den aktiven Umgang mit den göttlichen Kräften entwickelt.

Die modernen Einschätzungen der römischen Konzeption sakraler Mächte müssen sich angesichts dieser Informationslage auf die Zusammenschau unterschiedlicher Indizien stützen. Einige Aspekte scheinen dabei für einen personalen Charakter der römischen Götter zu sprechen, wie z. B. die hierarchische Komponente im Spektrum der Götter, die sich vor allem in der herausragenden Position des zentralen Kultes für Jupiter Optimus Maximus zeigt. Zudem kannten die Römer spätestens seit dem 6. Jahrhundert v. Chr. Kultstatuen in Menschengestalt. Diese sollen gemäß der antiken Überlieferung von den etruskischen Königen in Rom eingeführt worden sein [Plinius 35,157]. Allerdings behielten die alten nicht-anthropomorphen Kultobjekte ihre hohe Bedeutung und spielten in den Ritualen eine zentrale Rolle, wie das Adlerzepter, das Blitzbündel und der goldene Kranz als *exuviae* (Symbole) Jupiters deutlich machen [2.3: POLLACK, Exuviae; 3.5.2: BERNSTEIN, Ludi publici 42–43]. Die archäologischen und literarischen Zeugnisse aus republikanischer Zeit für die Entwicklung der Kultbilder hat H. G. MARTIN zusammengestellt und analysiert [2.3: Tempelkultbilder]. MARTIN geht zwar auch auf die politischen Begleitumstände für die Weihungen im 2. Jh. v. Chr. ein, doch bleibt die Einordnung in den religiösen Kontext äußerst unbefriedigend. Ebenfalls rein archäologisch geht C. C. VERMEULE in seiner Untersuchung zu den Kultbildern in der Kaiserzeit vor [2.3: Cult Images]. So bleibt man für eine differenzierte Kontextualisierung der Kultbilder im religiösen Leben auf einen Aufsatz von B. GLADIGOW angewiesen [2.3: Kultbilder].

Kultstatuen

Eine weitere Tatsache, die gegen eine starke personale Vorstellung von den Göttern spricht, ist der Umstand, dass die Römer im Gegensatz zu den Griechen kaum Mythen kannten, in denen individuelle Handlungen und Leistungen der Götter thematisiert worden wären, auch wenn ein wichtiger Kolloquiumsband [2.3: GRAF, Mythos] in jüngster Zeit vor einer zu kategorischen Sichtweise warnt. Letztendlich kann man davon ausgehen, dass die Römer ein Gottesverständnis besaßen, das sich den modernen Kategorien entzieht.

Dieses gering ausgeprägte Bedürfnis, dem eigenen Gottesverständnis klare Konturen zu verleihen, führte in der älteren Forschung nicht selten zu der Überzeugung, dass die römische Religion lange von einem primitiven Weltbild dominiert gewesen sei [zur Forschungsgeschichte 2.3: SCHEID, Polythéisme].

‚Primitives Weltbild'

Dieses ‚simple' Weltbild wurde oft im Rahmen evolutionärer Entwürfe in Beziehung zur Entwicklung komplexerer Strukturen gesetzt. So hat H. USENER in einem einflussreichen Werk [2.3: Götternamen] 1896 die These aufgestellt, dass die Römer ursprünglich nur situativ wirksame ‚Augenblicksgötter' gekannt hätten und sich erst später vielschichtigere ‚Sondergötter' entwickelt hätten. Von diesen wiederum erhielten einzelne

II. Grundprobleme und Tendenzen der Forschung

*Einfluss der griechischen Kultur*

schließlich eine Dominanz, die den Monotheismus vorbereitete. Oft wird auch der engere Kontakt mit der griechischen Kultur im Hellenismus als Ursache für eine ‚Modernisierung' des Weltbildes gesehen. So vertrat G. WISSOWA die Auffassung, dass in Rom das simple Religionsverständnis früh zu einem nüchternen System von vertraglichen und rechtlichen Beziehungen zwischen Göttern und Menschen erstarrt sei, das nicht so sehr auf religiösen als auf rechtlich-juristischen Kategorien beruhte [1.4.3: Religion]. Eine engere Bindung an die Götter habe es erst wieder unter dem Einfluss der höher entwickelten griechischen Religion gegeben.

*Verdienst der Ethnologie*

Diese Charakterisierung der römischen Religion als einer inhaltsleeren Ritualhülle, die durch formaljuristische Denkstrukturen geprägt ist, wurde in der ersten Hälfte des 20. Jahrhunderts unter dem Einfluss der sich entwickelnden Ethnologie revidiert. Die neuen Analysen primordialer Gesellschaften durch die zeitgenössische Ethnologie in den 1920er und 1930er Jahren, die zunehmend auf längeren Forschungsaufenthalten in den verbliebenen frühen Kulturen beruhten, führten zu Ansätzen, die die religiöse Substanz im Weltbild wieder stärker in den Vordergrund rückten [zur Forschungsgeschichte s. 1.1: PETERMANN, Geschichte; 2.3: GOETZE/ MÜHLFELD, Ethnosoziologie].

*numen*

Ausgangspunkt für die Neubewertung der römischen Religion wurde die Analyse der Begrifflichkeit, mit der die Römer ihre sakralen Mächte bezeichneten. Dabei wurde darauf hingewiesen, dass nicht der Ausdruck *deus* = Gott die älteste Schicht der religiösen Terminologie bildete, sondern dass das Wort *numen* = göttliche Kraft in den älteren Schichten dominiere. Abgeleitet wurde *numen* – wenn auch nicht mit letzter Sicherheit – von *nuere* = nicken, winken. Um die Interpretation dieser frühen sakralen Konstellation entspann sich eine Forschungskontroverse. Auf der einen Seite standen die Religionshistoriker, die von einer persönlichen Gottesvorstellung bei den frühen Römern ausgehen. Für sie bezeichnete *numen* nicht die göttliche Kraft selbst, sondern nur die Bewegung als Ausdruck der Willensäußerung eines persönlichen Gottes, der im Hintergrund verborgen bleibt [2.3: PÖTSCHER, ‚Numen' 357–374; 2.3: MUTH, Wesen 315–320]: „Göttliches numen bleibt für den Römer stets primär machtvolles göttliches Gebieten und Walten, göttliches Tätigsein im menschlichen Bereich und in der Zeit, also in menschlicher Geschichte. Natürlich besteht dahinter die Vorstellung von persönlichen Gottheiten, von persönlich wirkenden Mächten, aber vom Wesen dieser Gottheiten vermeinte der Römer nicht mehr erkennen zu können, als er eben in jenen Akten des göttlichen Eingreifens in die geschichtliche Welt des Menschen zu erfassen imstande war. Darüber hinaus enthielt er sich der Konkretisierung der Gottesvorstellung und der Aussage über die Götter" [2.3: MUTH, Wesen 316].

Die andere Forschungsrichtung favorisiert dagegen die direkte Gleichsetzung von *numen* mit ‚Kraft, Stärke, Macht'. Daraus ergibt sich für diese

Historiker, dass für die Römer das *numen* als unpersönliche Kraft schon die letzte Ebene ihrer religiösen Vorstellung darstellte. Diese Interpretation geht von der indogermanischen Wurzel \*neu aus, die das allgemeine Wortfeld für Bewegung umfasste. Daraus zog man die Schlussfolgerung, dass die Götter ursprünglich nicht als Personen gedacht worden seien, sondern nur in der Handlung selbst präsent waren. Wichtige Repräsentanten sind F. Pfister [2.3: Numen], H. J. Rose [2.3: Numen inest; Numen and mana], und H. Wagenvoort [2.3: Wesenszüge 352–356; Dynamism 73–83]. Aus dieser Sicht ging die Verbindung häufig soweit, dass der Name einer Gottheit mit ihrem Wirken identisch war (*esse in actu*), wie G. Radke [2.3: Wirken 37–38] und F. Altheim [2.3: Religionsgeschichte I 114–117] unterstrichen.     *esse in actu*

Diese Überlegungen, die durchaus bis heute ihre Bedeutung nicht verloren haben, wurden allerdings nicht selten mit der Annahme verbunden, dass ursprünglich keine einzelnen Gottheiten unterschieden worden seien, sondern dass nur ein diffuses und unreflektiertes Gefühl vorherrschte, von einer Kraft umgeben zu sein. Diese überall in der Umwelt wirksam gedachte Kraft wurde nicht in ihrem Wesen definiert und konnte nur durch magische Riten beeinflusst werden.

Wesentlich inspiriert waren diese Rekonstruktionen einer frühen Stufe der römischen Religion durch die Theorien zum sogenannten Animismus in der ethnologischen Forschung. Abgeleitet von lat. *anima* = Seele gingen diese Ansätze davon aus, dass eine Vorstellung von einer sakral ‚beseelten' Umwelt eine allgemeine Stufe des religiösen Denkens für alle Gesellschaften sei [2.3: Rose, Numen inest]. Als besonders einflussreich erwiesen sich dabei die Forschungen zu den religiösen Anschauungen polynesischer Völker, bei denen die Ethnologen auf eine als ‚mana' bezeichnete Kraft stießen, die im Glauben der dort ansässigen Bevölkerung sowohl die natürliche Umwelt als auch die gesellschaftliche Sphäre durchdringe [2.3: Balandier, Anthropologie 119–125; zur Kritik am Animismus s. 1.1: Evans-Pritchard, Theorien 53–71].     Animismus

Parallel zu den Überlegungen des Animismus entwickelte sich in der Ethnologie die Theorie des Diffusionismus, d. h. die Überzeugung, dass sich kulturelle Leistungen in einem Teil der Welt entwickelten und sich von dort aus in der ganzen Welt verbreitet haben [2.3: Schmied-Kowarzik/Stagl, Ethnologie 224–227; 1.1: Petermann, Geschichte 438–447]. Die Entwicklungsstadien seien deshalb bei fast allen Völkern vergleichbar und religiöse Anschauungen auch übertragbar. Dieses heute mit äußerster Skepsis betrachtete Konzept ermöglichte in den 30er und 40er Jahren des 20. Jahrhunderts die direkte Übertragung des Begriffs ‚mana' auf die römische Kultur [2.3: Rose, Numen and mana]. So gingen Wagenvoort, Pfister und Rose davon aus, dass sich auch die Römer bis weit in die Republik hinein wie die Polynesier einer omnipräsenten Macht (*mana*) verbunden gefühlt hätten. Diese habe sich auch in der Kraft einzelner     Diffusionismus

Personen niederschlagen können. Das damit verbundene religiöse Charisma wurde in der Interpretation von H. WAGENVOORT zum Ursprung der weitreichenden römischen Befehlsgewalt, des ‚*imperium*', das anfänglich als eine Teilhabe an der sakralen Sphäre des *mana* gedacht worden sei und damit primär religiös fundiert war. Auch wenn die Grundannahmen in den betreffenden Studien in der aktuellen Forschung keine Akzeptanz mehr finden, bleiben viele Arbeiten aus dieser Forschungsrichtung durchaus lesenswert und anregend, etwa das Buch zum ‚römischen Dynamismus' von WAGENVOORT [zur Kritik an den ‚Mana-Theorien' s. 2.3: WIDENGREN, Theorien 95–105; 2.3: GLADIGOW, Kraft 7–10].

Resümierend lässt sich festhalten, dass die Forschung lange Zeit von der Überzeugung geprägt war, die römische Religion sei bis in die klassische Periode hinein durch eine archaische Gottesvorstellung bestimmt gewesen, in deren Rahmen es nur eine sehr diffuse Vorstellung von den Gottheiten gegeben habe. Erst spät sei es – vor allem unter griechischem Einfluss – zur Entwicklung eines höheren Niveaus religiöser Reflexion gekommen; im Zuge dessen seien zunehmend auch menschengestaltige Gottheiten verehrt worden. Der extreme Konservativismus der Römer hätte jedoch dazu geführt, dass auch frühere Schichten des religiösen Weltbildes nicht einfach verschwanden, sondern weiter in den Kulten präsent blieben. Auf diese Weise habe sich das römische Pantheon aus der ‚Ablagerung mehrerer Schichten' von Göttern zusammengesetzt, die im Laufe der Zeit von den Römern unter unterschiedlichen Bedingungen verehrt wurden.

*Konservativismus der Römer*

*Evolutionärer Ansatz*

Am deutlichsten tritt dieser evolutionäre Ansatz bei dem Handbuch von K. LATTE zu Tage [1.4.3.: Religionsgeschichte]. Hauptziel von LATTE war es, die Evolution religiösen Glaubens in die Entwicklung des Gemeinwesens einzubetten. So unterteilte er sein Handbuch in neun Abschnitte, die jeweils ein Stadium des historischen Ablaufs behandelten. Dabei skizzierte LATTE eine Entwicklung von der „Bauernreligion" über die „Religion der Gemeinde" und die „italischen Einflüsse" hin zu den „neuen Formen" des Hellenismus und schließlich zum „Verfall der römischen Religion". Danach folgten Ausblicke auf die Kaiserzeit und die „Auflösung der römischen Religion". Allein die Tatsache, dass der ‚Verfall' der römischen Religion schon in der Mitte der Darstellung im 2. und 1. Jahrhundert v. Chr. konstatiert wird, obwohl die Rekonstruktion des religiösen Lebens noch intensiv fortgeführt wird, zeigt die Widersprüchlichkeit dieses Ansatzes, dessen Ergebnisse letztendlich nicht überzeugen konnten. So wurde das Werk von LATTE auch nur sehr bedingt zu einem Ersatz der grundlegenden Arbeit von WISSOWA [1.4.3: Religion].

In der aktuellen Forschung wird denn auch die konzeptionelle Ausgangsüberlegung, die römische Religion in klare Zeitabschnitte zu teilen, die eindeutig verschiedenen Entwicklungsstufen zuzuordnen sind, weit-

## 2. Die sakralen Mächte 93

gehend zurückgewiesen. Stattdessen müssen wir uns der Tatsache stellen, dass die Römer eine komplexe Form der sakralen Wahrnehmung und religiösen Weltdeutung entwickelten, die in vielerlei Hinsicht mit den Deutungsstrukturen im griechischen Polytheismus kontrastierte, wie schon die wichtige Fallstudie von U. SCHOLZ zum Gott Mars [2.3: Marskult] gezeigt hatte. Bereits vorher hatte J. GAGÉ in seinem Werk zum römischen Apollon deutlich werden lassen, wie kompliziert die Assimilation griechischer Gottheiten in Rom war [2.3: Apollon]. Unterscheidung vom griechischen Polytheismus

Den breiten Durchbruch für diesen entscheidenden Perspektivwechsel bei der Einschätzung des Wirkungsspektrums der römischen Gottheiten legten jedoch die Studien von M. BEARD, J. NORTH und S. PRICE [1.4.3: Religions] und vor allem J. SCHEID [1.4.3: Introduction; 3.5.1: Religion et piété]. Erklärt wird die spezifisch römische Sicht auf die sakralen Mächte durch die enge Verwobenheit der Religion mit den Strukturen des gesellschaftlichen Zusammenlebens. Für SCHEID führte diese Zentrierung der sakralen Wahrnehmung auf die eigene Gesellschaft dazu, dass das Wirkungsspektrum der Götter vor allem unter der Perspektive der Bedeutung für die Gemeinschaft der römischen Bürger thematisiert wurde. Wirken der Götter für die Gemeinschaft

Die Regelhaftigkeit, mit der sich die göttlichen Reaktionen an den Ritualen und Abläufen innerhalb der römischen Gesellschaft orientierten, wurde dabei als so stabil empfunden, dass die Götter mit der Gesellschaft fast zu einer einheitlichen Sphäre verschmolzen. Plastisch spricht SCHEID von ‚*dieux-citoyen*‘ – von ‚sakralen Mitbürgern‘ [2.3: Numa]. Diese Beziehung band aber nicht einseitig die menschliche Gesellschaft. So unterstreicht A. DUBOURDIEU in einem interessanten Aufsatz die Tatsache, dass die Götter allein schon durch die Aussprache ihres Namens in zentralen Ritualen zur Präsenz bzw. zu der gewünschten Handlung gebracht bzw. ‚gezwungen‘ werden konnten [2.3: Nommer]. Die Menschen, die die Rituale richtig durchführten, besaßen also einen aktiven Einfluss auf die Götter. In diesem Zusammenhang wird in der Forschung auch auf das Ritual der *evocatio*‘ verwiesen. Im Kriegsfall führten die Römer – vor allem in der Frühzeit – mehrfach Rituale durch, die die Schutzgottheiten der Feinde dazu bewegen sollten, auf die römische Seite zu wechseln. Dafür versprachen sie ihr eine intensive Verehrung in Rom [2.3: GUSTAFSSON, Evocatio]. Allerdings sollte man die Zahl der *evocationes* nicht überschätzen; A. BLOMART gibt auch zu bedenken, dass die Konsequenzen sehr unterschiedlich sein konnten, so wurde z. B. nicht der Kult jeder evozierten Gottheit nach Rom transferiert [2.3: Evocatio]. *dieux-citoyen*

Die ausgeprägte Konvergenz von religiöser und sozialer Dimension in der Lebenswelt der Römer zeigt sich weiterhin in den Kulten für die so genannten Wertbegriffe wie *fides* (Treue), *concordia* (Eintracht) und *virtus* (Tugend), die im 4. und 3. Jahrhundert v. Chr. eingerichtet wurden. In der älteren Forschung wurden diese Kulte zumeist als ausgefeilte moralische Konzepte sozialen Verhaltens interpretiert, bei denen die Wertbegriffe religiöse Konnotation nachgelagert ist. Die religiöse Überhöhung abstrakter Normen wurde als ein weiterer Beleg für die nüchterne Haltung der Römer in religiösen Fragen gesehen. Aktuelle Untersuchungen sehen in dieser sakralen Verehrung von Normen sozialer Interaktion hingegen einen weiteren Beleg für die Handlungsorientiertheit der römischen Religion. Nicht ein abstraktes Konzept stehe hinter diesen Kulten, sondern die Handlung selbst, die sich an den tradierten Grundlagen sozialen Zusammenlebens orientiert, habe eine symbolische Dimension, die in der kultischen Verehrung verdichtet wird [2.3: SPANNAGEL, Wertbegriffe; s.a. 2.3: HALTENHOFF, Wertbegriff, und die Beiträge in 2.3: HALTENHOFF/ HEIL/MUTSCHLER, Römische Werte]. Nicht das abstrakte Prinzip wird verehrt, sondern die Handlung selbst, die immer auch einen symbolischen Verweischarakter auf grundsätzliche Strukturen der Gesellschaft besitzt.

*Einzelstudien zu Gottheiten*  Die vorherrschende Sicht auf die römische Religion in der älteren Forschung als intellektuell nicht sehr anspruchsvoll führte lange Zeit dazu, dass es nur wenige Detailanalysen zu den römischen Gottheiten gab. Neben den Werken zu Apollon von J. GAGÉ, R. SCHILLING zur Venus [2.3: Vénus] und der Arbeit von U. SCHOLZ zum Marskult bildete die wichtige Untersuchung von C. KOCH zum römischen Jupiter eine Ausnahme von dieser generellen Tendenz [2.3: Jupiter]. Für KOCH erweist sich der römische Jupiterkult als besonderes Beispiel für die komplexe Wandlung einer Gottheit von den alten indo-europäischen Vorstellungen, die den Jupiter Latiaris des latinischen Bundes charakterisieren, über den Einfluss der Etrusker zu der zentralen Gottheit der Republik, die in ihrem facettenreichen Kult zum Fokus für die römische Identität wurde. Diese Überlegungen zur Interaktion zwischen Jupiterkult und kollektiver Identität hat J. R. FEARS in einem umfassenden Aufsatz aufgenommen und bis in die Kaiserzeit vertiefend fortgeführt [2.3: Jupiter]. Neben anregenden Überlegungen und einer umfassenden Quellenaufarbeitung bietet FEARS eine ausführliche Bibliographie zu der Thematik. Aktuell vertritt B. LINKE die Auffassung, dass der Zugang zu dem überragenden Jupiterkult in dezidierter Weise allen Bürgern offenstand und von keiner Institution monopolisiert werden konnte [2.3: Jupiter]. Der Autor zieht daraus die Schlussfolgerung, dass Jupiter sich nach der Vertreibung der Könige zu der sakralen Symbolfigur für die republikanische Ordnung entwickelte, die sich einer einseitigen Vereinnahmung durch einzelne Teile der Gesellschaft entzog.

In den zurückliegenden Jahren erschienen eine ganze Reihe von Studien zu weiteren römischen Gottheiten. Genannt sei an dieser Stelle die Arbeit von P. F. DORCEY zu Silvanus, der hervorhebt, dass sich Silvanus in der Kaiserzeit von einem ländlichen Volksgott zu einem städtischen Kult entwickelte, der die Sehnsucht nach idyllischem Landleben im urbanen Zentrum bediente [2.3: Silvanus].

Eine Ausnahmestellung im römischen Pantheon nahm der Kult der   Magna Mater
Magna Mater ein, der im Laufe des 2. Punischen Krieges aus Kleinasien nach Rom überführt wurde und dessen Rituale den Römern so fremd blieben und sogar gefährlich erschienen, dass sie die Ausübung auf eine spezielle Priesterschaft beschränkten. Diese eigenartige und singuläre Episode in der Religionsentwicklung in republikanischer Zeit hat eine Vielzahl von Studien hervorgerufen, die sich der Motivation dieses Kulttranfers und der Stellung der kleinasiatischen Gottheit in Rom widmen [2.3: BERNEDER, Magna Mater-Kult; 2.3: GRUEN, Advent; 2.3: BURTON, Summoning].

# 3. Sakrale Rituale

## 3.1 Grundsätzliches zur Bedeutung von sakralen Ritualen

Die Bedeutung ritueller Handlungen für die Konstitution von Gesellschaften ist in den Sozialwissenschaften seit den 1970er Jahren stark hervorgehoben worden. Einen ausgezeichneten Überblick über den Diskussionsstand bis zum Ende der achtziger Jahre gibt C. BELL [3.1: Theory]. Über das breite Spektrum an theoretischen Konzeptionen informieren A. BELLIGER und D. J. KRIEGER [3.1: Ritualtheorien]. Zusätzliche Impulse   Performanz
erhielten diese Forschungsaktivitäten durch die intensive Diskussion über ‚performative Kulturen‘, also Kulturen, in denen das direkt erlebbare Handeln und weniger die theoretische Reflexion im Vordergrund steht. Eine Sammlung grundlegender Aufsätze dazu findet sich bei U. WIRTH [3.1: Performanz]. Rituale sind standardisierte Wiederholungen von Verhaltensabläufen in festgelegten Kontexten: „Rituale sind Prozesse feierlicher, wichtiger Kommunikation, die zugleich dazu dienen, das Risiko aller Kommunikation, den möglichen Fehlgebrauch der Symbole, zu kontrollieren bzw. als kontrolliert darzustellen" [Luhmann, Funktion 81].

Diese Betonung des performativen Aspektes in der aktuellen kulturwissenschaftlichen Diskussion hat sich auch in der althistorischen Forschung niedergeschlagen, in der nun nach der Bedeutung performativer Tanzrituale in Heiligtümern [3.1: CONNELLY, Movement] und der emotionalen Dimension von sakralen Handlungen [3.1: CHANIOTIS, Emotional Community; 3.1: KNEPPE/METZLER, Dimension] gefragt wird.

Eine Fokussierung der Ritualanalyse auf den religiösen Kontext erfolgt   Religiöser Kontext
bei J. BREMMER [3.1: ‚Religion' 14–24]. B. LANG unternimmt den Versuch unterschiedliche ‚Ritualstile' in frühen und in komplexen Gesellschaften herauszuarbeiten [3.1: Soziologie]. Nach Ansicht von CH. HALLPIKE be-

ruht der hohe Stellenwert des Rituellen in vormodernen Gesellschaften auf der Tatsache, dass frühe Gesellschaften in der Regel keine Vorstellung von ‚Zufall' besitzen, sondern dazu neigen, alle auftretenden Ereignisse in einen direkten kausalen Zusammenhang zu setzen, auf die sie mit rituellem Handeln reagieren [3.1: Grundlagen 520–538]. G. DUX betont aber zu Recht, dass die Interpretationen der frühen Gesellschaften in sich genauso logisch und konsistent sind, wie dies bei modernen Interpretationsentwürfen der Fall ist [1.1: Logik 146].

*Das Verstehen fremden Denkens* Diese Thesen zu den besonderen Konditionen im Weltbild früher Gesellschaften bleiben aber kontrovers. So hebt W. ARENS das Problem hervor, dass die Konzeptionalisierung der Rituale immer aus der Sicht externer Beobachter erfolgt, die den Rekonstruktionen der Sinnstrukturen ihren eigenen Interpretationshorizont zugrundelegen [3.1: Approach]. Diese mahnenden methodischen Überlegungen schließen an die breite Debatte in der Ethnologie über die Bedingungen für das Verstehen fremden Denkens an [3.1: BEATTIE, Verstehen]. Die ethnologische Forschung hatte in den zurückliegenden 150 Jahren einen nicht unerheblichen Einfluss auf die Interpretation der Rituale in den antiken Gesellschaften. Allerdings zeigt die sehr gute Übersicht zur Forschungsgeschichte zu den Ritualen in Griechenland von I. MORRIS, dass dieser interdisziplinäre Einfluss über die Jahrzehnte hinweg starken Schwankungen unterlegen war und sehr von der Rezeptionsbereitschaft einzelner Forschergenerationen abhing [3.1: Poetics].

## 3.2 Die antiken Rituale und ihre Teilnehmer

*Reinheit und Verschmutzung* Eine in vielen frühen Gesellschaften anzutreffende Furcht besteht darin, dass die gemeinschaftliche Lebenswelt durch Verunreinigung ihre sakrale Kraft verlieren könnte und dann schädlichen Kräften ungeschützt ausgeliefert wäre. Diese grundlegende Dichotomie von Reinheit und Verschmutzung hat die Ethnologin M. DOUGLAS in einer zum Klassiker gewordenen Studie untersucht [3.2: Reinheit; s.a. 3.2: DIES., Ritual; 3.2: MÜLLER, Universum 139–140 u. 232–233]. Insbesondere in Griechenland stoßen wir ebenfalls immer wieder auf die Angst vor Verschmutzung (*miasma*) als Ausdruck für eine Bedrohung der Ordnung. In einer umfassenden Analyse hat R. PARKER das Ringen der Griechen um die Vermeidung bzw. Eliminierung des Unreinen dargestellt [3.2: Miasm; s.a. 3.2: BENDLIN, Purity].

*Innere Reinheit in Griechenland* Eine detaillierte Studie zur allmählichen Entwicklung der Vorstellung von einer ‚inneren Reinheit' in Griechenland hat A. CHANIOTIS vorgelegt [3.2: Reinheit]. Auf der Basis einer intensiven Materialauswertung, die durch umfangreiche Verweise zur aktuellen Forschung zu einzelnen Themenbereichen ergänzt werden, kommt CHANIOTIS zu dem Ergebnis, dass

3. Sakrale Rituale    97

uns die Vorstellung einer ‚inneren Reinheit' in Quellen seit dem ausgehenden 5. Jahrhundert v. Chr. entgegentritt und allmählich die archaische Konzeption der rein körperlichen Reinheit, die durch konkrete äußere Maßnahmen sicher- bzw. wiederhergestellt wird, zurückdrängt, wenn diese auch nicht gänzlich verschwindet. In den Kultgesetzen schlage sich dies aber erst eindeutig im 1. Jahrhundert n. Chr. nieder [ebd. 163].

Die Reinheit im sakralen Weltbild der Römer zu verorten, erweist sich als schwierig, weil sie dort nicht so explizit thematisiert wird wie bei den Griechen. Zwar gibt es ohne Zweifel eine Vielzahl von penibel einzuhaltenden Vorschriften, doch ob Verbote in der Lebensführung für einzelne Priester deren ‚Reinheit' erhöht haben, ist schwer zu entscheiden. In einem neueren Aufsatz schlägt deshalb B. LINKE vor, ‚Reinheit' als Gewährleistung sakraler Kommunikationsfähigkeit durch die Einhaltung von Regeln zu definieren [3.2: Purity]. In diesem Sinne wäre die römische Gesellschaft in ihrer Grundorientierung in einem besonderen Maße auf einen Zustand der ‚Reinheit' ausgerichtet gewesen. *Reinheit in der römischen Kultur*

Die Tatsache, dass die Stellung der Frauen in den antiken Gesellschaften nicht leicht zu fassen ist, spiegelt sich auch in einer lebhaften Diskussion über deren Rolle im religiösen Leben wider. Die Grundstrukturen der Kontroverse kreisen für beide Kulturen um die zentrale Frage, ob den Frauen in einer von Männern dominierten Gesellschaft ein substantieller Beitrag zum kultischen Geschehen zugebilligt wurde. Skeptisch bis ablehnend äußert sich für den griechischen Kulturbereich M. DÉTIENNE, der einen Ausschluss der Frauen von den entscheidenden Opferhandlungen sieht [3.2: Violentes „euGénies"]. Zustimmend zu diesen Überlegungen äußern sich L. BRUIT ZAIDMAN [3.2: Töchter] und N. LORAUX [3.4.2: Cité 617]. *Die religiöse Rolle der Frau*

Ganz analog hebt J. SCHEID für Rom die Symmetrie zwischen der benachteiligten Rolle der Frau in der Gesellschaft und ihrem weitgehenden Ausschluss vom Kult hervor [3.2: Rolle; Rôles; zustimmend 3.2: PRESCENDI, Matralia 123–124].

Für Griechenland widerspricht R. OSBORNE allerdings vehement der These einer weitgehenden Exklusion der Frauen, die in seinen Augen einseitig die gängigen Interpretationen umwirft [3.2: Women]. Für OSBORNE waren die Frauen nicht grundsätzlich ausgeschlossen, sondern nahmen nur in anderer Form teil. Einen absoluten Ausschluss vom Opferfleisch vermag er nicht zu erkennen: „we need to restate the claims of the single woman (in fact more likely to be widow than spinster) to share the meat from the sacrifices of any group of which she was part" [ebd. 313]. Ganz aktuell liegt die Studie von T. SCHEER zu dieser Thematik vor, die die Interpretation von OSBORNE weitgehend unterstützt [3.2: Geschlechtergeschichte 129]. *Griechenland*

Auf eine komplizierte Verwobenheit der Rolle der Frau im Haus und in der Öffentlichkeit weist J. MORGAN hin: Grenzen wurden gezogen und überschritten. Auf diese Weise hätten die religiösen Aktivitäten der Frauen einen wichtigen Beitrag zur Konstitution einer komplexen Gesellschaft geleistet [3.2: Women].

*Frauen als Priesterinnen*

Besonders schwierig bleibt die Rolle der Frauen einzuschätzen, wenn sie ein öffentliches Priesteramt übernahmen. So unterstreicht S. G. COLE in diesem Kontext die fortbestehende Abhängigkeit der Amtsinhaberin von ihren männlichen Verwandten, vor allem wenn es um finanzielle Angelegenheiten ging: „Husbands or sons regularly mediated between administrators and a priestess, and they stood in for wives or mothers in situations where women could not be present" [3.2: Landscape 125]. S. GEORGOUDI betont hingegen nachdrücklich, dass Priesterinnen keine nachrangige Position und Aufgabenstruktur im sakralen Leben besaßen, sondern eine ihren männlichen Kollegen entsprechende Verantwortung übernahmen [3.2: Réflexions]. Die Forschungsdiskussion zu diesem Thema ist noch nicht abgeschlossen.

*Rom*

Für den römischen Bereich kommt C. SCHULTZ in ihrer detaillierten Studie zu dem Ergebnis, dass die Frauen zwar mit Sicherheit nicht gleichberechtigt am religiösen Leben teilnahmen, aber doch eine wichtige und lebendige Rolle darin spielten: „In the Roman world, women were vital participants in the religious lives of their families and their communities. This is true in both senses of ‚vital': their role was both active and essential in a range of rites and cults that addressed both conventional feminine concerns and matters outside the traditionally feminine realm" [3.2: Activity]. Diese Einschätzung wird auch von S. A. TAKÁCS geteilt, deren Buch eine gute lesbare Schilderung einzelner Aspekte im religiösen Leben römischer Frauen bietet, wenn auch die grundlegenden Strukturen der römischen Religion etwas zu kurz kommen [3.2: Vestal Virgins].

*Vestalische Jungfrauen*

In Rom gibt es in der Tat einige interessante Besonderheiten in der religiösen Organisation, die auf eine differenziert zu bewertende Rolle der Frauen im sakralen Kontext hindeuten. Hinzuweisen wäre in diesem Zusammenhang auf die enorme Bedeutung der Vestalischen Jungfrauen. Weibliche Keuschheit wird hierbei zu einer Grundlage für das Gedeihen des Gemeinwesens, während eine Verletzung der strikten Regeln eine der schlimmsten Gefährdungen darstellt, die drakonisch bestraft werden müssen. In einer aktuellen Studie hat A. BÄTZ das gesamte Quellenmaterial und die moderne Forschung zu den Vestalinnen aufgearbeitet [3.2: *Sacrae virgines*]. Für ihn besteht der Kern dieser Priesterschaft darin, dass die Vestalinnen als hochsakralisierte Personen von der Gesellschaft getrennt wurden, um diese quasi ‚von außen' zu beschützen. Dies würde bedeuten, dass die Funktionen dieser Priesterinnen nur bedingt aussagekräftig für die Stellung der Frauen in der römischen Republik waren.

Dies passt zu den Stimmen, die darauf hinweisen, dass sich die Vestalinnen durch die strikte Hervorhebung der Jungfräulichkeit einer klaren Zuordnung innerhalb der Geschlechter entziehen [3.2: CANCIK-

LINDEMAIER, Jungfrauen 115], wie auch ihre unabhängige privatrechtliche Stellung völlig untypisch für römische Frauen war [3.2: SAQUETE, Vírgenes Vestales, 84–87]. Ob in der Disziplinarfunktion des *pontifex maximus* über diese Priesterinnen auch eine subordinierende Kontrolle der weiblichen Mitwirkung an der sakralen Sphäre zu sehen ist, bleibt in der Forschung umstritten [3.2: MEKACHER, Jungfrauen 32–39].

Befindet sich die Rolle der Vestalinnnen im Kultspektrum weiterhin in der Diskussion, so betont N. BOËLS-JANSSEN, dass die Frau des *flamen Dialis*, die *flaminica Dialis*, im Kult eine ihrem Mann durchaus ebenbürtige Position einnimmt [3.2: Flaminica Dialis; Prêtresse; Flaminica cincta]. Nur beide zusammen bilden die für die Kultausübung notwendige heilige Hausgemeinschaft und müssen durch die geweihteste Form der Eheschließung, die *confarreatio*, verbunden sein. Starb die *flaminica*, musste der *flamen*, sofern er nicht binnen kurzer Zeit wieder heiratete, von seinem Amt zurücktreten. Nicht unähnlich war wahrscheinlich die Rolle der *regina*, der Frau des republikanischen ‚Opferkönigs', des *rex sacrorum* [3.2: BOËLS-JANSSEN, Vie religieuse].

*flaminica* und *regina*

Die antiken Religionen waren Religionen der Bürger – dies war lange Zeit ein fester Grundsatz in der Forschung. Das Recht zur Kultteilnahme sei an das Bürgerrecht gekoppelt gewesen, Ausnahmen seien höchstens in karnevalesken Situationen möglich gewesen, die gerade durch die dezidierte Verkehrung der Alltagskonstellation bzw. ihre situative Aufhebung deren normative Gültigkeit bestätigten, wie etwa bei den römischen Saturnalien, bei denen am 17. Dezember die Herren ihre Sklaven bedienten (Accius bei Macr. 1,7,36), oder bei dem griechischen Fest der Kronia, bei dem Sklaven und Herren nach dem Abschluss der Ernte fröhlich gemeinsam speisten [3.2: MACTOUX, Logique]. Durch die situative Aufhebung der Statusdifferenzen sieht H. KLEES in dem Ritual der Kronia aber zumindest die Anerkennung der Sklaven als ‚religionsfähige Wesen', die aus diesem Status einen gewissen Schutz gegenüber extremer Gewaltanwendung durch ihre Herren ableiten konnten [3.2: Sklavenleben 267].

Die Stellung von Unfreien und Fremden

Mit diesen Überlegungen von KLEES ist schon eine wichtige Tendenz in den neueren Untersuchungen aufgezeigt: Die einseitige Sicht auf die Kultteilnahme wird aufgebrochen und die Rolle der so genannten Randgruppen, wie Fremde und Unfreie, differenzierter bewertet [zur Forschungslage s. 3.2: LINKE, Religion]. So weist S. KRAUTER in einer aktuellen Studie darauf hin, dass der früher oft postulierte Ausschluss von Fremden von den Kulten in dieser strikten Form in den Quellen nicht nachweisbar ist [3.2: Bürgerrecht]. Richtig sei lediglich, dass die Teilnahme von Fremden an den Kulthandlungen für die betroffenen Gemeinschaften von untergeordneter Bedeutung war. Ausdrücklich verboten waren sie allerdings nicht. Stattdessen bot die demonstrative Akzeptanz der einheimischen Kulte für Fremde, aber auch für Unfreie eine deutliche Verbesserung der Integrationsperspektive.

Integrationsperspektiven?

**Unfreies Kultpersonal**  Aufgrund der geringen organisatorischen Tiefe des religiösen Lebens in den antiken Gesellschaften war die Mitwirkung von unfreiem Kultpersonal in jedem Fall ein wichtiger Faktor für die Funktionsfähigkeit des religiösen Alltags. Die Frage nach der religiösen Qualität dieser Mitwirkung der Sklaven im Kult wurde lange – bedingt durch die generelle Forschungslinie zu dieser Thematik – dahingehend beantwortet, dass sie rein technische Dienstleistungen erbrachten, die mit dem sakralen Aspekt der Handlungen nichts zu tun hätten. Pointiert stellte F. BÖMER in seiner umfassenden, aber nur wenig strukturierten Untersuchung zur Religion von Sklaven fest: „Die Sklaven sind technische Diener der Priester, wie die Hausklaven Diener des Hausherrn und der Hausfrau sind; religiös oder kultisch ist ihr Tun nahezu bedeutungslos" [3.2: Religion I 26]. Gegen diese Einschätzung regt sich in der neueren Forschung Widerspruch. So kommt U. EGELHAAF-GAISER zu der Überzeugung, dass sich die Teilung in eine intensive religiöse Qualität der Handlungen der Priester und ein sakral nachrangiges Tätigkeitsfeld der Unfreien in den Quellen nicht nachweisen lässt [3.2: Wohnen]. Auch dem unteren Kultpersonal wurde eine enge Verbindung zur sakralen Sphäre in den antiken Schriften nicht abgesprochen. Einen wichtigen Unterschied zwischen den griechischen Städten im hellenistischen Osten und Rom gab es dahingehend, dass es in Kleinasien – unter dem Einfluss der orientalischen Kulturen – Sklaven gab, die direkt dem Tempel bzw. der Gottheit gehörten [3.2: DEBORD, L'esclavage; Aspects]. Eine analoge Institution fehlte in Rom [3.2: EDER, Servitus 34–35].

Zusammenfassend lässt sich festhalten, dass in der aktuellen Forschung die Auffassung überwiegt, dass Sklaven als menschliche Wesen galten, die unter Umständen auch an religiösen Ritualen teilnehmen konnten [3.2: KLEES, Sklavenleben 265]. Doch blieb die Partizipationsintensität der Sklaven an diesen sakralen Handlungen stets prekär und **Hauskulte** hing in weiten Bereichen von der Entscheidung ihrer Herren ab. Im Rahmen der Hauskulte dürfte die Beteiligung wesentlich größer gewesen sein als bei öffentlichen Kulten, da im häuslichen Bereich, wie J. KOLENDO hervorhebt, die gelebte soziale Nähe in nicht wenigen Fällen die Frage nach dem rechtlichen Status in den Hintergrund treten ließ [3.2: Religion].

## 3.3 Religiöse Feste

Religiöse Rituale auf der gesellschaftlichen Ebene wurden nicht isoliert durchgeführt, sondern waren zumeist Teil eines komplexen zeremoniellen und rituellen Zusammenhangs im Rahmen großer Feste, die das ganze Jahr strukturierten. Dieses vielschichtige Zusammenwirken verschiedener Elemente in den Festen wird in einem aktuellen Sammelband be-

## 3. Sakrale Rituale 101

leuchtet, der erfreulicherweise eine vergleichende Perspektive auf beide Kulturräume ermöglicht [3.3: BRANDT/IDDENG, Festivals].

Für den griechischen Kulturraum behält die Darstellung der athenischen Feste von L. DEUBNER ihre Bedeutung als zuverlässige Sammlung der antiken Informationen [3.3: Feste]. Daneben tritt die Arbeit von H. W. PARKE, die leichter zu rezipieren ist und dennoch einen wichtigen Beitrag zur athenischen Festkultur leistet [3.3: Feste]. N. ROBERTSON hat den Versuch unternommen, ein evolutionäres Schema zur Entstehung der einzelnen Feste zu entwerfen und dies in eine Beziehung zur Entwicklung der Stadt und ihrer Institutionen zu setzen [3.3: Festivals]. Doch bleiben seine Thesen äußerst umstritten, wobei vor allem die Vorstellung von sedimentartigen Ablagerungen einzelner Ritualschichten diskutabel bleibt.

Prägnante Zusammenfassungen des athenischen Festkalenders und von dessen enger Verwobenheit mit der kollektiven Identität der Polisgemeinschaft geben W. BURKERT [3.3: Cults] und A. GIOVANNINI [3.3: Symbols].

Für Rom hat H. H. SCULLARD den grundlegenden Überblick zu den Festen des Jahresverlaufes vorgelegt [3.3: Feste]. Ebenso am Lauf des Jahres orientiert sich die Übersicht zu den römischen Festen von D. SABBATUCCI, deren anspruchsvoller Titel eines Entwurfes „der kosmischen Ordnung" kaum eingelöst wird, zumal sich der Autor fast ausschließlich auf antike Quellen bezieht und die moderne Forschung ausblendet [3.3: Religione]. Einen knappen, aber guten Abriss zu den Festen bietet R. TURCAN, der diese komprimierte Darstellung in gelungene Skizzen zu häuslichen und ländlichen Festen sowie mehrjährigen Festzyklen einbettet [1.4.3: Gods 14–85].

Die komplizierte Interaktion zwischen der Konstruktion sozialer Zeit und der Entwicklung gesellschaftlicher Strukturen in Rom hat J. RÜPKE in seinem fundamentalen Beitrag zu „Kalender und Öffentlichkeit" beleuchtet [3.3: Kalender]. An anderer Stelle hat RÜPKE auf die erstaunliche Tatsache verwiesen, dass in den antiken Quellen keine Belege für eine theologisierende Reflexion der kalendarischen Abfolge oft sehr gegensätzlicher Feste aufzufinden sind [3.3: Einheit]. Der Kalender war offensichtlich kein Gegenstand theoretischer Überlegungen. An diesen Befund kann man die These von M. BEARD nahtlos anschließen, dass den beteiligten Menschen bei den unterschiedlichen Festformen und rituellen Abläufen während des Sakraljahres die spezifische Identität ihrer vielschichtigen Gesellschaft vermittelt wurde – von den Bauernritualen bis hin zu den Festen der Großstadt – und ihnen gerade bei archaischen Sitten und Bräuchen die Genese und grandiose Entwicklung ihres Gemeinwesens seit den frühen Anfängen immer wieder lebendig entgegentrat [3.3: Rituel]. R. PFEILSCHIFTER hat jüngst am Beispiel der *poplifugia* auf die steter Änderung unterliegende Sinnstiftung religiöser Feste hingewiesen. Aitiologische Mythen konnten im Zuge der Sinnzuweisung die Bedeutung einzelner Rituale in Abgrenzung zu anderen hervorheben [3.3: Römer].

## 3.4 Die Rituale in Griechenland

### 3.4.1 Opfer in Griechenland

*Funktionen von Opferhandlungen*

Die zentrale Stellung des Opfers haben die antiken Religionen mit vielen anderen Gesellschaften gemein. Aus dieser Tatsache entwickelte sich eine vergleichende Forschungsdiskussion zu den generellen Funktionen von Opferhandlungen, deren Hauptkomponenten W. BURKERT zusammengefasst hat [3.4.1: Anthropologie]. Hohe Bedeutung für die Analyse behält weiterhin die klassische Studie von M. MAUSS und H. HUBERT [3.4.1: Essai].

*Komparatistische Studien*

Die meisten komparatistischen Studien legen allerdings ihren Schwerpunkt auf den Vergleich der polytheistischen Opferrituale in der Antike mit den Ritualen im jüdisch-christlichen Umfeld, wie dies bei dem ausgezeichneten, von B. JANOWSKI und M. WELKER herausgegebenen Sammelband der Fall ist [3.4.1: Opfer]. Dasselbe gilt für die Monographie von M.-Z. PETROPOULOU, deren ambitioniert formulierte strukturelle Komparatistik allerdings nur bedingt überzeugen kann [3.4.1: Animal sacrifice]. Thematisch etwas breiter gefasst ist das Spektrum in den Sammelbänden von J. W. KNUST und Z. VÁRHELYI [3.4.1: Sacrifice] und von A. I. BAUMGARTEN, in dem sich auch Beiträge zu mesopotamischen und afrikanischen Kulturen finden [3.4.1: Sacrifice]. Einen kompakten, aber kompetenten Überblick zu der Problematik geben die einschlägigen Artikel in den theologischen und religionswissenschaftlichen Lexika. Zu nennen wären hier vor allem H. SEIWERT [3.4.1: Opfer], A. PAUS [3.4.1: Opfer], P. GERLITZ [3.4.1: Opfer] und A. MARX u. a. [3.4.1: Opfer].

*Kaum Reflexion in Quellen*

Steht die Rekonstruktion der griechischen Religion unter systematischen Aspekten insgesamt unter dem Vorbehalt, dass wir kaum auf antike Kategorisierungen zurückgreifen können, akzentuiert sich dieses Problem bei der Darstellung der rituellen Handlungen. So konstatiert A. HENRICHS [3.4.1: Dromena] zu Recht eine bemerkenswerte Dichotomie zwischen der hohen Bedeutung der Rituale im religiösen Leben und ihrer äußerst seltenen Reflexion in den schriftlichen Quellen. Einmal mehr müssen die modernen Wissenschaftler mit eigenen Ordnungsentwürfen an die Ausweitung der vielschichtigen antiken Quellen herangehen.

*Französische Sozialwissenschaft*

Fundamental für die Interpretation der griechischen Opfer aus der Sicht der französischen Sozialwissenschaft sind die Beiträge in einem von M. DÉTIENNE und J.-P. VERNANT herausgegebenen Sammelband [3.4.1: Cuisine]. Komprimiert finden sich ihre Überzeugungen in einem

grundlegenden Artikel von VERNANT [3.4.1: Théorie]. Seine in vieler
Hinsicht differente Interpretation hat W. BURKERT in seinem frühen   Burkert
Buch zum ‚tötenden Menschen' begründet [3.4.1: Homo necans; s.a.
3.4.1: DERS., Glaube und Verhalten]. Einen sehr guten Überblick zu der
Problematik aus ‚neutraler Position' gegenüber diesen beiden Hauptströ-
mungen bietet A. M. BOWIE [3.4.1: Sacrifice; s.a. 3.4.1: BREMMER, Modi].
Eine Sammlung eher spezialisierter Untersuchungen findet sich in einem
von R. HÄGG und B. ALROTH herausgegebenen Band [3.4.1: Ritual].
Einzig der Beitrag von CH. AUFFARTH über die Probleme des Vollzugs
eines ‚korrekten' Handlungsablaufs ohne klare externe Vorgaben geht
auf grundsätzliche Aspekte ein [3.4.1: How to Sacrifice Correctly]. Nach
AUFFARTH war weniger die exakte Wiederholung abstrakter Normen
wichtig. Im Vordergrund habe vielmehr die Realisierung der Bedeutung
der Handlungen für die Teilnehmer gestanden.

Tatsächlich reflektiert wurde schon in der Antike über die Annahme,   Vegetarische Opfer
dass die vegetarischen Opfer historisch gesehen den in späterer Zeit so
bedeutsamen Tieropfern vorgelagert waren, da die Menschen ursprünglich kein Fleisch gegessen hätten [Theophrast bei Porphyrios abst. 2,20;
s.a. 3.4.1: ZIEHEN, Opfer 582]. Möglicherweise entstand diese Auffassung
aus der Tatsache, dass man von pflanzlichen Produkten in der Regel die
ersten Früchte (*aparchai*) als Primitialopfer den Göttern darbrachte und
so der Eindruck entstand, dass die vegetarischen Opfer den Anfang bildeten. W. BURKERT betont aber, dass ein antithetischer Charakter der vegetarischen Opfer und Speisegaben zu den Tieropfern sehr selten ist und
seine Wurzeln zumeist in speziellen lokalen Kulttraditionen besessen habe [1.4.2: Religion 110–111; 3.4.1: VERNANT, À la table 58–63].

Eine oft unterschätzte Form vegetarischer Opferhandlungen bildeten
die Trankspenden, die Libationen, deren Bedeutung als die wohl häufigste
rituelle Handlung im alltäglichen Leben in der Forschung hervorgehoben
wird [3.4.1: GRAF, Milch; 3.4.1: HANELL, Trankopfer; 1.4.2: RUDHARDT,
Notions 240–248].

### 3.4.2 Die Speiseopfer

Doch die alleinige Konzentration auf vegetarische Opfer wurde von der
übergroßen Mehrheit der Griechen als nicht ausreichend angesehen. So
fiel es der Gesellschaft schwer, religiöse Gruppen wie die Orphikern, die
sich weigerten, Fleisch zu essen, zu integrieren [3.4.2: PARKER, Orphism;
3.4.2: BIANCHI, Religione 191–206; 3.4.2: DES PLACES, Religion 225–239].

Aus der Sicht von M. DÉTIENNE näherte sich die Nichtteilnahme am   Bedeutung der
Tieropfer in ihrer sozialen Konditionierung bedenklich dem Ausschluss   Opferteilnahme
vom Opfer durch die Gemeinschaft: „Seul est exclu de la célébration de
ces sacrifices alimentaires l'individu typiquement asocial, rejeté par les
codétenus, qui refusent d'allumer le feu avec lui et de lui faire une place

dans leur cité réduite" [3.4.2: Pratiques 10–11]. Diese enge Verbindung des Fleischverteilens und des Fleischverzehrs mit dem Erwerb eines sozialen Status sieht G. J. BAUDY nicht als griechische Besonderheit, sondern glaubt an einen anthropologischen, wenn nicht sogar biologischen Kontext [3.4.2: Hierarchie]. Bleiben diese Thesen auch umstritten, so hat P. SCHMITT PANTEL für Athen eine umfassende Studie zur Bedeutung des gemeinsamen Essens als Grundlage sozialer Gemeinschaft vorgelegt [3.4.2: Cité].

Ritualset     Zeigt die ‚Asozialität' derjenigen, die die Teilnahme am Tieropfer ablehnen, dessen zentrale Bedeutung für die Konstitution sozialer Gemeinschaft im antiken Griechenland, so ist wichtig zu betonen, dass die Tieropfer keine isolierten Handlungseinheiten waren. Vielmehr wurden sie auf Polisebene in ein komplexes Ritualset eingebettet, das auch athletische und musische Wettkämpfe zu Ehren der Götter umfasste [3.4.2: KYLE, Games; 3.3: PARKE, Feste 40–48].

Auswahl des Opfertiers     Zu den vorbereitenden Handlungen für das zentrale Tieropfer gehörte vor allem die richtige Auswahl der Opfertiere selbst. L. ZIEHEN [3.4.1: Opfer 590] verweist darauf, dass die antiken Quellen bei den Aufzählungen von Opfertieren oft sehr widersprüchlich sind. Die Bedeutung von Hirschen als einer der wenigen Wildtierarten, die neben den vor allem geopferten Haustieren im Kult der Artemis [Paus. 7,18,12–13] vorkamen, hebt P. STENGEL hervor [3.4.3: Opferbräuche 197]. Fische waren bis auf Thunfischopfer für Poseidon kaum im Kult verbreitet [3.4.2: DÉTIENNE, Pratiques 10].

Vorbereitung der Ritualteilnehmer     Mit der richtigen Auswahl der Tiere sind aber die vorbereitenden Handlungen nicht abgeschlossen. Erst mussten sich die Teilnehmer noch durch Reinigung und das Anlegen sauberer, meist weißer Kleidung in einen Zustand intensiverer sakraler Kommunikationsfähigkeit bringen [1.4.2: JOST, Aspects 83–84]. Diese Enthebung der Menschen aus dem Bereich des Alltäglichen wird bei den Griechen zusätzlich durch das Tragen von Kränzen symbolisiert. M. BLECH betont, dass das Tragen von Kränzen beim Opferritual offensichtlich so gebräuchlich war, dass ihr Fehlen in einem Kult erklärungsbedürftig war: „Damit diente das *stephanophorein* zu den äußeren Zeichen der Teilnahme an den privaten und öffentlichen Festen und der Bestätigung der Zugehörigkeit zur Polis" [3.4.2: Kranz 303].

Die Prozession     Neben der individuellen Vorbereitung war auch die gemeinschaftliche Formierung im Rahmen einer Prozession ein fundamentaler Aspekt, durch den die rituelle Handlung einen symbolischen Verweischarakter auf eine übergreifende Ordnung bekam [3.4.2: BRULÉ, Cité].

Die Bedeutung von *pompaí*     Für F. GRAF ergibt sich aus einer Wortanalyse des griechischen *pompe*, dass der ursprüngliche Wortsinn, insbesondere bei Homer, ‚beschützende Eskortierung' gewesen sei [3.4.2: Pompai 57]. In der späteren Zeit dürfte es sich bei den zu beschützenden Objekten höchstwahrscheinlich um die mitgeführten Opfertiere gehandelt haben [3.4.2: BÖMER, Pompa 1879–1888]. R. PARKER unterstreicht in diesem Zusammenhang, dass die Prozession aber nicht nur einen introvertierten Aspekt besaß, der dem einzelnen Teilnehmer die Zugehörigkeit zu einer Gruppe sinnlich erlebbar werden ließ. Darüber hinaus hatte sie den nach außen gerichteten Charakter einer gemeinschaftlichen Selbstdarstellung in einem weiteren sozialen Umfeld: „The procession is the supreme example in the Greek world of civic pageantry, of a society on display before itself and the rest of Greece" [1.4.2: Religion 91]. Dieser Zusammenhang führt W. R. CONNOR [3.4.2: Tribes 47–49] zu der Überlegung, ob nicht sogar die Vermögensklassen bei Solon von dem hierarchisierten Aufbau der Prozessionszüge inspiriert waren und sich vielleicht auch im Rahmen eines Festzuges öffentlich dokumentierten.

F. GRAF [3.4.2: *Pompai* 58] unterscheidet zwischen zwei Hauptvarianten bei der räumlichen Orientierung der griechischen Prozessionen: den zentripetalen und den zentrifugalen Prozessionszügen. Während die ersteren, wie im Fall der Panathenäen, auf die Einbindung der gesamten Bevölkerung in die Wirklichkeit des urbanen Zentrums abzielen, verbinden die zentrifugalen Prozessionen die außerstädtischen Heiligtümer in ritueller Form mit dem Zentrum und betonen auf diese Weise die Einheit des Territoriums. Zentripetale und zentrifugale Prozessionen

Mit dieser Zweiteilung steht GRAF im Gegensatz zu dem Entwurf von F. DE POLIGNAC [1.3: Naissance 59–60 u. 99–107], der die zentrifugale Orientierung als den Regelfall ansieht und die zentripetalen Prozessionszüge, insbesondere den Zug bei den Panathenäen in Athen, als Ausnahmeerscheinungen wertet. Diese Beschränkung bei DE POLIGNAC ist offensichtlich stark durch seine These von der grundlegenden Bedeutung der extra-urbanen Heiligtümer für die griechischen Poleis motiviert.

Die Kontroverse zwischen GRAF und DE POLIGNAC verweist einmal mehr auf das große Problem, dass die ungewöhnlich gute Informationslage zu Athen die Forschung stark beeinflusst, auch wenn die Situation in dieser Polis nicht immer repräsentativ ist. Schwierigkeiten für die Analyse der Prozessionen zeigen sich beispielsweise an der Diskussion um den Aufbau des Zuges bei den Panathenäen, in deren Zentrum die schwierige Einschätzung des Informationsgehalts und die Deutung des Parthenonfrieses steht [3.3: PARKE, Feste 48–63; 3.4.2: ZIEHEN, Panathenaia 463–464; 3.4.2: BROMMER, Parthenonfries]. Panathenäen

Zum Gebet als verbale Einleitung der entscheidenden rituellen Handlung liegt die umfassende Studie von D. AUBRIOT-SÉVIN vor [3.4.2: Prière], die die älteren Darstellungen ersetzt [3.4.2: DES PLACES, Religion 153–170]. Eine knappe, aber gute Einführung in die Problematik findet sich bei BRUIT ZAIDMAN/SCHMITT PANTEL, die auch konkrete Beispiele überlieferter Gebete aus der griechischen Literatur geben [1.4.2: Religion Gebet

43–46; s.a. 3.4.2: VERSNEL, Religious Mentality]. Grundsätzlich betont W. BURKERT, dass es sich beim griechischen Gebet eher um ein ‚Sichbemerkbar-Machen' als um Hingabe wie beim christlichen Gebet handelte [1.4.2: Religion 118–121]. J. RUDHARDT unterstreicht in diesem Zusammenhang aber auch die Tatsache, dass jenseits des Inhaltes der sprachliche Akt allein eine bindende Kraft besaß: „... il ne faut pas négliger l'efficacité de la pure parole. Ce pouvoir du mot relie intimément la prière aux rites qu'elle accompagne et qui agissent en vertu de mécanismes irrationnels" [1.4.2: Notions 187; ähnlich argumentiert 1.4.2: JOST, Aspects 76; s.a. 1.4.1: GOULD, Making Sense 15].

**Rekonstruktion des Opferablaufs**  Die Rekonstruktion des Opferablaufs stützt sich vor allem auf Schilderungen bei Homer (insbesondere Od. 3,429-463; aber auch Il. 1,447–468; 2,410-431; Od. 14,414-439) und auf die Darstellungen in der Tragödie (Eurip. Heraclid. 922-940; El. 791-829; Iph. A. 1565-1589) und Komödie (Aristoph. Pax 937-1060; Av. 864-902 u. 958-976), aus denen die wesentlichen Aspekte erschlossen werden können. Eine einheitliche und vollständige Schilderung des gesamten Ritualablaufs fehlt jedoch in der griechischen Literatur, so dass manche Elemente aus verschiedenen Schilderungen zusammengesetzt werden müssen. Eine Darstellung ‚des' Opferrituals trägt daher notwendigerweise bis zu einem gewissen Grad immer auch den Aspekt eines aus den unterschiedlichen Quellen erschlossenen Idealtypus in sich und so müssen nicht alle hier geschilderten rituellen Abläufe bei jedem Opfer durchgeführt worden sein [zum Problem der Informationssituation zum Opferritual 3.4.1: ZIEHEN, Opfer 598; 3.4.1: BURKERT, Homo necans 10, der die hohe Wahrscheinlichkeit des rekonstruierbaren Ablaufs betont].

**Töten und Essen**  Töten und gemeinschaftliches Essen, dies sind die beiden entscheidenden Komponenten im religiösen Ritual der Griechen. So konzentrieren sich auch die beiden entscheidenden Deutungsperspektiven für das Ritual, die die Forschungsgruppen um W. BURKERT auf der einen und J.-P. VERNANT und M. DÉTIENNE auf der anderen Seite entwickelt haben, auf diese Aspekte. Die jeweiligen Interpretationen differieren jedoch erheblich [zu Darstellungen der Forschungsdebatte von ‚neutraler' Seite s. 3.4.2: ORTH, Opfer; 1.4.2: BREMMER, Götter 48-51; 1.4.1: GOULD, Making Sense 18-19].

**Vergleich zur Vorgeschichte**  W. BURKERT betont die historische Tiefendimension, die das Tieropfer mit den Sühneriten in prähistorischen Jäger- und Sammler-Gesellschaften verbinde [3.4.1: Homo necans 8-60; 3.4.2: Offerings 43-50; zum theoretischen Hintergrund s. 3.4.1: DERS., Glaube und Verhalten passim]. Seit frühester Zeit sei das ‚Töten, um zu leben' elementarer Bestandteil der menschlichen Existenz. Doch der Akt des Tötens impliziere auch eine Form der Schuld, die sich aus der Auslöschung einer anderen Existenz ergebe [3.4.1: BURKERT, Homo necans 29-30]. Hunger und Aggression, Leben und Töten, eigene Existenz und Schuld bilden somit die grundlegenden Dichotomien, in denen das menschliche Dasein eingebettet ist. Durch das Töten der Tiere werden diese kollektiven Gefühle von Schuld, Angst und Aggression, die in der menschlichen Gesellschaft lebendig geblieben sind, im Ritual fokussiert und gemeinschaftlich überwunden [1.4.2: DERS., Religion 95–97; 3.4.1: DERS., Homo necans 31–38]. Die entschuldigenden Mythen der Erklärung zum Ursprung der Opferform, das Verbergen des Messers vor dem eigentlichen Tötungsakt und die Tatsache, dass man Wert auf die ‚Zustimmung' des Opfertieres legte, zeigen, dass sich das Ritual in einer Atmosphäre der zunehmenden Spannung zwischen der Unsicherheit über die Moralität der eigenen Handlung, dem Bewusstsein ihrer Notwendigkeit und der erwarteten positiven Wirkung für die Gemeinschaft vollzog [1.4.2: BURKERT, Religion 96–97]. Durch die Bewältigung der ritualisierten Krise geht die Gemeinschaft gestärkt aus dem Opferritual hervor und konstituiert sich im anschließenden Mahl als soziale Einheit neu: „Voropfer, gräßliches Opfer, sieghaft bestätigendes Opfer. Immer bleibt als Mittelpunkt das Erlebnis des Todes, veranstaltet durch Gewalttat des Menschen kraft vorgegebener Notwendigkeit; und fast immer ist damit das andere verbunden: das Essen, das festliche Opfermahl der dafür und dadurch Geheiligten" [3.4.1: BURKERT, Homo necans 20; vgl. 3.4.2: DERS., Offerings 46]. So werden interne Gefahrenpotentiale, die sich aus den problematischen Grundlagen der menschlichen Existenz ergeben, im Ritual konzentriert und damit sozial domestiziert.

Wesentlich beeinflusst wurde die Deutung von BURKERT durch K. MEULI [3.4.2: Opferbräuche]. Die theoretischen Grundlagen sehen sich jedoch der vehementen Kritik des Ethnologen J. F. THIEL ausgesetzt, der insbesondere die Verankerung der Opferriten in den Lebensumständen der Frühzeit des Menschen für ausgesprochen problematisch hält und keine Möglichkeit eines Nachweises sieht: „Zwischen der Frühzeit des Menschen und dem Griechentum liegen Welten, ökonomische, soziale und religiöse Revolutionen. Nichts erlaubt, bei einer derartigen Verschiedenheit Parallelen zu ziehen" [1.2: Religionsethnologie 121]. Der Ethnologe M. LAMBERT [3.4.2: Ritual] hat es seinerseits unternommen, die Theorie von BURKERT zum Ursprung der Opferriten auf die Rituale der Zulus anzuwenden. Er kommt dabei zu dem Schluss, dass es in der Eigeninterpretation der Zulus keine Hinweise auf das Erklärungsmodell von BURKERT gebe. Dies lässt LAMBERT zwar tendenziell skeptisch werden, aber er sieht darin keinen grundlegenden Gegenbeweis, da sich die Sicht der Menschen auf die Sphäre ihrer Riten von deren Ursprüngen gelöst haben kann.

Problematische Parallelisierung

Im Gegensatz zu dieser Theorie eines anthropologisch-psychologischen Hintergrundes beim Ritual betont die Forschungsgruppe um VERNANT und DÉTIENNE die Verwurzelung des Opferrituals im religiösen Weltbild der Griechen [3.4.1: VERNANT, Théorie 1–21]. Nicht der Akt des Tötens stehe im Vordergrund des Rituals, sondern die Aufteilung und

Opfer und religiöses Weltbild

der Genuss der Nahrung: „Sacrifier, c'est fondamentalement tuer pour manger" [3.4.1: ebd. 26; s.a. 3.4.2: DERS., Pratiques 10; 3.4.2: LORAUX, Cité]. Dabei erweise die Tatsache, dass sich die Götter mit den eigentlich ungenießbaren Bestandteilen des Opfertiers zufrieden geben können, ihre Überlegenheit gegenüber den Menschen, deren Existenz von dem permanenten Druck nach Beschaffung adäquater Nahrung bestimmt ist. Im Tieropfer manifestiere sich auf diese Weise die unüberbrückbare Distanz zwischen Göttern und Menschen, von denen die ersteren ungebunden und wirklich frei existieren, während die letzteren in einem engmaschigen Netz von Zwängen und Notwendigkeiten gefangen sind [3.4.1: VERNANT, À la table 47; s.a. 3.4.1: DERS., Théorie 11-12; 3.4.2: DÉTIENNE, Pratiques 16]. Die vielfältigen Regeln der Opfervorschriften symbolisieren die komplexe Strukturierung des zivilisierten Lebens [3.4.1: VERNANT, À la table 43]. Die schamhafte Kaschierung des Tötungsakts verweist auf die Verbannung von Mord und Totschlag aus der Gemeinschaft, und der Gebrauch des Feuers trennt die menschliche Gemeinschaft von den Tieren, die ihre Nahrung roh zu sich nehmen [zur Verbannung des Mords s. 3.4.1: VERNANT, Théorie 15; zur Bedeutung des Feuers s. ebd. 63-71 und 1.4.2: DERS., Mythos 137-138; s.a. 3.4.2: DÉTIENNE, Pratiques 18-19]. Durch das Opfer, die Verteilung des Fleisches und das gemeinsame Speisen grenze sich die zivilisierte Welt von der Wildnis ab. Auf diese Weise etabliere sich die menschliche Existenz in ihrer prekären intermediären Stellung zwischen göttlicher Sphäre und tierischen Lebensformen [3.4.1: VERNANT, À la table 78]. So ist aus dieser Sicht das primäre Ziel des Opfers die Festigung der sozialen Beziehungen innerhalb der menschlichen Gemeinschaft und deren Verankerung in der Symbolik der sakralen Sphäre.

*Konstituierung der Gemeinschaft*

Resümierend bleibt festzuhalten, dass die modernen Interpretationen des griechischen Opfers - bei allen Differenzen - darin übereinstimmen, dass die Konstituierung der menschlichen Gemeinschaft der zentrale Aspekt des sakralen Rituals gewesen ist. Die Opfergemeinschaft legte das Fundament für die soziale Gemeinschaft. Gemeinsames Opfern, Essen und Handeln bildeten eine kaum auflösbare Einheit als konstituierende Akte sozialen Lebens.

### 3.4.3 Die Verzichtsopfer

*Heterogene Formen*

Gegenüber den Speiseopfern haben die Verzichtsopfer (*sphagia*), die eine funktionelle Komponente wie z. B. als Eidopfer besaßen, ein deutlich geringeres Forschungsinteresse auf sich gezogen. Dies dürfte auch darin begründet liegen, dass diese Opferformen nicht nur in sich sehr heterogen sind und dass wir angesichts dieser rituellen Komplexität über die einzelnen Abläufe oft nur schemenhaft informiert sind. Tendenziell gilt auch hier der Grundsatz, je weiter die Forschung voranschreitet, desto mehr verlieren pauschale Einordnungen an Gewicht. So gab schon L. ZIEHEN in seinem wichtigen Artikel in der Realencyclopädie zu bedenken, dass die Unterscheidung in Sühne-, Reinigungs-, Eid- und Totenopfer eher moderne Kategorien sind und nicht dem „lebendigen Volksbewußtsein" entsprach [3.4.3: Sphágia 1670]. In dieser unübersichtlichen Informationskonstellation behält das alte Werk von P. STENGEL [3.4.3: Opferbräuche] seinen Wert, auch wenn die dort zusammengefassten, kenntnisreichen Aufsätze nicht immer leicht zu rezipieren sind. STENGEL grenzt die *sphagia* dadurch von den anderen Opfern ab, dass es bei ihnen nicht auf das Essen des Fleisches, sondern auf den Fluss des Blutes ankäme [3.4.3: ebd. 92]. Durch seine klare und präzise Quellenanalyse besticht auch im Fall der *sphagia* der Abschnitt bei RUDHARDT [1.4.2: Notions 272–281], der sorgfältig abwägend die Verwendungsformen des Wortes und seiner Derivate aufzeigt.

In der älteren Forschung herrschte die Auffassung vor, dass diese Opfer chthonischen Gottheiten galten. So sieht S. EITREM in den *sphagia* ältere und primitive Opfer, die später durch die weiterentwickelten *hiera* für die olympischen Gottheiten ergänzt wurden [5.2.2: Mantis]. Ein großes Problem ergibt sich jedoch daraus, dass die sakralen Adressaten der *sphagia* zumeist nicht genannt werden. Die einzige Ausnahme bildet Artemis Agrotera in Sparta. In dieser klaren Zuordnung zu einer Gottheit sieht EITREM einen Fortschritt in der Ausprägung des religiösen Weltbildes [5.2.2: ebd. 19]. Demgegenüber weist R. LONIS zu Recht darauf hin, dass es wenig sinnvoll erscheint, darüber zu diskutieren, ob die Artemis Agrotera, der die Spartaner vor der Schlacht ein Opfer darbringen, in dieser Situation eine chthonische oder olympische Gottheit gewesen sei [3.4.3: Guerre 109–110]. Die Studie von LONIS gehört zu einer ganzen Reihe von Untersuchungen zur Problematik der religiösen Aspekte der Kriegsführung, in deren Rahmen den mantischen *sphagia* eine besondere Bedeutung zukam [3.4.3: JACQUEMIN, Guerre 91–121; 3.4.3: POPP, Einwirkung 39–73; 3.4.3: PRITCHETT, Greek State I 109–122; zu den Opfern vor der Schlacht und allgemein zu Religion und Kriegsführung Bd. III]. *sphagia* und Krieg

Neben der Kriegsführung beggnen uns *sphagia* bei Ritualen, die der Erhaltung bzw. Wiederherstellung eines Zustandes der sakralen Kommunikationsfähigkeit der Gesellschaft dienten bzw. prekäre und konfliktträchtige Situationen rahmten. Ein Beispiel dafür sind die Eidopfer (z. B. Aristoph. Lys. 190–191). W. BURKERT unterstreicht die enorme Bedeutung der Anrufung der Götter bei der Eidesleistung und die damit verbundene Drohung mit Sanktionsmechanismen bei der Eidverletzung in einer Gesellschaft mit einer nur gering entwickelten staatlichen Institutionalität: „Um menschliches Verhalten der freien Willkür zu entziehen und voraussagbar zu machen, war der Eid ein manchmal fast verzweifeltes, aber jedenfalls gänzlich unersetzbares Mittel. Die ‚Benützbarkeit' von Göttern und Heiligtümern, kurz die Religion, war hier Fundament der Eidopfer staatlichen, rechtlichen und wirtschaftlichen Organisation schlechthin" [1.4.2: Religion 381; s.a. 3.4.3: COLE, Oath Ritual; 1.4.2: RUDHARDT, Notions 59]. Den *sphagia* kam hierbei eine zentrale Rolle zu. Nicht das Essen war wichtig, sondern oft wurden Teile des geopferten Tieres in drastischen Ritualen benutzt, um die Verbindlichkeit der Handlung hervorzuheben, etwa indem man auf die herausgenommenen Eingeweide trat [1.4.2: BURKERT, Religion 378].

Unter der Vielzahl der weiteren Opferrituale, die auf das breite Spektrum der *sphagia* hinweisen, sei an dieser Stelle nur noch auf die spartanische Eigentümlichkeit verwiesen, dass die Könige im Kriegsfall vor dem Überschreiten der Grenze des spartanischen Territoriums ein Opfer darbrachten (*diabateria*). P. F. BUTTI DI LIMA sieht in diesen Grenzopfern Rituale der Selbstvergewisserung, die die große interne Heterogenität der spartanischen Gesellschaft kompensieren sollten [3.4.3: Sacrifici].

## 3.5 Die römischen Rituale

Bedeutung von Ritualvorschriften

Die Bedeutung ritualisierter Handlungen war in der römischen Religionsausübung besonders ausgeprägt. Dieser rituelle Formalismus wird auch von römischen Autoren wie Cicero hervorgehoben (har. resp. 19–23). Die Römer waren sogar der Auffassung, dass gerade in der exakten Befolgung der Ritualvorschriften die Ursache für den Aufstieg des römischen Gemeinwesens zu einer Weltmacht gelegen habe, da sich der römische Staat wie kein anderes Gemeinwesen mit den Göttern im Einklang befunden habe (Val. Max. 1,1,8).

Die erstaunliche Relevanz der exakten Wiederholung vorgeschriebener Handlungsabläufe hat in der älteren Forschung das Urteil verfestigt, dass die Römer eine ‚primitive Religion' besessen hätten, die sich ohne die Stimulierung religiösen Denkens durch den Kontakt zum griechischen Kulturraum nicht aus ihrer Fixierung auf magische Rituale hätte befreien können [dazu 2.3: SCHEID, Polythéisme; zu den Bewertungen des ‚römischen Ritualismus' in der Forschungsgeschichte s. 1.3: DURAND/SCHEID, „Rites"]. Nicht die religiöse Reflexion des Weltgeschehens sei wichtig gewesen, sondern einzig eine geradezu buchhalterische Konzentration auf die Genauigkeit des Ablaufes der Handlungen, die bei kleinsten Abweichungen wiederholt werden mussten.

Innovationspotential

Wie schon bei der Darstellung der sakralen Mächte hervorgehoben wurde, wird diese wertende Einschätzung in den aktuellen Arbeiten vehement zurückgewiesen. So betont J. NORTH, dass die römische Religion in der Realität gar nicht so strukturkonservativ war, wie uns die antiken Berichte suggerieren wollen, sondern durchaus ein hohes Innovationspotential bot, das die nötigen Anpassungsprozesse ermöglichte [3.5: Conservatism; s.a. 3.5: DERS., Religion 598–609]. M. LINDER und

J. SCHEID gehen in einer Studie sogar so weit, das Glaubenspotential zu betonen, das in der festen Überzeugung der Römer deutlich wird, dass ihre Riten die gewünschte Wirkung zeitigen werde [3.5: Quand croire]. SCHEID hat in einer größeren Zahl von weiteren Untersuchungen diese ausgeprägte Handlungsorientierung der Römer in der Religion beleuchtet und seine Thesen überzeugend belegen können, u. a. in einer aktuellen Aufsatzsammlung [3.5: Quand faire; s. a. 1.4.1: DERS., Republikanische Zeit 480–487]. Die Analysen VON J. RÜPKE [1.4.3: Religion 86–118] und R. TURCAN [1.4.3: Gods 51–104] zur Komplexität des sakralen Alltags in Rom stützen diese Überlegungen.

Zu den ältesten uns bekannten Ritualen gehören Kulthandlungen, die in regelmäßigen Abständen durchgeführt wurden, um die Fruchtbarkeit von Feldern zu sichern, Verunreinigungen und sakrale Beeinträchtigungen zu verhindern. Zu diesen Ritualen zählten z. B. die *lustrationes*. Nach dem Definitionsansatz von D. BAUDY stellte eine *lustratio* im Kern eine Kreisprozession dar, im Zuge derer ein Objekt, oft ein Grundstück, umrundet wurde [3.5: Umgangsriten]. Dabei führte man zumeist die Tiere, die später geopfert wurden, mit sich. Umrundet wurden z. B. einzelne Landgüter (*lustratio agri*), der Palatin oder die Stadt Rom. Während wir über die privaten agrarischen *lustrationes* durch eine berühmte Schilderung bei Cato dem Älteren in seinem Werk über die Landwirtschaft (de agricultura 141) relativ gut informiert sind, die darüber hinaus D. P. HARMON [3.5: Festivals] sowie J. SCHEID [3.5: Quand faire 125-167] eingehend behandelt haben, besitzen wir über die zyklischen Riten auf gesamtgesellschaftlicher Ebene nur wenige Nachrichten, so dass deren Bedeutung nur schwer einzuschätzen ist [3.5: BAUDY, Umgangsriten 251–252]. Einzig über das altertümliche Fest der *Lupercalia* wissen wir etwas mehr [3.5: SCHOLZ, Erforschung]. Bei diesem Anlass wurde der Palatin in Rom von spärlich bekleideten Männern umrundet, die die umstehenden Zuschauer mit Ziegenfellstreifen schlugen. Diesem eigenartigen Fest hat CH. ULF eine ethnologisch-komparatistische Studie gewidmet und kommt zu dem Schluss, dass es sich dabei primär um einen Initiationsritus gehandelt habe [3.5: Lupercalienfest]. Diese Auffassung stieß aber in der Forschung auf erheblichen Widerspruch [3.5: BINDER, Elemente; 3.5: WISEMAN, God]. Ausgehend von der Etymologie des Namens dürfte es sich um einen alten Ritus zur Abwehr von Wölfen und anderem Schaden für die Tierherden handeln, auch wenn die Diskussion darüber noch nicht abgeschlossen ist [zur Forschungslage s. 3.5: ZIOLKOWSKI, Cleaning-up].

Der Sicherung eines auch zukünftigen Wohlergehens diente wohl das Ritual am Ende des römischen *census*. Im Rahmen des *census* wurden eine neue Bürgerliste erstellt und die Besitzverhältnisse, vor allem auch des Grundbesitzes, neu erfasst. Zum Abschluss versammelte sich die Bürgerschaft in Waffen als Wehrgemeinschaft auf dem Marsfeld vor den Toren Roms. Im Ritual des *lustrum* wurden dann vom Censor ein Schwein, ein

Schaf und ein Rind um das neu konstituierte Bürgeraufgebot geführt, die anschließend zu Ehren von Mars geopfert wurden. D. BAUDY betont mit guten Argumenten, dass der rituelle Kern dieser Handlung nicht so sehr in der Reinigung des Heeres bestand, sondern die Erneuerung des Bandes der im *census* neu konstituierten Bürgerschaft mit dem Gott Mars im Zentrum stand [3.5: Umgangsriten]. Damit sollte auch die Fruchtbarkeit der Böden als Grundlage der Bürgerschaft gesichert werden. Bei aller Vorsicht, zu der uns unsere Informationslage mahnt, lässt sich also festhalten, dass bei zyklischen Ritualen eher der Aspekt der Schadensabwehr gegenüber dem der Reinigung überwog. Dieses erste Resultat deutet in die Richtung, dass die Konstitution sakraler Präsenz in der römischen Gesellschaft einer anderen Konditionierung unterlag als in Griechenland.

### 3.5.1 Opfer in Rom

Grenzen der Rekonstruktion

Trotz der zentralen Bedeutung, die die Rituale der Tieropfer im religiösen Leben Roms genauso wie in Griechenland besaßen, finden wir zu den genauen Abläufen keine so umfassenden Angaben, dass eine exakte und zweifelsfreie Rekonstruktion aller Bestandteile des Ritualablaufs möglich wäre. Erfreulicherweise liegt seit einigen Jahren eine umfangreiche Studie von F. PRESCENDI vor, in der die antiken Quellen zu den einzelnen Bestandteilen des römischen Opferrituals dargestellt und analysiert werden [3.5.1: Décrire]. Ausgesprochen hilfreich in diesem Rahmen ist es, dass PRESCENDI vor der problematisierenden Detailanalyse den – durchaus geglückten – Versuch unternimmt, einen idealtypischen Ablauf eines Opfers zu rekonstruieren, und die für die einzelnen Komponenten relevanten Forschungsdiskussionen darstellt.

Detailuntersuchungen

Zu einzelnen Aspekten der Opferhandlungen liegen nützliche Detailuntersuchungen vor, wie z. B. die Übersicht zu der komplizierten und peniblen Auswahl des passenden Opfertiers für eine bestimmte Gottheit von C. KRAUSE [3.5.1: Quaestiones selectae; Hostia]. Eine knappe Darstellung der Opfergeräte gibt R. VON SCHAEWEN, die sich primär auf archäologische Zeugnisse stützt [3.5.1: Opfergeräte]. Ergänzt und aktualisiert werden diese Ausführungen durch die Arbeiten von A. V. SIEBERT, die sich aber auch primär auf die Angaben von Details konzentrieren [3.5.1: Instrumenta sacra; Opfer- und Kultgeräte]. Die antiken Darstellungen des beteiligten Opferpersonals analysiert F. FLESS [3.5.1: Opferdiener].

Nicht uninteressant auch für die klassisch-römische Zeit sind die quantitativen Berechnungen von P. MÉNIEL zu den Portionen von Opferfleisch, die aus den geschlachteten Tieren gewonnen werden konnten, da sie eine Vorstellung davon geben, mit wieviel Teilnehmern wir vor allem bei öffentlichen Opferhandlungen rechnen können [3.5.1: Les Gaulois]. Jenseits dieser Detailuntersuchungen hat sich P. VEYNE, einer der bedeutendsten sozialwissenschaftlich orientierten französischen Althistoriker, im Jahr 2000 mit einem Grundsatzartikel zu den Opferbanketten zu Wort gemeldet [3.5.1: Inviter].

Ein auffälliger Bestandteil des römischen Opfers zieht das besondere Interesse der Forschung auf sich: das Bestreichen des Opfertieres mit *mola salsa*, einem Brei aus gesalzenem und ungeschrotetem Korn. C. KOCH hat in seinem Artikel für die Realencyclopädie die Hypothese aufgestellt, dass die *mola salsa* für die gesamte Stadt von den Vestalischen Jungfrauen hergestellt wurde [3.5.1: Mola salsa; 3.5.1: CHRISTMANN, Vesta-Kult]. J. SCHEID findet es plausibel, dass durch diesen Umstand jedes Opfer einen symbolischen Verweischarakter auf den zentralen Vestakult erhielt [3.5: Quand faire 52–53]. Die Ebene der einzelnen Opfer wäre auf diese Weise untrennbar mit der ganzen Gemeinschaft der Bürger verbunden gewesen. *mola salsa*

Eine weitere Besonderheit des römischen Opferablaufs ist die Tatsache, dass nach der Tötung des Opfertieres sofort die relevanten Eingeweide (*exta*) geprüft wurden, um festzustellen, ob die Gottheit das Opfer angenommen hatte [3.5.1: SCHILLING, À propos des exta]. Dies interpretiert SCHEID als eine rituelle Aktualisierung eines der Opferhandlungen zugrunde liegenden Konsenses zwischen der Gesellschaft und den sakralen Mächten [3.5.1: La parole 130–131]. Es gehe nicht um einen spannungsreichen Prozess der Befragung der Götter, der offen verlaufen könne, sondern die Zustimmung werde bei exakter Durchführung des Rituals vorausgesetzt. Daher könne das Ritual im Bedarfsfall wiederholt werden. Erst wenn die Gottheit die Zustimmung dauerhaft verweigert, sei dies ein gravierendes Zeichen für die Störung des Verhältnisses zur Gesellschaft, auf das unbedingt reagiert werden müsse. Im auffälligen Kontrast zum griechischen Kulturbereich ist die Präsenz der göttlichen Kräfte bei den Opferhandlungen in Rom nicht fraglich. Eingeweide

Überraschend im rituellen Kontext ist die schwierige Informationslage zum Verzehr des Fleisches der Opfertiere, die intensive Forschungen auslöste. Vor allem die Frage, welche sakrale Konnotation der Verzehr des Opferfleisches durch die Teilnehmer am Ritual besaß, wird diskutiert. Die durchaus übliche Praxis, zumindest Teile des Opferfleisches zu verkaufen, führte sogar zu der These, dass der Verzehr des Fleisches durch die Menschen oft eine profane Tätigkeit war, die von den sakralen Bestandteilen des Opferablaufes zu trennen sei. So verneint M. KAJAVA die Existenz sakraler Festbankette in Rom [3.5.1: ‚Visceratio'] und M. MACKINNON vertritt die Auffassung, dass es im antiken Italien eine große Zahl von Tieren gab, die nicht im religiösen Kontext, sondern lediglich zur direkten Fleischversorgung getötet wurden [3.5.1: Production 175 u. 177]. Verzehr des Fleisches

Dieser Entsakralisierung des Fleischverzehrs widerspricht J. SCHEID, der betont: „manger était, à Rome, une activité éminemment religieuse" [3.5.1: Manger 286]. Auch das Verteilen von Geld zum Erwerb von Fleisch bzw. die Tötung größerer Tierherden unter Durchführung kurzer elementarer Rituale ändere aus seiner Sicht nichts an der Speisegemeinschaft mit den Göttern, deren Überlegenheit in dieser Konstellation immer wieder aufs Neue deutlich werde. Dass SCHEID aber auch an anderer Stelle nachdrücklich feststellt, dass das Opferfleisch kein ‚heiliges Lebensmittel' (*aliment sacré*) war, sondern nur die Reste darstellte, die die Götter den Menschen überließen [3.5.1: Religion des Romains 76], zeigt, wie kompliziert die Einschätzung der religiösen Dimension ist. In jedem Fall kann man festhalten, dass der Verzehr des Fleisches der Opfertiere in Rom nicht den zentralen Stellenwert besaß, der ihm in Griechenland zukam.

*Anwesenheit der Götter*

Zentral war vielmehr der feste Glaube an die Anwesenheit der Götter. Sogar bei den Anlässen, bei denen das gemeinsame Speisen hervorgehoben wurde, wie dem gemeinsamen Mahl der Senatoren mit Jupiter auf dem Capitol (*epulum Iovis*) oder den in Notsituationen abgehaltenen ‚Götterbanketten' (*lectisternia*), hebt J. RÜPKE vor allem die Präsenz der Götter hervor. Sie sei bei diesen Ritualen so intensiv gewesen, dass nicht die Menschen die Götter einluden, sondern die Götter als Gastgeber der Menschen auftraten [3.5.1: Gäste]. Der Beitrag der Menschen sei dabei eher die organisatorische Vorbereitung gewesen.

Dieser feste Glaube an die Präsenzintensität der Götter in der Gesellschaft führte auch dazu, dass die Kommunikation mit den Göttern zur Basis für alles kollektive Handeln wurde. Die uns heute noch zugänglichen Informationen zu den vielfältigen rituellen Kommunikationsformen, mit denen vor allem die Priesterschaft der Auguren versuchte, ein störungsfreies Verhältnis zu den Göttern aufrechtzuerhalten, hat P. CATALANO in

*auspicia und inauguratio*

einem umfassenden Überblick zusammengetragen [3.5.1: Diritto]. Dieses Werk wurde später durch die intensiven Studien von J. LINDERSKI ergänzt [3.5.1: Law]. Er betont den Unterschied zwischen *auspicia* und *inauguratio*: Während sich die *auspicia* zumeist auf die Einstellung der Götter zu einer konkreten Handlung bezogen, diente die *inauguratio* offensichtlich dazu, dauerhafte Entscheidungen zu erhalten, z. B. bei der Weihung eines Tempels: „The distinction between auspicium and augurium stands out: the former concerned an action to be undertaken by the subject (the auspicant) of the ceremony; the latter concerned the status of an object of the ceremony. When the magistrate accepted a propitious sign, he still had to carry out his action. When the augur accepted a propitious sign, he by this very fact carried out his action of augurium and transferred its object into the permanent status of res or persona inaugurate" [3.5.1: Law 2296; eine ähnliche Interpretation geben 3.5.1: COLI, Regnum 398–414 und 3.5.1: CATALANO, Diritto 37–63].

Die situative Kommunikation mit den Göttern in Form der *auspicia* blieb in Rom erstaunlicherweise den Obermagistraten vorbehalten. Die Auguren waren in diesem Kontext höchstens Ratgeber im Falle von Unklarheiten [3.5.1: SCHEID, Religion et piété, 47–51]. Dieses religiöse

Privileg der Oberbeamten war aus der Sicht von J. BLEICKEN [3.5.1: Amtsgewalt] und A. HEUSS [3.5.1: Regierungsgewalt] so wichtig, dass sie hierin und nicht im *imperium* den eigentlichen Kern der magistratischen Amtsgewalt sahen.

### 3.5.2 Prozessionen und Krisenrituale in Rom

Die direkte Präsenz der Götter in Rom und ihre dauerhafte Verbindung mit den Obermagistraten trat jedoch in keinem Ritual so deutlich hervor wie im Triumphzug. Sehr wahrscheinlich ist es, dass diese Praxis von den Etruskern übernommen wurde. Diese Siegesfeiern kamen dem Bedürfnis der etruskischen Monarchen in Rom entgegen, ihre politische Macht und militärische Leistungsfähigkeit im öffentlichen Raum eindrucksvoll darzustellen [3.5.2: LINKE, Kingship 190–192].

*Der Triumphzug*

L. BONFANTE WARREN glaubt jedoch an eine alte latinische Tradition, die ursprünglich dem Jupiter Feretrius sowie Mars und Quirinus galt und in klassischer Zeit als *ovatio* zum Mons Albanus weiterlebte [3.5.2: Roman Triumphs 50–57]. Abgesehen vom Einwand, dass die erste sicher belegte *ovatio* in der Republik erst 231 v. Chr., also fast 400 Jahre nach der latinischen Königsperiode, stattfand, schmälert die Existenz einer alten latinischen Zeremonie nicht die entscheidenden Neuerungen, die mit den Etruskern eingeführt wurden.

Auf das Engste war das Ritual mit der Einführung eines zentralen Kultes für Jupiter Optimus Maximus auf dem Capitol verbunden. Diesen komplexen Zusammenhang hat H. VERSNEL am Anfang der 1970er Jahre in einer umfassenden Studie zum römischen Triumph aufgegriffen und dabei die These entwickelt, dass sich die römische Triumphzeremonie aus den Neujahrsfeiern in den orientalischen Hochkulturen entwickelt habe [3.5.2: Triumphus]. Vor allem aus Babylon hätten die Etrusker den feierlichen Einzug des Königs in die Stadt übernommen, bei dem die enge Verbundenheit des Monarchen mit dem höchsten Stadtgott hervorgehoben wird. Die stimulierende Studie von VERSNEL ist allerdings von der Forschung nur selten aufgegriffen worden, da die klaren Parallelisierungen zwischen den Kulturkreisen nicht immer eindeutig zu belegen sind.

*Jupiter Optimus Maximus*

Die äußerliche Angleichung des Triumphators an die Kultstatue des kapitolinischen Jupiter hat in der Forschung zu einer intensiven Diskussion darüber geführt, ob die Römer den Triumphator mit Jupiter Optimus Maximus identifizierten, wie die überwiegende Mehrzahl der Forscher glaubt [3.5.2: VERSNEL, Triumphus 66–93; 3.5.2: LEMOSSE, Les éléments 445; 2.3: KOCH, Juppiter 125; 3.5.2: THULIN, Iuppiter 1137], oder ob die Tracht des Triumphators den Ornat des Königs darstellte, der später auf den Gott und den Triumphator übertragen wurde [3.5.2: EHLERS, Triumphus 494–495; 3.5.2: BONFANTE WARREN, Roman Triumphs 59–62].

Im verschmolz in jedem Fall die konkret erlebbare Anwesenheit des höchsten Gottes mit der Selbstwahrnehmung der Leistungsfähigkeit der Gesellschaft und ihrer Repräsentanten. Die Atmosphäre beim Triumphzug und die Wirkung auf den einzelnen Bürger beschreibt eindrucksvoll C. NICOLET [3.5.2: Le métier 467–472].

Ausführliche Rekonstruktionen des Triumphrituals bieten T. ITGENSHORST [3.5.2: Tota illa pompa], die dieses in den Kontext der Austarierung innergesellschaftlicher Konflikte einordnet, J.-L. BASTIEN [3.5.2: Le triomphe] und M. BEARD [3.5.2: Triumph]. Die Circus-Prozession, die in vielen Aspekten eng mit der religiösen und performativen Logik des Triumphzuges verwoben war, analysiert F. BERNSTEIN eingehend, der auch einen übergreifenden Aufsatz zu den Prozessionen in Rom vorgelegt hat [3.5.2: Ludi publici; Complex rituals].

*Prodigien*   War die Beziehung zu den Göttern durch Nachlässigkeiten oder gar frevelhafte Taten einmal gestört, machte sich dies in Form von Prodigien bemerkbar, die die Götter als Warnung sandten. Die Formen dieser Prodigien, ihre Symbolik und die Reaktionen der römischen Gesellschaft sind durch die Forschung intensiv beleuchtet worden [3.5.2: McBAIN, Prodigy; 3.5.2: ROSENBERGER, Götter]. Aktuell hat D. ENGELS für die republikanische Zeit eine umfassende Studie zu dieser Problematik vorgelegt, die auch einen chronologisch geordneten Katalog der bekannten Prodigien umfasst [3.5.2: Vorzeichenwesen]. In Überarbeitung der Studie von McBAIN hat V. ROSENBERGER seinerseits die Problematik der regionalen Verteilung der Prodigien in Italien in das Zentrum einer Untersuchung gestellt und ist dabei zu dem Schluss gekommen, dass nach der Mitte des 3. Jahrhunderts v. Chr. zunehmend auch Prodigien entsühnt wurden, die nicht auf dem römischen Kerngebiet, dem *ager Romanus*, auftraten [3.5.2: ROSENBERGER, Prodigien]. Damit käme eine grundlegende Neuausrichtung der sakralen Raumwahrnehmung der Römer zum Tragen, die nun auch die entfernteren Bürgergebiete und in Einzelfällen die Gebiete der Bundesgenossen in die Zone sakraler Relevanz einschloss. Aus der Sicht des Historischen Materialismus hatte R. GÜNTHER die These aufgestellt, dass das Prodigienwesen in der Republik primär ein Mittel zur Herrschaftssicherung für die Oberschicht war [3.5.2: Kampf]. Auch wenn seine Rekonstruktion stark durch die marxistische Skepsis gegenüber der originären Qualität religiöser Phänomene geprägt ist und in dieser Form heute in der Forschung kaum mehr geteilt wird, enthalten seine Ausführungen nicht wenige anregende Elemente.

*supplicationes*   Zeigten die *prodigia* eine gravierende Störung im Verhältnis zu den Göttern an, dann führten die Römer basale Rituale, die *supplicationes*, durch, durch die der besondere Kontakt ihrer Gesellschaft zu den sakralen Mächten grundlegend erneuert werden sollte. Allerdings bleibt die Frage nach dem exakten Zeitpunkt ihrer Einführung genauso ungeklärt wie das Problem eines möglichen griechischen Einflusses [3.5.2:

Wissowa, Supplicationes; 3.5.2: Rüpke, Domi militiae 215–217; 3.5.2: Rosenberger, Götter 143–145]. G. Freyburger betont jedoch mit guten Argumenten den zutiefst römischen Charakter der *supplicationes*, die entweder nur oberflächlich durch griechische Riten beeinflusst worden seien oder deren Übernahme von den Griechen bzw. Etruskern so weit zurückläge, dass der externe Anteil in der Zeremonie kaum mehr spürbar gewesen sei [3.5.2: La supplication de grâces; Supplication grecque]. Diese Überzeugung gründet Freyburger auch auf seine Untersuchungen zu den gravierenden Unterschieden in den Formen des rituellen Bittens und Danksagens bei den Griechen und Römern. Diese Einschätzung wird durch die Untersuchungen von J. Scheid zu dem zutiefst römischen Charakter der nach ‚griechischem Ritus' durchgeführten Handlungen in Rom untermauert [3.5.2: *Graeco Ritu*]. B. Linke sieht die hohe Bedeutung dieser hoch emotionalisierten *supplicationes* für das Funktionieren des römischen Gemeinwesens in der Statusanerkennung, die breite Bevölkerungsteile, die sonst vom politischen Leben ausgeschlossen waren, durch die Teilnahme an diesen Ritualen erhielten. Dies sei eine wichtige Basis für deren Integration in die römische Gesellschaft und damit für die Bereitschaft gewesen, sich aktiv mit dem Gemeinwesen zu identifizieren [3.5.2: Emotionalität].

# 4. Die Heiligtümer

## 4.1 Die griechischen Heiligtümer

Die griechischen Heiligtümer bilden eine vielschichtige Problematik. Eine gut lesbare und klar strukturierte allgemeine Einführung bietet das Buch von J. Pedley, das neben einer Übersicht zu den wichtigsten Grundelementen eines griechischen Heiligtums und einer Beschreibung bedeutender Beispiele die sakralen Stätten in den weiteren Kontext des religiösen Lebens einordnet [4.1: Sanctuaries].

Zur Einführung

Für die Entstehungsbedingungen der griechischen Heiligtümer in der Frühzeit ist unsere Informationsgrundlage äußerst schwierig. Die archäologische Fundlage legt nahe, dass die Griechen im 10. und 9. Jh. v. Chr. ihre sakralen Orte nur in seinem sehr beschränkten Maße architektonisch ausgestalteten, auch wenn bei der Rekonstruktion natürlich die Problematik der Vergänglichkeit von Baumaterialien berücksichtigt werden muss. Vor dem Hintergrund dieser archäologischen Daten entzündete sich eine intensive Kontroverse über die Frage, ob die Griechen in dieser Epoche überhaupt eine Trennung von sakraler und profaner Sphäre kannten.

Entstehung von Heiligtümern

So bestreitet I. MORRIS [4.1: Burial 189–192] vehement, dass beide Sphären schon in der griechischen Frühzeit klar geschieden wurden. Diese Auffassung vertritt ebenfalls, wenn auch deutlich moderater, F. DE POLIGNAC [1.3: Naissance 32–33]. Erst mit der Entstehung der Poleis sei es seiner Meinung nach zu einer klaren Trennung der Sphären von Menschen und Göttern gekommen. Dem steht die Auffassung gegenüber, dass die Griechen sich schon früh bemüht haben, die sakrale Sphäre eindeutig von der profanen Lebenswelt der Menschen abzugrenzen, auch wenn sich dies eher im rituellen Bereich niederschlug, als sich materiell zu manifestieren [4.1: SOURVINOU-INWOOD, Sanctuaries 1–17; 4.1: MORGAN, Evolution 108–109]. Für C. ROLLEY war die aufkommende Separierung heiliger Stätten von den Bauten der Menschen sogar die entscheidende Neuerung beim Übergang von der mykenischen Kultur, in deren Rahmen Paläste und Kultstätten eine Einheit bildeten, zur Gesellschaft der geometrischen Zeit am Ende des zweiten Jahrtausends v. Chr. [4.1: Grands sanctuaires 112–114]. Die weitere Ausgestaltung der Heiligtümer wäre dann nur die Fortführung dieser fundamentalen Unterscheidung gewesen. Allerdings bleibt die Bedeutung der mykenischen Paläste im Spannungsfeld von Politik und Religion umstritten [4.1: SCHMITT, Kein König].

Sind auch die Ursprünge der griechischen Sakraltopographie nicht eindeutig geklärt, so lassen sich doch Faktoren benennen, die offensichtlich die Etablierung eines Heiligtums begünstigten. Dies galt zum Beispiel auch für die in vielen Heiligtümern anzutreffenden großen Bäume, die als Sinnbild für die in der Natur wirkenden Gottheiten galten und deren Laub und Zweige in Kulthandlungen verwendet wurden [4.1: KRON, Kultmahle 138–140], die aber auch als Schattenspender im Sommer geschätzt wurden [1.4.2: BURKERT, Religion 136–138]. Ganz ähnlich verhielt es sich mit Quellen. S. G. COLE [4.1: Water 161–165] erklärt dies mit dem Hinweis auf die Bedeutung, die Wasser als Symbol sakraler Reinheit besaß. R. A. THOMLINSON [4.1: Water Supplies 167–171] hebt hingegen die praktische Funktion, in einem großen Heiligtum eine ausreichende Wasserversorgung zu sichern, sowohl für kultische als auch für profane Zwecke hervor. Diese pragmatische Komponente bei der Errichtung von Heiligtümern betont auch I. MALKIN bei seiner Analyse der neu gegründeten griechischen Kolonien im westlichen Mittelmeer, deren Gründer nicht auf alte Kulttraditionen zurückgreifen konnten [4.1: La place]. Einen Einblick in die Komplexität der Verwobenheit von geographischen Bedingtheiten, bestehenden Kulttraditionen und sozio-ökonomischen Faktoren bei der Ausprägung der Sakrallandschaft einer Region gibt die dichte und präzise Studie von M. JOST zu den Heiligtümern und Kulten in Arkadien [4.1: Sanctuaires].

Kultische und pragmatische Aspekte dürften also bei der Entscheidung, ein Heiligtum an einem bestimmten Ort zu errichten, kaum klar voneinander zu unterscheiden gewesen sein. Bei einigen Gottheiten legten die Vorstellungen vom religiösen Wirkungsbereich die Wahl bestimmter geographischer Rahmenbedingungen für die kultische Verehrung nahe. Das prominenteste Beispiel sind die Kulte für Zeus in den Bergregionen [4.1: LANGDON, Sanctuary; 4.1: WORONOFF, Zeus]. Aber auch naturräumliche Besonderheiten wie Höhlen konnten aus sich heraus eine sakrale Aura entfalten [4.1: SPORN, Höhlenheiligtümer]. So blieb eine beachtliche Zahl von Heiligtümern fest in die natürliche Lebenswelt der Menschen integriert und wurde nur durch das Errichten einiger Grenzsteine oder anderer Markierungen ausgegrenzt [4.1: BERGQUIST, Temenos; 4.1: RÜPKE, Kult, mit Beispielen von Wald- und Feldkulten auch aus dem römischen Bereich]. Andere hingegen hoben sich klar als menschliche Setzungen von der natürlichen Umfeld ab. Diese große Spannbreite setzt F. GRAF mit den örtlichen Ritualen und Mythen in Verbindung und bezeichnet auf dieser Basis die Heiligtümer als Produkte menschlichen Schaffens, die auf einem vielschichtigen sakralen Zeichensystem beruhen [4.1: Heiligtum 159–160].

Das Zentrum eines griechischen Heiligtums bildete der Altar. Allerdings besaßen die Altäre nur eine provisorische Form. D. RUPP [4.1: Development] weist in diesem Zusammenhang auf die Tatsache hin, dass Altäre erst spät auf Vasenbildern erscheinen, was er mit ihrem zunächst wenig beeindruckenden Äußeren in Verbindung bringt. Eines der ersten Beispiele war ein monumentaler Altar im Heiligtum von Isthmia, der eine Länge von über 30 Metern besaß, wobei die genaue Intention dieser Dimensionierung nicht klar ist [4.1: MORGAN, Evolution 141]. *Altar*

Über die Frage nach Herkunft und Alter von Kultbildern in der religiösen Praxis der Griechen besteht kein Konsens. S. HILLER [4.1: Cult Images] sieht darin die Wiederaufnahme einer Kulttradition der mykenischen Kultur, von der materielle Relikte möglicherweise die zurückliegenden Jahrhunderte überdauert hatten und so Anregungen für die neue Kultgestaltung geben konnten. I. B. ROMANO [4.1: Cult Images] glaubt hingegen, dass die Griechen Impulse des religiösen Lebens der nahöstlichen Kulturen aufnahmen und sie in ihrem eigenen Ritus umsetzten. Einigkeit besteht allerdings darüber, dass die Kultbilder nicht mit den Gottheiten selbst identifiziert wurden, sondern Symbole der göttlichen Mächte blieben, denen die eigentliche Verehrung galt [4.1: BOSCHUNG, Kultbilder; zur komplizierten Stellung der Kultbilder im sakralen Leben 2.2.1: SCHEER, Gottheit]. *Kultbilder*

In einem engen Zusammenhang mit der Einführung von Kultbildern steht die Errichtung der ersten Tempel [4.1: BURKERT, Meaning]. Die Verbreitung dieser Sakralbauten wurde zur entscheidenden architektonischen Weichenstellung der Archaik [4.1: COLDSTREAM, Temples; 4.1: GRUBEN, Tempel]. Es besteht die Möglichkeit, dass diese Bauten ursprünglich eine Weiterentwicklung von Gemeinschaftsgebäuden wa- *Die ersten Tempel* ren, in denen vorher auch gemeinsame Kultmahle eingenommen und Versammlungen abgehalten worden waren. Als Vorläufer wären dann die Bauten anzusprechen, die nach Ansicht der Archäologen wegen ihrer Größe und der in ihnen gefundenen Herdstellen mit Asche- und Knochenresten zur Abhaltung von gemeinschaftlichen Mahlzeiten und Kulthandlungen gedacht waren. Am Ende der geometrischen Zeit wäre es dann zur Trennung der Funktionen gekommen. Diese These vom ‚Herdhaustempel' als Ursprung der Tempelarchitektur vertreten H. DRERUP [4.1: Baukunst 123–128] und W. MARTINI [4.1: Herdhaus]; zustimmend äußert sich F. DE POLIGNAC [1.3: Naissance 33–36]. Abwägend bleibt W. BURKERT [4.1: Greek Temple-Builders 22].

A. MAZARAKIS-AINIAN [4.1: Dwellings; Architecture; Temples] verbindet die These vom Übergang eines Gemeinschaftshauses zum frühen Tempel mit der Überlegung, dass in der funktionellen Umwandlung der Gebäude die Entmachtung lokaler Führungspersönlichkeiten zum Ausdruck kam, die vorher das soziale und kultische Leben in den Gemeinschaften in ihren Häusern dominierten [s.a. 4.1: ROLLEY, Grands sanctuaires]. Gestützt wird diese Interpretation durch die Tatsache, dass es im frühen Griechenland neben der Sakralarchitektur kaum repräsentative Herrschaftsarchitektur gab, wie M. HANSEN und T. FISCHER-HANSEN in einem gemeinsamen Aufsatz betonen: „All the remains of archaic and classical buildings show that monumental architecture was invariably sacred architecture, and all written sources confirm that the archaeological evidence presents a true, not a skewed, picture of what monumental architecture was in the Greek world." [4.1: Architecture 85]. Auch W. BURKERT hebt hervor: „It was a decisive cultural decision to build temples and not palaces, equivalent to the rejection of monarchy" [4.1: Greek *poleis* 205]. Auf der Grundlage dieser Forschungsdiskussion kommt B. LINKE zu der Überlegung, dass die Entwicklung der Heiligtümer ein Symbol für die Emanzipation einer ersten autonomen politischen Öffentlichkeit von der Dominanz starker Einzelpersönlichkeiten war, die nach einer monarchischen Stellung strebten [4.1: Religion und Herrschaft]. Langfristig sieht er darin das Fundament für die Entstehung komplexer republikanischer Gemeinwesen in der spätarchaischen Zeit.

*Tempel und Polis*   In jedem Fall war die Errichtung der Tempel auf das Engste mit der Ausbildung der neuen Organisationsform im Rahmen der Polis verbunden [4.1: SVENSON-EVERS, Hieros Oikos; 4.1: LANG, Siedlungen 68–70]. Kollektive Identität der Polisgemeinschaften und religiöse Symbolik durchdrangen sich intensiv. So wird das Aufkommen der Tempelbauten in der aktuellen Forschung auch mit einem Funktionswandel der Heiligtümer im Sozialleben in Verbindung gebracht. In der geometrischen Zeit (10. und 9. Jh. v. Chr.) waren die sakralen Stätten zumeist an entlegenen Stellen platziert. Sie dienten damals höchstwahrscheinlich als Treffpunkte und Kommunikationsorte für relativ weit verstreut lebende Bevölkerungsgruppen [1.3: DE POLIGNAC, Naissance 57–58; 4.1: MORGAN, Evolution 121]. Insbesondere CH. ULF hat in den zurückliegenden Jahren die Bedeutung der sakralen Örtlichkeiten als neutraler Schutzzonen für die Konstitution eines gruppenübergreifenden Gemeinschaftslebens im frühen Griechenland hervorgehoben [4.1: Funktion; Anlässe]. S. LANGDON [4.1: Exchange 113] unterstreicht vor allem die Möglichkeit für die Angehörigen der Oberschicht, ihre hervorgehobene Position in diesem gruppenübergreifenden Kontext zu bestätigen und zu festigen.

Die Interpretation der Heiligtümer als neutrale Kontaktzonen in der geometrischen Zeit bildet ein wichtiges Element in der Theorie der ‚Peer-Polity-Interaction'. Diese von C. RENFREW aus der modernen Ethnologie entlehnte Theorie geht davon aus, dass Innovationen sich besonders schnell zwischen relativ kleinen, aber unabhängigen Gemeinwesen verbreiten, die im Wesentlichen im Inneren gleich aufgebaut sind [4.1: Introduction]. Durch die langfristige soziale Symbiose dieser sozialen Einheiten kommt es durch intensiven Austausch zu einer dynamischen Entwicklung, weil jede Gemeinschaft aufkommende Neuerungen auch bei sich umsetzen kann. Die zentrale Rolle der überregionalen Heiligtümer in diesem Kommunikationsprozess hat A. SNODGRASS [4.1: Interaction 53–56] betont.

‚Peer-Polity-Interaction'

Probleme bei der Vereinbarkeit mit den archäologischen Ergebnissen sieht C. MORGAN [4.1: Athletes 203–205] darin, dass die wichtigsten Innovationen zunächst einmal in den Poleis selbst in Erscheinung treten. Erst dann würden sie in großen Heiligtümern eingesetzt. Anfänglich sei nur von einer beschränkten Anwesenheit von Festteilnehmern selbst in den großen überregionalen Heiligtümern auszugehen. Diese Einwände können jedoch nicht die Vermutung eines intensiven geistigen Austauschs einer Elite an diesen Orten widerlegen, dessen Resultate zunächst in der Heimatgemeinschaft umgesetzt wurden, die aber aufgrund ihrer kommunikativen Natur wenig materielle Spuren hinterlassen haben [4.1: DE POLIGNAC, Mediation 10–11]. So bleibt die Theorie der Peer-Polity-Interaction ein wichtiger Ansatz zur Erklärung der Tatsache, dass im frühen Griechenland eine starke politische Zersplitterung mit einer relativ homogenen gesellschaftlichen und kulturellen Entwicklung korrespondierte; ein Faktum, das auch für die Entfaltung des religiösen Lebens von fundamentaler Bedeutung war.

In weiten Teilen der Forschung herrscht Einigkeit darüber, dass die Errichtung großer Tempel und die damit verbundene Prioritätensetzung beim Einsatz kollektiver Ressourcen [zu den Kosten bleibt wichtig: 4.1: BURFORD, Economics] ein klarer Ausdruck für ein geschärftes Bewusstsein der spezifischen regionalen Identität in den entstehenden Poleis war [4.1: ALCOCK/OSBORNE, Placing]. Die sich formierenden Stadtstaaten schufen sich mit den Großbauten Symbole der eigenen Zusammengehö-

Lokales Gemeinschaftsgefühl

rigkeit und grenzten sich damit auch pointierter von ihren Nachbarn ab. Bei der gesellschaftlichen Funktion der Heiligtümer trat seit dem 8. Jh. v. Chr. die überregionale Vernetzung zugunsten der Stärkung des lokalen Gemeinschaftsgefühls in den Hintergrund. Die Entwicklungslinien in den einzelnen Poleis werden von A. SCHACHTER [4.1: Policy 12–36] rekonstruiert.

*Auseinandersetzungen um Heiligtümer*

In bestimmten Fällen wurde der Ausbau von Heiligtümern geradezu ein Zeichen für die Dominanz einzelner Poleis in der Rivalität mit anderen. Ein besonders deutliches Beispiel hierfür ist die Entwicklung der Vorherrschaft von Argos in der argolischen Ebene [4.1: HALL, How Argive; 4.1: DE POLIGNAC, Argos; 4.1: ANTONACCIO, Placing 93–96; 4.1: AUFFARTH, Heraion]. Anfänglich konkurrierte Argos noch mit den kleineren Nachbarorten Mykene und Asine. Der Hauptkult von Argos und Mykene galt der Göttin Hera, Asine hingegen fühlte sich auf der kultischen Ebene besonders Apollon verpflichtet. Nach der Zerstörung von Asine durch Argos um 710 v. Chr. lassen sich allerdings auch in Argos Hinweise auf einen Apollon-Kult finden. Der Transfer bzw. die Adaption des Kultes diente den Argivern offensichtlich als Legitimation für die Annexion des Territoriums der Nachbarstadt. Der große Heratempel von Argos, der näher an Mykene lag, wurde vielleicht aus der Beute von Asine finanziert und Symbol für die Dominanz von Argos in der Ebene [1.3: DE POLIGNAC, Naissance 71].

Ein weiteres Beispiel für die Rolle von Heiligtümern bei der Auseinandersetzung zwischen zwei Poleis ist das Heiligtum der Hera in Perachora, dessen Ausbau zum Symbol für den Einbezug der Region in das korinthische Territorium und damit der Niederlage von Megara wurde [4.1: SINN, Heraion 54–60; 4.1: SALMON, Heraeum 159–204]. Analoges gilt auch für die Integration des Heiligtums von Eleusis in das Gebiet von Athen nach langen Auseinandersetzungen mit Megara [4.1: CLINTON, Demeter 110–112]. Dieser außenpolitische Erfolg veränderte wesentlich die Strukturen der sakralen Sphäre der athenischen Polis, da in Eleusis mit dem Demeter-Kore-Heiligtum und den mit diesen Gottheiten verknüpften Mysterien einer der prestigereichsten griechischen Kulte beheimatet war [4.1: BURKERT, Mysterien; 3.4.1: DERS., Homo necans 274–327; 4.1: MYLONAS, Eleusis]. Dies gilt vielleicht auch im Fall von Sparta für Amyklai, was allerdings umstritten bleibt [4.1: MALKIN, Myth 111–113; 4.1: DE POLIGNAC, Mediation 13–14].

Häufig stand also hinter den Bemühungen, die sakralen Orte baulich auszugestalten, nicht nur der Wille der sich verfestigenden Gemeinschaften, sich Fixpunkte der kollektiven Identität als sozialer Einheit zu geben, sondern zugleich auch ihren Besitzanspruch auf ein bestimmtes Territorium nach außen zu signalisieren. Nach Ansicht von M. SARTRE besaßen die griechischen Heiligtümer daher oft auch eine konfliktintensive Seite, sei es, dass ihr Besitz selber direkter Gegenstand einer Auseinandersetzung war, sei es, dass er zum Symbol für den Konflikt wurde [4.1: Aspects].

Die Tatsache, dass die großen Heiligtümer oft nicht im städtischen Zentrum platziert wurden, hängt eng mit der komplexen Bedeutung der Tempel für die kollektive Identität der *Poleis* nach innen und außen zusammen. In dieser Positionierung wichtiger sakraler Stätten an der Peripherie sieht F. DE POLIGNAC geradezu ein systematisches Muster für den strukturellen Aufbau der frühen Poleis [1.3: Naissance]. Heiligtum und urbanes Zentrum seien bewusst als zwei getrennte Pole im Leben der Polisgemeinschaft angelegt worden. So charakterisiert er die griechische Polis als ‚cité bipolaire' (‚zweipolige Stadt'). Seine Thesen zu der hervorragenden Bedeutung von Prozessionen, die vom Zentrum weg hin zu Orten an der Peripherie führen, stehen damit in enger Verbindung. ‚Cité bipolaire'

Diese Thesen haben eine intensive Forschungsdiskussion ausgelöst [s. die Beiträge in 4.1: ALCOCK/OSBORNE, Placing]. Skeptisch gegenüber der Grundidee äußerte sich vor allem I. MALKIN [4.1: Domination 75–81]. Ein großes Problem der Theorie von der ‚cité bipolaire' besteht darin, dass die größte und am besten dokumentierte Polis, Athen, diesem Muster unter vielen Aspekten geradezu entgegensteht. Nicht nur, dass die entscheidende Prozession, die Panathenäen, von außen in die Stadt führte; im Zentrum der Stadt bauten die Athener seit dem 6. Jh. v. Chr. zudem die Akropolis zu ihrem monumentalen Haupttheiligtum aus. Dies erklärt DE POLIGNAC mit der Überlegung, dass die Dominanz der Stadt Athen in Attika im Gegensatz zu der von Argos in der Argolis früh anerkannt worden sei und daher der Ausbau der Heiligtümer im städtischen Zentrum erfolgte, zumal die dort ansässige Aristokratie vom privilegierten Zugang zu diesen Kultstätten stark profitierte [4.1: Sanctuaires]. Angesichts der schwierigen Quellenlage zu Attika in dieser Epoche kann diese Deutung allerdings nicht als sicher angesehen werden. Auch wenn der Anspruch auf allgemeine Gültigkeit, den DE POLIGNAC für seine These erhebt, daher kaum einzulösen ist, hat er doch die Wahrnehmung für das wichtige Faktum geschärft, dass in Griechenland zwischen Peripherie und Zentrum kein sakrales Gefälle bestand. Der geographische Raum wird also durch die Präsenz sakraler Bauwerke erfasst, doch nicht vertikal geordnet.

Die vielfältigen Verknüpfungen der Tempel mit den gesellschaftlichen Entwicklungssträngen der Poleis warfen in der Forschung die Frage auf, welchen Status diese Bauten im Spannungsfeld zwischen menschlicher und sakraler Sphäre besaßen. Während CH. SOURVINOU-INWOOD [1.3: Religion 296–297] eindeutig meint, dass die Heiligtümer Besitz der Stadt waren, der auch zwischen den Poleis wechseln konnte, bleibt W. BURKERT [4.1: Greek *poleis* 206] unentschieden. Für BURKERT gehörten die Heiligtümer zwar theoretisch den Göttern, in der Praxis wurden sie jedoch von den Städten verwaltet. Die schwierigen Probleme des Besitzes von Besitz eines Heiligtums

Heiligtümern und den daran hängenden Gebietsansprüchen beleuchtet A. CHANIOTIS [4.1: Habgierige Götter].

*Der öffentliche Raum*   Die griechischen Heiligtümer waren in jedem Fall wichtige Bestandteile des öffentlichen Raumes und ihre Positionierung war ein tragendes Element in dessen spezifischer Struktur. Dies hat nochmals eine grundlegende Studie von T. HÖLSCHER [4.1: Öffentliche Räume] ergeben. HÖLSCHER kommt zu dem Ergebnis, dass es eine klare Dichotomie zwischen der Lage der entscheidenden Kulte der Polis und der Anlage der Agora gab: „Die Polarität von politischem und religiösem Zentrum scheint für die archaische Polis von zentraler Bedeutung gewesen zu sein. Grundsätzlich muss die Entwicklung der neuen Strukturen der Polis sowohl politisch wie auch gesellschaftlich ein riskantes Unternehmen gewesen sein. In beiden Hinsichten ergänzten Agora und poliadische Heiligtümer einander zu einer gewissen Stabilität" [ebd. 60]. Demnach übernahmen die Heiligtümer die Funktion von neutralen Zonen, die den konfliktbeladenen politischen Räumen als Verankerungspunkte dienten [ebd. 61–62].

Diese Überlegungen zur Funktion der Heiligtümer als Schutzzonen, die Angehörigen der Poleis die Möglichkeit gaben, politischen Konflikten zu entrinnen, werden durch die Resultate von A. CHANIOTIS [4.1: Authorities 65–86] und U. SINN [4.1: Heraion 71–83] gestützt. Die Untersuchungen von SINN zeigen deutlich, dass die Heiligtümer in einem erstaunlichen Ausmaß auch baulich für die Aufnahme von Schutzflehenden ausgestaltet wurden [ebd. 83–97]. C. AUFFARTH stellt diese Überlegungen in einen größeren kulturellen Kontext und meint, dass die Aufnahme von Schutzflehenden ganz allgemein einen festen Bestandteil in der Werteorientierung der frühen griechischen Gesellschaft darstellte und die Mächtigen zum Erhalt und zur Vergrößerung ihres sozialen Prestiges genötigt waren, dieser Erwartungshaltung zu entsprechen, die auch religiös verankert war [4.1: Protecting Strangers]. Eine umfassende Analyse zu dem Problem des Asylrechts in den antiken Religionen und den von ihnen ausgebildeten Sakrallandschaften hat J. DERLIEN vorgelegt, dessen Arbeit sich aber für den römischen Kulturbereich stark auf die Kaiserzeit konzentriert [4.1: Flucht; s.a 4.1: TRAULSEN, Asyl].

*Panhellenische Heiligtümer*   Einige Heiligtümer nahmen in Griechenland seit der archaischen Zeit eine besondere Entwicklung. Sie wurden nicht Teil einer einzelnen Polis, sondern entwickelten sich zu großen, überregionalen Kultstätten, sog. Panhellenischen Heiligtümern. Unter diesen überregionalen Heiligtü-

*Delphi*   mern nahmen das Apollonheiligtum in Delphi als Orakelstätte und das Zeusheiligtum von Olympia als Austragungsort der wichtigsten griechischen Wettkämpfe eine herausragende Rolle ein. Zu den griechischen Orakeln, unter denen Delphi das mit Abstand prominenteste war, liegt eine allgemein verständliche Einführung von V. ROSENBERGER [4.1: Orakel] vor. Eine Übersicht zu den archäologischen Ausgrabungen gibt der bedeutende französische Delphi-Kenner G. ROUX [4.1: L'architecture]. Eine gute Einbettung des Phänomens des Delphischen Orakels in den Gesamtkontext der griechischen Religion bietet P. SCHMITT-PANTEL [4.1: Delfi]. R. PARKER hat das komplizierte Verhältnis der autonomen griechischen Staaten zu den Orakeln untersucht und hebt dabei die Eigenständigkeit der Poleis bei der Bewertung der Orakel hervor [4.1: Greek States].

Das Heiligtum von Olympia wird seit Jahrzehnten unter der Federführung des Deutschen Archäologischen Instituts erforscht. Aus dieser intensiven Grabungstätigkeit ist eine Fülle von Berichten hervorgegangen, die unter dem Titel „Olympische Forschungen" (begründet 1944, der bisher letzte Band erschien 2011) und „Berichte über die Ausgrabungen in Olympia" (Sammelbände zu den Funden von 1936 bis 1999) erschienen sind. Von den leitenden Organisatoren dieser Grabungskampagnen wurden auch immer wieder Darstellungen für ein breiteres Publikum vorgelegt, so wie es U. SINN mit seinem fachlich profunden, aber allgemein verständlichen Überblickswerk getan hat, das als Einführung empfohlen werden kann [4.1: Das antike Olympia]. SINN hat auch einen guten Überblick zur Entwicklung der Wettkämpfe verfasst, für die das olympische Heiligtum berühmt wurde [4.1: Olympia]. Als Überblickswerk für die Aufarbeitung der archäologischen Forschungen in Olympia gut geeignet ist die kürzlich erschienene Monographie von H. KYRIELEIS [4.1: Olympia]. Thematisch vertiefende Einzelbeiträge zu wichtigen Teilaspekten von Olympia finden sich in einem von W. J. RASCHKE herausgegebenen Sammelband [4.1: Archaeology].

Die komplexe Genese der panhellenischen Kultzentren in der griechischen Frühzeit hat C. MORGAN eingehend untersucht [4.1: Athletes; verdichtet zusammengefasst in: 4.1: DIES., Origins]. Sie kommt dabei zu dem Schluss, dass diese Kultstätten erst seit dem 7. Jahrhundert v. Chr. eine größere Ausstrahlung besaßen. Dieser sehr späte Ansatz bleibt aber in der Forschung umstritten. So plädiert M. SCOTT in einer neueren vergleichenden Untersuchung zu den beiden großen panhellenischen Heiligtümern für einen überregionalen Aufstieg von Delphi und Olympia schon im 8. Jahrhundert v. Chr. [4.1: Delphi, mit der aktuellen Forschungsliteratur]. Nach Ansicht von SCOTT wurde in der Forschung zudem lange Zeit die gesamtgriechische Bedeutung der Orakel und Wettkämpfe zu stark betont. Er plädiert dagegen für einen differenzierten und situativ schwankenden Wirkungskreis dieser Heiligtümer und stellt auf dieser Basis sogar den Begriff ‚panhellenisch' in Frage.

Ob die konkrete Frequentierung dieser Heiligtümer jedoch das entscheidende Kriterium für deren ‚panhellenischen' Charakter sein kann, bleibt umstritten. So hat CH. SOURVINOU-INWOOD die These aufgestellt, dass diese Kultstätten zwar eine langwierige und in ihrer realen Bedeutung komplizierte Entwicklung gehabt haben, doch die dort vollzogenen

Rituale schon früh – wahrscheinlich im 8. Jahrhundert v. Chr – die Idee einer von allen Griechen geteilten Lebenswelt auf der Basis einer gemeinsamen Religion symbolisierten [4.1: Ethnicity, 47–48; 4.1: FUNKE, Nabel]. Diesen verbindenden und in konkreten Fällen wirkungsmächtigen Charakter der panhellenischen Heiligtümer betont auch K. FREITAG am Beispiel ihrer Funktion als Schiedsgerichte [4.1: Schiedsgerichtsbarkeit].

## 4.2 Die römischen Heiligtümer

*Archäologische Einführung*

Eine umfassende Studie, die die sakrale Fundierung, architektonische Symbolik und gesellschaftliche Funktion römischer Heiligtümer beleuchtet, liegt leider noch nicht vor. Zwar stellt das jüngst erschienene Buch von P. SCHOLLMEYER eine gute Einführung in die Problematik dar, doch setzt der Autor als Archäologe ganz klare Prioritäten zugunsten von Architekturentwicklung und Kunstgeschichte. Themen, die für die Rekonstruktion des religiösen Weltbildes von fundamentaler Bedeutung sind, wie die Sakralisierung des Bodens und die Weihung des Tempels, werden nur in äußerster Kürze angeschnitten [4.2: Tempel].

Auch der Artikel von J. F. STAMBAUGH erfüllt diese Anforderungen nur bedingt [4.2: Function]. Zwar gibt er einen guten Überblick über die sozio-politischen Dimensionen der Tempelnutzung in Rom, doch bleiben seine Ausführungen zu den religiösen Kernaspekten eher vage. Die archäologischen Fragen zu den Tempeln der republikanischen Zeit und der hohen Kaiserzeit in Rom, von denen oft nur wenige Relikte überkommen sind, erörtert J. W. STAMPER [4.2: Architecture; s.a. 4.2: KÄHLER, Tempel; 4.2: GROS, L'architecture 122–206; 4.2: EGELHAAF-GAISER, Kulträume; 4.2: DERKS, Gods; 4.2: LAFON/SAURON, L'architecture].

*Stellung des Privathauses*

In der Forschung wurde intensiv darüber diskutiert, ob nicht auch die Privathäuser der römischen Bürger, in denen vielfältige Formen von Haus- und Familienkulten stattfanden, als Heiligtümer anzusehen sind. In einer genauen Studie, die das Problem in einen größeren mediterranen Kontext einordnet, kam D. WACHSMUTH zu dem Schluss, dass die Römer dem Haus zwar nicht die gleiche Qualität wie einem Tempel zuschrieben, es aber durchaus eine eigentümlich intermediäre Stellung zwischen profaner und sakraler Sphäre besaß [4.2: Aspekte]. Dies führt WACHSMUTH auf die uralte Tradition der Hauskulte im Mittelmeerraum zurück. Zu den konkreten Kulten im Haus und den archäologischen Zeugnissen davon gibt D. G. ORR eine Übersicht [4.2: Religion].

*templum*

Das ursprüngliche Bedeutungsfeld des Wortes ‚*templum*' wurde insbesondere in der älteren Forschung intensiv diskutiert. Während die Mehrheit der Forscher in Verbindung mit dem griechischen *temenos* (Heiligtum) auf die indo-europäische Wortwurzel *tem- = ausschneiden verwies und somit im *templum* ein Landstück sah, das aufgrund von sakralen Riten aus dem Umfeld herausgenommen („ausgeschnitten") war [4.2: BLUMENTHAL, Templum], plädierte S. WEINSTOCK dafür, dass *templum* ursprünglich ein einfaches Holzgebäude war, das zur Himmelsbeobachtung diente [4.2: Templum]. Diese Diskussion findet aber in der modernen Forschung kaum mehr eine Fortsetzung. Die komplizierte Quellenlage zu der Transformation normaler Grundstücke zu *templa* und der sakralen Konstruktion des Raumes in Rom findet sich ausführlich kommentiert bei P. CATALANO [4.2: Aspetti 467–479], J. LINDERSKI [3.5.1: Law 2256–2282] und CH. KVIUM [4.2: Inauguration]. A. MUTEL hat in einem profunden, aber wenig beachteten Aufsatz die Eindeutigkeit, mit der nach römischem Recht die Heiligtümer der menschlichen Nutzung entzogen wurden, hervorgehoben und damit das rechtliche Pendant zu den auguralrechtlichen Vorschriften beleuchtet [4.2: Condition].

Die Studien zum Tempelbau im republikanischen Rom sind weniger eine Analyse der Funktion der Heiligtümer als räumlicher Schnittstellen zwischen sakraler und gesellschaftlicher Sphäre [ein verdichteter Überblick dazu bei 3.5.1: SCHEID, Religion des Romains 54–67], sondern zumeist im Kern katalogartige Aufzählungen der errichteten Gebäude, wie dies bei A. ZIOLKOWSKI [4.2: Temples] und in einem schwächeren Maße bei M. ABERSON [4.2: Temples] der Fall ist. Während ZIOLKOWSKI eine solide Aufzählung der verschiedenen Tempel unter Angaben der Quellen sowie der topographischen und historischen Aspekte bietet, gibt ABERSON zunächst eine Übersicht zum Zusammenhang von Kriegsbeute und dem Geloben von Tempeln, um danach die Rolle der Feldherren, des Senats und der Censoren zu analysieren. Im Anschluss folgt ein längerer Anhang mit Statistiken zu den republikanischen Tempeln. Einen ähnlichen Analyseschwerpunkt wie ABERSON hat auch das Buch von E. ORLIN, das kurze Zeit später erschienen ist [4.2: Temples]. ORLIN geht der Frage nach den politischen, sakralen und organisatorischen Abläufen von der Gelobung bis zur Errichtung eines Tempels nach. Ihm gelingt es dabei mehr als anderen Studien, das komplexe Geflecht zwischen diesen einzelnen Faktoren in Rom deutlich zu machen. Im Gegensatz zu früheren Thesen, die in der zunehmenden Errichtung von Tempeln durch einzelne erfolgreiche Feldherren ein Anzeichen zunehmender gesellschaftlicher Desintegration sahen, betont ORLIN für die mittlere Republik das bei aller persönlichen Rivalität als harmonisch zu bezeichnende Zusammenwirken der Institutionen.

Tempelbau

Die enge Vernetzung von politischen Institutionen und sakraler Sphäre in Rom wird auch in der Tatsache deutlich, dass politische Gremien, vor allem der Senat, ganz selbstverständlich in Heiligtümern tagten. In ihrer umfassenden Studie zur Organisationsstruktur des römischen Senats widmet sich M. BONNEFOND-COUDRY auch ausführlich seinen unterschiedlichen sakralen Tagungsorten und skizziert die jeweils bewusste Konnotation, die mit der Auswahl eines bestimmten Heiligtums verbun-

Politik und Sakrales

den sein konnte [4.2: Le Sénat 65–160]. Aber auch das Volk konnte bei seinen Versammlungen enge räumliche Bezüge zu den Göttern herstellen [4.2: PINA POLO, Contiones; Contra arma verbis]. So tagte es oft auf dem Capitol vor dem großen Jupiter-Tempel.

In den zurückliegenden Jahren hat insbesondere K.-J. HÖLKESKAMP diese intensive Verwobenheit der Heiligtümer mit der politischen Öffentlichkeit in Rom konzeptionell weiter entwickelt [4.2: Capitol]. Unter Bezug auf die vielbeachteten Überlegungen des französischen Sozialhistorikers P. NORA zur Bedeutung von ‚Erinnerungsorten' [4.2: lieux de mémoire; Geschichte] für die spezifische Ausprägung der kollektiven Identität einer sozialen Gruppe misst HÖLKESKAMP den Heiligtümern in Rom eine Ankerfunktion bei der Ausbildung einer imperialen Memorialtopographie zu. Die ostentative Zurschaustellung von Beutestücken in den oft nach militärischen Siegen errichteten Tempeln habe der Selbstvergewisserung der imperialen Größe eine religiöse Dimension gegeben. So wurden die Heiligtümer zu Orten, die die Erinnerung an die früheren Siege und das Gefühl der eigenen imperialen Überlegenheit im öffentlichen Leben wach hielten. Durch ihre Einbeziehung in die Triumphrituale wurde dieser sakralisierte Verweis auf die dauerhafte römische Herrschaft immer wieder aktualisiert [vgl. 4.2: WALTER, Memoria].

**Sakrale Konzentration** Oft wird in der Forschung die Tatsache nicht angemessen gewürdigt, dass nach dem Auguralrecht Heiligtümer für das gesamte römische Volk nur in der Stadt Rom und ihrer näheren Umgebung inauguriert werden konnten, wie J. RÜPKE zu Recht unterstreicht [3.5.2: Domi militiae 30–35]. Diese sakrale Konzentration stand in einem auffälligen Gegensatz zur territorialen Expansion. B. LINKE führt diese Entwicklung auf die frühe Rivalität der Römer mit den übrigen latinischen Völkern um die Kontrolle über die ursprünglich gemeinsamen Kulte zurück. So sei ganz bewusst eine beachtliche Zahl von Kulten im römischen Zentrum etabliert worden, die in Abgrenzung zu den latinischen Bundeskulten gestanden hätten [4.2: Einheit].

**Heiligtümer in Italien** Diese Konzentration des religiösen Lebens auf der gesamtstaatlichen Ebene auf die Stadt Rom und ihre Umgebung dürfte auch eine wesentliche Ursache dafür gewesen sein, dass die Forschung die Heiligtümer in Italien während der republikanischen Epoche lange Zeit wenig beachtet hat – eine Tendenz, die im klaren Gegensatz zu dem regional breit angelegten Forschungsinteresse in Griechenland steht. In jüngster Zeit scheint sich hier aber eine Wende anzukündigen. So bietet ein von C. SCHULTZ und P. HARVEY herausgegebener Sammelband eine ganze Reihe von interessanten Einzelstudien [4.2: Religion]. Dem Problem der sakralen Dimension der römischen Herrschaft in Italien widmet sich ein Band, der aus einer Dresdner Tagung hervorgegangen ist [4.2: JEHNE/LINKE/ RÜPKE, Vielfalt]. Eine umfassende Studie zu den urbanen Zentren und deren Heiligtümern in römischen und latinischen Kolonien in republikanischer Zeit hat E.-M. LACKNER vorgelegt [4.2: Fora]. Darüber hinaus hat J. SCHEID die Verflechtungen Roms mit bedeutenden Kultorten in Italien untersucht [4.2: Rome] und H.-CH. SCHNEIDER wies darauf hin, dass die alten latinischen Bundesheiligtümer ihre komplexe Bedeutung auch nach dem Sieg der Römer über die Latiner behielten [4.2: Iuppiter].

# 5. Die Priester

## 5.1 Sakrale Autorität: Allgemeine Bemerkungen

Die Stellung sakraler Würdenträger in menschlichen Gesellschaften ist facettenreich. Diese Vielfalt der Erscheinungsformen der sakralen Würdenträger, die nur schwer auf eine gemeinsame Grundstruktur zu reduzieren ist, dürfte eine der wesentlichen Ursachen dafür sein, dass es bis heute neben Lexikonartikeln [5.1: KLEIN, Priester/Priestertum; 5.1: OXTOBY, Priesthood; 5.1: DI NOLA, Sacerdote e sacerdozio; 5.1: FRIEDLI u. a., Priestertum] kein wirklich zufriedenstellendes Überblickswerk zu dem Thema gibt. Die Arbeit von L. SABOURIN [5.1: Priesthood] konzentriert sich ganz stark auf den indo-europäischen Kulturraum bzw. auf die jüdisch-christliche Tradition des Priestertums. In der großen Enzyklopädie der Religionen, die M. ELIADE herausgegeben hat, finden sich neben den jüdischen und christlichen Priestern vor allem Beispiele aus asiatischen Kulturen [5.1: Encyclopedia], während die Darstellung von J. F. THIEL [1.2: Religionsethnologie 126–137] auf frühe Gesellschaften fokussiert ist. Im breit angelegten Handbuch religionswissenschaftlicher Grundbegriffe umfasst der Artikel lediglich drei Seiten [5.1: NEUMANN, Priester]. G. LANCZKOWSKI [5.1: Religionsphänomenologie 84–107] entwirft eine Klassifizierung der sakralen Würdenträger vom situativen Charismatiker zum kirchlichen Funktionär, die zwar stark schematischen Charakter besitzt, aber für einen Überblick durchaus nützlich ist.

Vergleichende Perspektiven

In den vergleichenden Arbeiten fällt auf, dass die Priester in den antiken Gesellschaften kaum Berücksichtigung finden. Umso erfreulicher ist es, dass mit einem von M. BEARD und J. NORTH herausgegebenen Sammelband [5.1: Pagan Priests] seit einiger Zeit ein Kompendium guter Einführungsartikel mit zum Teil hohem innovativen Potential vorliegt. Insgesamt gilt es allerdings zu beachten, dass die Situation in den antiken Gesellschaften nicht gleich war. Schon der deutliche Unterschied in der Forschungsintensität zu den griechischen und den römischen Priestern ist an sich ein Indikator für die differierende Stellung und Bedeutung der sakralen Würdenträger in beiden Kulturkreisen. Noch stärker als in der Symbolik der Rituale und bei der Anlage von Heiligtümern erweist sich die Position der Priester und ihre Vernetzung mit der Gesellschaft in Rom und Griechenland in wesentlichen Teilen sogar als starker Kontrast.

## 5.2 Die griechischen Priester

Komplizierte Quellenlage
Die Quellenlage zu den griechischen Priestern ist sehr kompliziert. Neben verstreuten Hinweisen in der Literatur nimmt ab dem 5. Jahrhundert v. Chr. die Bedeutung der Informationen aus den Inschriften zu. Insgesamt bleibt es ein Bild aus weit verstreuten Einzelangaben, die zum Teil sogar erst aus Lexika der byzantinischen Zeit stammen. Vor allem hinsichtlich der Verhältnisse außerhalb Athens stoßen die Rekonstruktionsversuche im Detail nicht selten an Grenzen.

Diese Ausgangssituation führte dazu, dass das Problemfeld der griechischen Priester lange in der Forschung keine Priorität genoss. So findet sich z. B. im großen Werk von M. NILSSON [1.4.2: Religion] kein eigener Abschnitt zu den sakralen Würdenträgern und auch L. GERNET [1.3: GERNET/BOULANGER, Génie 174–177] widmet ihnen nur wenige Bemerkungen. Für einen Überblick zu den antiken Quellen bleiben daher der Artikel, den L. ZIEHEN unter dem Stichwort *hiereis* („Priester') in der Realencyclopädie veröffentlicht hat [5.2: Hiereis] und die Abschnitte bei P. STENGEL [1.4.2: Kultusaltertümer 32–78] lesenswert. Dies gilt auch für die allgemeinen Überlegungen von J. BURCKHARDT in seiner griechischen Kulturgeschichte [1.4.2: I 125–134].

In den aktuellen Handbüchern gibt M. JOST [1.4.2: Aspects 96–112] einen differenzierten Überblick zu den ‚sakralen Akteuren', während die knappe Darstellung bei W. BURKERT [1.4.2: Religion 157–163] von seiner grundlegenden Überzeugung geprägt ist, dass Priester in der griechischen Religion faktisch kaum Bedeutung besaßen. Die Rolle der im sakralen Kontext handelnden Menschen wird daher in der Analyse der jeweiligen Ritualzusammenhänge berücksichtigt.

Athen
Diese eher zurückhaltende Forschungslage hat sich in den letzten zwei Jahrzehnten insbesondere für Athen geändert, das aufgrund der dort konzentrierten Quellen als historisches Beispiel bei der Rekonstruktion der griechischen Priester dominant ist. Nach dem thematisch weit gefassten Aufsatz von D. D. FEAVER zur historischen Entwicklung der athenischen Priester aus den fünfziger Jahren [5.2: Development] veröffentlichte erst wieder R. GARLAND Mitte der achtziger Jahre einen grundlegenden Überblicksartikel zu den Trägern religiöser Autorität im archaischen und klassischen Athen [5.2: Authority]. Nach kurzer Skizzierung der Grundfaktoren für sakrale Autorität im öffentlichen Raum bietet GARLAND eine katalogartige Liste aller bekannten Priestertümer in alphabetischer Reihenfolge der Gottheiten und schließlich eine Übersicht zu den anderen sakralen Ämtern der Polis. Die Ergebnisse

hat GARLAND nochmals in seinem Artikel für den Sammelband ‚Pagan Priests' zusammengefasst [5.2: Priests].

Im Jahr 2008 ist unter der Federführung von B. DIGNAS und K. TRAMPEDACH ein Sammelband zu den Priestern in Griechenland erschienen [5.2: Practitioners], der aus einer Tagung am Washingtoner Center for Hellenic Studies hervorgegangen ist. Der Band umfasst interessante und kompetente Einzelbeiträge. Für die großen Probleme bei der konzeptionellen Annäherung an die sakralen Würdenträger in Griechenland ist die resümierende Aussage von A. HENRICHS zu seinem einleitenden Grundsatzartikel „What is a Greek Priest?" bezeichnend: „In my view, it would be better for our understanding of the multifaceted complexity of Greek polytheism and of the distinctive specificity of ist nomenclature if the misleading term (s.c. priest, B. L.) could be banished altogether from the discussion" [5.2: Priest 9]. Eine angemessene und praktikable Alternativterminologie wird allerdings auch in diesem Beitrag nicht entwickelt. So bleibt der berechtigte Appell an die terminologische Vorsicht bei der Verwendung des Begriffes ‚Priester'.

### 5.2.1 Die Priester der Polis

Die Ausübung der ältesten für uns fassbaren athenischen Priesterämter war auf die Mitglieder einzelner Priestergeschlechter beschränkt, die diese Funktionen noch in der klassischen Zeit bewahrten. Zu diesen Priestergeschlechtern hat F. BOURRIOT eine umfassende, wenn auch nicht leicht zu rezipierende Analyse verfasst [5.2.1: Recherches]. BOURRIOT kommt zu dem Ergebnis, dass die *gene* vor allem priesterliche Funktionen besaßen und nicht – wie in der älteren Forschung oft vermutet – Relikte einer umfassenden Verwandtschaftsorganisation in der Gesellschaft waren.

*Die gene*

Die innere Struktur und die Aufbauprinzipien dieser Priestergeschlechter sind für uns aufgrund der geringen Informationen nicht völlig klar. Die Auswahl des Funktionsträgers innerhalb der Angehörigen der *gene* erfolgte offensichtlich in der Regel durch das Losverfahren. Die Forschung sieht darin ein Verfahren, dessen Ergebnis als göttliche Entscheidung galt [5.2.1: ALESHIRE, Demos 328–335; 5.2: ZIEHEN, Hiereis 1413–1417]. Neben der Stellung der einzelnen Priester kamen den Angehörigen der *gene* teilweise auch weitere Funktionen in den Kulten zu und sie konnten unter Umständen auch Einkünfte aus der Kultdurchführung erhalten.

Die vier wichtigsten Priestergeschlechter in Athen waren die Eteoboutaden, die Eumolpiden, die Keryken und die Salaminioi. Dazu kamen noch die *gene*, deren Kulte keine so zentrale Stellung im sakralen Leben hatten oder unter Umständen nur für die Mitglieder des *genos* selbst Relevanz besaßen. Von der Vielfalt der ‚Priestergeschlechter' (*gene*) in Athen, deren Angehörige sich jeweils um einzelne Kulte kümmerten, legt eine von R. PARKER zusammengestellte Liste zu den athenischen *gene* Zeugnis ab [1.4.2: Religion 284–327].

Salaminioi  Aufgrund der schwierigen Überlieferungslage liegen nur zu einigen dieser Priestergeschlechter detailliertere Studien vor, die sich in der Regel auf inschriftlich erhaltene Angaben stützen. So gibt es mehrere Untersuchungen zum *genos* der Salaminioi, die wir aus Inschriften etwas besser kennen und dessen Angehörige mit der Pflege der Kulte für die Athena Skiras, den Heros Eurysakes, den Herakles von Porthmos sowie der Kulte für Aglauros, Pandrosos und Kourotrophos betraut waren [5.2.1: FERGUSON, Salaminioi 12–22; 5.2.1: OSBORNE, Salaminioi 143–160]. Trotz dieser wichtigen Kulte können wir nur Vermutungen über die Herkunft dieses *genos* äußern. So bringt N. ROBERTSON in einer umstrittenen These die Salaminioi nicht mit der Insel Salamis, sondern mit der Ausbeutung von Salzvorkommen in Verbindung [3.3: Festivals 126–128].

Eteoboutaden  Vor dem Hintergrund der relativ ausführlichen Informationen zu den Salaminioi fallen dann allerdings unsere geringen Kenntnisse selbst zu einem so prominenten Priestergeschlecht wie den Eteoboutaden umso stärker auf, dessen Mitglieder exklusiv zwei der wichtigsten Priesterstellen in Athen besetzten, nämlich die der Priesterin für die Athena Polias und die des Priesters für Poseidon Erechtheus [5.2.1: BOURRIOT, Recherches 1326–1347]. Doch konnten moderne Untersuchungen zeigen, dass die Mitglieder zumindest bis in die römische Kaiserzeit sehr angesehen blieben: „By the Roman period the noble birth of the Eteoboutads was proverbial" [1.4.2: PARKER, Religion 290; 5.2.1: TOEPFFER, Genealogie 117–118].

Eleusis  Eine Sonderstellung unter den athenischen Priestern nehmen die Priester im großen Mysterienheiligtum von Eleusis ein, das sich im Norden von Attika befand [5.2.1: CLINTON, Officials; 4.1: BURKERT, Mysterien]. Die älteste sakrale Funktion in Eleusis war wahrscheinlich die Position der Priesterin der Demeter, also der Gottheit, die im Zentrum des eleusinischen Kults stand [5.2.1: CLINTON, Officials 76]. Die Amtsträgerin wurde von dem *genos* der Philleidai gestellt. Für die Repräsentation des Kults nach außen waren die beiden anderen wichtigen Priestertümer in Eleusis, der Hierophant und der Dadouchos, wesentlich bedeutsamer. Beide Priesterämter durften jeweils nur von den Angehörigen eines *genos* ausgeübt werden: den Eumolpiden, die traditionell den Hierophanten stellten, und den Keryken, aus deren Reihen der Dadouchos stammte. Die Auswahlverfahren bei der Besetzung der Priestertümer sind in beiden Fällen nicht mehr mit Sicherheit zu klären. Trotz dieses Mangels an eindeutigen Informationen hat sich insbesondere im Fall der Keryken eine Forschungskontroverse entwickelt. Während DITTENBERGER [5.2.1: Keryken 22], DAVIES [5.2.1: Families 262 (Nr. 7826)] und GARLAND [5.2: Authority 84 u. 99] abwägend für die Vererbung der Funktion eintreten, betont CLINTON [5.2.1: Officials 47–48], dass ein derartiges Verfahren für kein *genos* sicher zu belegen ist. PARKER [1.4.2: Religion 301] konstatiert hingegen eine temporäre Dominanz einzelner Familien, so dass an ein gemischtes Verfahren aus Vorselektion und Losung zu denken wäre.

Beide Geschlechter betreuten gemeinsam die Kandidaten für die Mysterien und besetzten weitere Positionen im Rahmen der sakralen Organisation des Heiligtums und seiner Kulte. Es gibt Hypothesen, die in der Geschichte dieser *gene* die Übernahme des Heiligtums durch Athen wiederfinden wollen [5.2.1: PICARD, Les luttes]. Da wir aber über die innere Entwicklung von Eleusis vor dem 6 Jh. v. Chr. fast keine Informationen besitzen, müssen all diese Überlegungen letztlich Spekulation bleiben.

Eine charakteristische Begleiterscheinung der gesellschaftlichen Verdichtungsprozesse, die in der archaischen Epoche zur Ausbildung der Polisgemeinschaften führten, war die Einsetzung von Beamten, die zeitlich begrenzt im Auftrag der Polis gemeinschaftliche Aufgaben wahrnahmen, zu denen vielfach auch sakrale Obliegenheiten gehörten [zur Entwicklung und Ausdifferenzierung der Ämter in Athen s. 5.2.1: STEIN-HÖLKESKAMP, Adelskultur 96–100; 5.2.1: STAHL, Aristokraten 155–160]. In diesen Fällen war die Erfüllung der sakralen Aufgaben an die Besetzungskriterien und die zeitliche Beschränkung der Amtsausübung und deren Entwicklung gekoppelt. In Athen galt diese Vernetzung von gesellschaftlicher Entwicklung und sakraler Sphäre für die Funktionen des *archon eponymos*, des *polemarchos* und vor allem des *basileus*, bei denen man spätestens seit dem ausgehenden 7. Jh. v. Chr. mit einem jährlichen Wechsel der Amtsinhaber rechnen muss.

*Einsetzung von Beamten*

Bei seiner Analyse der Verpflichtungen des *archon eponymos* und des *polemarchos* weist J. DAVIES darauf hin, dass ihnen vor allem sakrale Funktionen und Riten oblagen, die in der sakralen Chronologie der athenischen Polis eher neueren Datums waren bzw. erst für einen relativ späten Zeitpunkt bezeugt sind [1.3: Religion 374], wie z. B. die Feiern zu Ehren der athenischen Kriegstoten und deren Totenopfer [3.4.3: PRITCHETT, Greek State IV 106–124]. Hierin sieht DAVIES einen klaren Beleg dafür, dass die durch staatliche Beamte wahrgenommenen sakralen Funktionen später als die Kulte der Priestergeschlechter eingeführt wurden, man also von einer zeitlichen Abfolge zwischen diesen Organisationsformen ausgehen kann.

*archon eponymos und polemarchos*

Das Archontenamt mit der stärksten sakralen Komponente in der Funktionsausübung war die Position des *basileus*. Dem jährlichen Amtsinhaber oblag die Organisation und Überwachung von wichtigen religiösen Festen und sakralen Riten. So überwachte er die ordnungsgemäße Durchführung der eleusinischen Mysterien, wobei ihm spätestens seit der Mitte des 4. Jhs. v. Chr. vier weitere Beauftragte (Epimeleten) assistierten. Der Ursprung dieser Funktion wird in der Forschung diskutiert. Zumeist wird in diesem Kontext auf die wachsende Popularität

*basileus*

der Mysterien hingewiesen, die den organisatorischen Aufwand ständig vergrößerte [5.2.1: CLINTON, Eleusinion 272–282].

*Anthesterien* Die bedeutendste sakrale Funktion des *basileus* und seiner Frau bestand jedoch in ihrer Beteiligung am Fest der Anthesterien. Das Fest dauerte drei Tage und galt als das älteste Fest zu Ehren des Gottes Dionysos. Im Rahmen dieses Festes vollzog sich unter anderem der geheimnisvolle Ritus der ‚Heiligen Hochzeit' (*hieros gamos*) zwischen der Frau des *basileus*, der *basilinna*, und der Gottheit. Über den genauen Ablauf dieser Heiligen Hochzeit besitzen wir keine Informationen, so dass die Vermutungen in der Forschung zwischen der rituellen Vereinigung mit dem als Gott verkleideten *basileus* [3.3: DEUBNER, Feste 108–109, und 3.3: PARKE, Feste 172; abwägend zustimmend äußert sich 5.2.1: CARLIER, Royauté 334–335] und der symbolischen Vereinigung mit einem Kultbild des Dionysos [1.4.2: BURKERT, Religion 362–363] schwanken. CH. AUFFARTH [5.2.1: Untergang 221–222] konstatiert einerseits die Nichtbeantwortbarkeit dieser Frage, verweist aber andererseits auf die Tatsache, dass es nicht ungewöhnlich war, wenn in sakralen Riten Götter durch Menschen dargestellt wurden. AUFFARTH sieht in dem Anthesterienfest in Athen ein altes Neujahrsfest, in dessen Verlauf es zu einer rituellen Auflösung der alten Ordnung kam, die sich zum Schluss des Festes wieder neu etablierte [ebd. 249–276].

Zum Kernbereich der Kompetenzen des *basileus* gehörte darüber hinaus die Regelung von Streitigkeiten um Priesterämter. Zudem entschied er über Streitfälle bezüglich sakraler Angelegenheiten, die sich zwischen den *gene* bzw. unter den einzelnen Priestern ergaben. S. HUMPHREYS *Kultbeamte* [5.2.1: Anthropology 254–256] weist zu Recht auf die Folgen hin, die die *als Amtsträger* Entscheidung, diese Oberaufsicht zusammen mit vielen neuen Kulten nicht den bestehenden, erblichen Priesterämtern zu übertragen, sondern Kultbeamten der Polis, die letztlich den Status normaler Amtsträger besaßen, für die priesterlichen Funktionen hatte. Zum einen musste der jährliche Wechsel der Amtsinhaber die Bindung an die Gottheiten lockern; ein Verweis auf eine dauerhafte und exklusive Beziehung zu einer Gottheit war unter diesen Voraussetzungen kaum möglich. Zum anderen sind selbst für die Auswahl des *basileus* – abgesehen von der Vorschrift, dass er verheiratet sein musste – keine besonderen Kriterien überliefert, die die Amtsinhaber für die Ausübung dieser sakralen Funktion qualifiziert hätten. Diese Interpretation unterstützt auch F. GRAF [1.4.1: Griechische Religion 473]: „Priester sind damit institutionell durch nichts von den anderen Funktionären der Polis unterschieden, die ebenfalls von der Versammlung der Bürger gewählt werden (von denen viele auch sakrale Aufgaben wahrnehmen)" [ebenso 1.4.2: BRUIT ZAIDMAN/SCHMITT PANTEL, Religion 50].

Für den *basileus* und seine sakralen Verpflichtungen sieht L. ZIEHEN in dieser Entwicklung die zunehmende Ablösung des ‚hieratischen' (heiligen) Elements in der Amtsführung durch die soziale Qualifikation [5.2: Hiereis 1414–1415]. Damit wären die Formen erblichen Charismas der Priestergeschlechter zugunsten gesellschaftlicher Qualifikationen abgelöst worden. Dies betont auch W. BURKERT: „In reality there seems to have been a protraced process, parallel to the evolution of the *polis* system. It meant to reduce the authority of families and clans, and to reduce the role of charismatics, of priests, seers and their like" [4.1: Greek *poleis* 203].

Zu dieser Entwicklungstendenz passt die Tatsache, dass die Polisgemeinschaften seit dem 6. Jh. v. Chr. in zunehmendem Maße administrative Positionen einrichteten, wie z. B. die *hieropoioi* bei den Panathenäen [5.2: GARLAND, Authority 117–118]. Auch dies ist in den Augen von J. DAVIES ein klares Indiz für die zunehmende Priorität der politischen Organisation in der sakralen Sphäre: „These variously-named officials seem to represent a further kind of movement by the state into the active administration of cult. Since the role they performed could have been filled by priests (and often were), their creation must reflect a series of individual decisions that the role of priests was not to be thus extended" [1.3: Religion 375]. Die sakralen Funktionsinhaber wurden hierdurch in vielerlei Hinsicht auf den Status normaler Amtsträger des *demos* reduziert, die nur sehr begrenzt kraft eigener Legitimität agierten [vgl. 1.4.2: JOST, Aspects 102]. Administrative Positionen

So besteht die Haupttendenz der Forschung darin, die zunehmende Bedeutung der politischen Instanzen für die sakrale Sphäre und ihre Organisation hervorzuheben. In diese Entwicklung fügt sich für R. GARLAND auch der Umstand ein, dass in Athen die gesamten finanziellen Angelegenheiten der sakralen Organisation der Rechenschaftspflicht gegenüber dem *demos* unterworfen wurde [5.2: GARLAND, Authority 78–80]. Vor dem Hintergrund dieser breiten Kompetenzen des Volkes in Athen kommt R. PARKER deshalb zu dem Fazit: „Priests do not give orders to the assembly, but the assembly to priests. Priests are in a sense officers of the state" [1.4.2: Polytheism 90]. Rolle des *demos*

Diese Analyse gilt aber nicht nur für Athen. Die Entwicklung der sakralen Organisation in den griechischen Poleis hat insgesamt nicht mit der Evolution gesellschaftlicher Strukturen Schritt gehalten, sondern retardierte auf einem Niveau, das einer frühen Phase der Ausbildung gemeinschaftlicher Organisationsformen entsprach. Unter institutionellen Aspekten kommt J. GOULD daher zu dem Fazit, dass die griechische Religion grundlegend provisorisch blieb [1.4.1: Making Sense 7–8].

### 5.2.2 Sakrale Spezialisten außerhalb der Polisorganisation: Die Seher

Die komplexe Einordnung der Seher in die sakrale Landschaft des antiken Griechenlands, die ihnen eine scheinbar periphere Existenz verlieh, Forschungsstand führte lange Zeit dazu, dass sie in der religionshistorischen Forschung nur bedingt beachtet wurden. So blieben die beiden Artikel von L. ZIEHEN [5.2.2: Mantis] und S. EITREM [5.2.2: Mantis] lange Zeit die wesentlichen Forschungsbeiträge. In den sechziger Jahren legte dann P. KETT eine zusammenfassende Sammlung der uns bekannten Seher vor [5.2.2: Prosopographie]. Das kleine Buch bietet eine nützliche Auflistung der Personen und der entsprechenden Quellenlage. Eine strukturelle Analyse zu den *manteis* und ihrer Positionierung im gesellschaftlichen Gefüge findet sich

*Aktuelle Beiträge* in einer Arbeit von P. ROTH [5.2.2: Mantis]. Seit 2008 gibt es nun eine umfassende und tiefgreifende Studie zu den griechischen Sehern von M. A. FLOWER, die die Thematik differenziert erschließt [5.2.2: Seer]. Auf den Einfluss der orientalischen Kulturen, wo die Kunst der Seher schon eine lange Tradition besaß, verweisen vor allem die wichtigen Studien von W. BURKERT, der das Phänomen der Seher in den übergeordneten Kontext des Kulturaustauschs im östlichen Mittelmeer stellt [5.2.2: Itinerant Diviners; 2.2.1: Orientalisierende Epoche 43–84]. Einen noch weiteren komparatistischen Ansatz wählt J. BREMMER, der in seinen Arbeiten auf eine übergreifende Einschätzung des charismatischen Potentials abzielt [5.2.2: Prophets; Status].

*Etymologie* M. CASEVITZ weist nach eingehender etymologischer Analyse des Wortes ‚*mantis*' und dessen Gebrauch in der griechischen Literatur darauf hin, dass die in der älteren Literatur immer wieder vertretene Ableitung von *mania* ‚Besessenheit' kaum wahrscheinlich sei. Vielmehr bezeichne *mantis* einen Menschen, der entdecke, was verborgen, ist, und auf diese Weise den wahren Zustand der Welt erkenne [5.2.2: Mantis].

*chresmologoi* Von den Sehern kaum eindeutig abzugrenzen waren die Orakeldeuter, die *chresmologoi*, die auf der Basis von eigenen bzw. überlieferten Orakeln ihre Entscheidungshilfen gaben. Die Unschärfe in der Trennung zeigt sich besonders deutlich bei dem prominenten athenischen Seher Lampon, der in den Quellen an der einen Stelle als *mantis* (Plut. Per. 6,2; Ath. 8,344), an anderer Stelle aber als *chresmologos* (Schol. Aristoph. Pac. 1084) bzw. sogar mit der Kombination beider Bezeichnungen (Schol. Aristoph. Av. 521) benannt wird. Zu den *chresmologoi* gibt es eine immer noch lesenswerte Arbeit von J. H. OLIVER [5.2.2: Expounders 1–17]. Auch R. GARLAND widmet einige Passagen in seiner Übersicht zu sakralen Würdenträgern den Chresmologen [5.2: Priests 82–85].

*Regionale Mobilität* P. ROTH unterstreicht für die Seher das Spannungsfeld, das sich daraus ergab, dass sie in sozialen Gemeinschaften mit sich festigender kollektiver Identität agierten, selbst hingegen zumeist in keiner bestimmten Polis verwurzelt waren [5.2.2: ROTH, Mantis 171]. Mit einer für ihre Zeit ungewöhnlich hohen regionalen Mobilität wechselten sie häufig ihre Wirkungsstätten. Ihre sakrale Autorität beruhte also nicht auf den spezifischen regionalen Grundlagen der sakralen Sphäre einer Gemeinschaft und so hatten sie auch keinen Zugriff auf die Kulte für die sakralen Mächte, die die Lebensfähigkeit und Stabilität der Gemeinschaft garantierten.

Hinzu kam, dass die Seher zumeist nur bei konkretem Bedarf von einer Gemeinschaft zu Rate gezogen wurden, wobei J. H. OLIVER darauf hinweist, dass ihr Urteil auch keinen verbindlichen prognostischen Charakter hatte, sondern nur als Orientierungshilfe galt, der man sich anschließen konnte, die aber auch verworfen werden konnte [5.2.2: Expounders 108]. Analog betont P. STENGEL für den militärischen Bereich die Entscheidungsfreiheit der Feldherren gegenüber den Deutungs- und Orientierungshilfen von *manteis* und *chresmologoi* [1.4.2: Kultusaltertümer 62–63]. Rat nach Bedarf

In dieser schwierigen Einbettung der *manteis* und *chresmologoi* in das gesellschaftliche Umfeld lag eine wichtige Quelle für das Misstrauen gegen ihre Deutungen und den nicht selten anzutreffenden Verdacht, dass ihren Interpretationen gezielte Verfälschungen aus eigenen Interessen bzw. aufgrund von Bestechungen zugrunde lagen [5.2.2: KETT, Prosopographie 109–111; 5.2.2: BREMMER, Prophets 157–158; 5.2.2: DERS., Status 105–108]. In einer profunden Detailstudie zeigt SHAPIRO die zwiespältige Position von Orakeldeutern schon für das Athen des 6. Jh. v. Chr. auf [5.2.2: Oracles-Mongers]. Zudem gibt es nach ROTH deutliche Anzeichen dafür, dass im Laufe der archaischen und beginnenden klassischen Zeit bei den Sehern, wie bei den Priestern, der charismatische Aspekt zugunsten eines Ansehens ihres technischen Wissens abgenommen hat [5.2.2: Mantis 243; s.a. 5.2.1: HUMPHREYS, Anthropology 255]. Misstrauen gegenüber den Sehern

Auf diese Weise konnten einzelne *manteis* unter günstigen Bedingungen durchaus einen hohen Einfluss auf Einzelentscheidungen der Polisgemeinschaften gewinnen, doch betonen GARLAND und OLIVER, dass die Rahmenbedingungen nicht dazu geeignet waren, eine über die konkrete Situation hinausgehende Deutungskompetenz zu erlangen [5.2: GARLAND, Priests 84; 5.2: DERS., Authority 13–114; 5.2.2: OLIVER, Expounders 9].

## 5.3 Die Priester in Rom

Die begrenzte Rolle, die die sakralen Würdenträger in Griechenland spielten, kontrastiert auffällig mit der zentralen Position, die die Priester in Rom einnahmen. Dieser Gegensatz spiegelt sich auch in den Schwerpunkten der Forschung wider. Während es zu den griechischen Priestern nur eine sehr übersichtliche Zahl an Veröffentlichungen gibt, widmen sich vielfältige Untersuchungen der sakralen Organisation in Rom. Einen ausführlichen und guten Überblick zu dem Thema gibt die Monographie von D. PORTE [5.3: Les donneurs]. Aber auch die Aufsätze von M. BEARD [5.3: Priesthood] und J. NORTH [5.3: Diviners] im Sammelband Einführungen

,Pagan Priests' sowie ein Beitrag von J. SCHEID [5.3: Priester] eignen sich ausgezeichnet als Einführung. Diese Arbeiten werden jetzt durch die von J. H. RICHARDSON und F. SANTANGELO herausgegebene Sammlung detaillierter Analysen gut ergänzt [5.3: Priests]. Die enge Verwobenheit der Priester mit der politischen Sphäre beleuchtet G. J. SZEMLER [5.3: Priests]. Eine umfassende Sammlung aller uns bekannten römischen Priester und Funktionsträger in den Kulten hat J. RÜPKE vorgelegt und damit ein prosopographisches Standardwerk geschaffen [5.3: Fasti; s.a. 5.3: DERS., Römische Priester].

*Stellung des frühen Königs*

Ein wichtiger Ausgangspunkt für die Rekonstruktion der sakralen Organisation in der früheren Forschung bildete die Diskussion um die Stellung des frühen römischen Königs. Dabei überwog die Meinung, im Laufe der Königszeit hätten die Monarchen eine starke politische und religiöse Funktion in ihrer Person vereint [5.3: KUNKEL, Königtum 19; s.a.

*Der rex sacrorum*

3.5.1: COLI, Regnum 397-416]. Abgeleitet werden diese sakralen Kompetenzen des Königs aus den Funktionen des *rex sacrorum*. Insbesondere F. BLAIVE hat sich bemüht, diese uralten Wurzeln herauszuarbeiten, die in seiner Sicht mit einem besonderen Status des *rex sacrorum* in der Hierarchie der sakralen Organisation in Rom verbunden war [5.3: Rex sacrorum; s.a. 2.3: BAYET, Histoire 98-100]. Ob eine sakral hervorgehobene Position in der Frühzeit auch mit einer weitreichenden gesellschaftlichen Machtfülle verbunden gewesen sein muss, bleibt allerdings umstritten [5.3: LINKE, Verwandtschaft 49-56].

J. HEURGON hebt hervor, dass ein wesentlicher Aspekt des frühen *rex* seine enge Verbundenheit mit der Zeit und mit dem Jahresablauf gewesen sei. So brachte noch später der *rex sacrorum* an den *calendae* jedes Monats ein Opfer dar und verkündete den Tag, auf den in diesem Monat die *nonae* fielen. Durch seine Tätigkeit wurde der König zur Inkarnation der sozialen Zeit: „Le roi n'annonçait pas seulement le calendrier, il le vivait" [5.3: HEURGON, Rome 205].

Am 24. Februar wurde das *regifugium*, die ,Königsflucht', gefeiert. Die tiefere Bedeutung dieses wichtigsten Festes des Königs ist heute nur schwer zu klären [1.4.3: LATTE, Religionsgeschichte 117-118]. Der König brachte an diesem Tag ein Opfer auf dem *comitium* dar und musste dann eine rituelle Flucht antreten, die dem Fest seinen Namen gab. HOLLEMAN meint, dass hiermit die Flucht des ,alten Jahres' vor dem neuen symbolisiert werden sollte [5.3: Calendriers 202-204]. Vielleicht handelte es sich aber auch um eines jener Rebellionsrituale, die wir aus anderen frühen Gesellschaften gut kennen [5.3: LINKE, Verwandtschaft 52 mit Verweis auf 5.3: GLUCKMAN, Rituale der Rebellion 250-280 u. 2.3: BALANDIER, Anthropologie 133-137].

*Die Vestalischen Jungfrauen*

In einen engen Kontext mit dem *rex sacrorum* wurde in der Forschung die Priesterschaft der Vestalischen Jungfrauen gesehen. So vertritt H. HOMMEL die Auffassung, dass die Vestalinnen die Stellung der Kinder des *rex sacrorum* und seiner Frau, der *regina*, im Ritus einnahmen [5.3: Vesta 403–404; zu den kultischen Verbindungen zwischen *rex* und Vestalinnen s.a. 5.3: MARTIN, L'idée 100–110]. *Rex, regina* und Vestalinnen hätten so eine heilige Sakralfamilie gebildet, die das menschliche Pendant zur göttlichen Ordnung darstellte. Allerdings ist H. CANCIK-LINDEMAIER skeptisch und betont die Unabhängigkeit der Vestalinnen, die aus dem Bestreben der Römer verstanden werden müsse, eine ‚öffentliche Sphäre' zu schaffen, die nicht dem privaten Bereich angehöre [5.3: Privilegierung].

Jenseits dieser Kontroverse haben die Vestalischen Jungfrauen in den zurückliegenden Jahren ein intensives Interesse auf sich gezogen, was nicht unwesentlich von ihrer besonderen Stellung als einzige weibliche Priesterinnen Roms, die eigenständig Opfer durchführen konnten, inspiriert gewesen sein dürfte. Am umfassendsten informieren die Monographien von J. C. SAQUETE [3.2: Vírgenes vestales] und A. BÄTZ [3.2: *Sacrae Virgines*] über die Aufgaben der Vestalinnen und ihre Stellung in der Gesellschaft. Während sich das Buch von M. C. MARTINI vor allem auf eine Rekonstruktion der ganz frühen Phase in der Entwicklung dieser Priesterschaft und auf die Bedeutung der drakonischen Strafen bei Verletzung der Keuschheitsgebote konzentriert [5.3: Le vestali], legt N. MEKACHER den Schwerpunkt auf die Kaiserzeit und die dort bis in die Spätantike herausragende Bedeutung dieser Priesterinnen [3.2: Jungfrauen]. Da diese Studie eine stark archäologische Orientierung besitzt, bietet sie zudem eine detaillierte Analyse der noch fassbaren Überreste des Vesta-Heiligtums und der Ikonographie der Priesterinnen in den zeitgenössischen Darstellungen.

*fetiales*

Neben den Vestalinnen gab es im klassischen Rom eine Reihe weiterer kollegialer Priesterschaften, deren Wurzeln offensichtlich weit in die Vergangenheit reichten, wie z. B. die *fetiales*. Diese Priesterschaft bestand aus 20 auf Lebenszeit ernannten Mitgliedern, die jedoch nur im Konfliktfall mit anderen Gesellschaften aktiv wurden und dann uralte Rituale vollzogen [die Grunddarstellungen der Aufgaben der *fetiales* finden sich bei Liv. 1, 24, 4–9 und Dion. Hal. 2, 72, 1–9; dazu: 5.3: SAMTER, Fetiales]. Aber auch bei der Beendigung von Konflikten und bei der Wiederherstellung eines friedlichen Zusammenlebens traten die *fetiales* in Aktion. Ursprünglich handelten sie wohl die konkreten Bedingungen für die Beilegung eines Streits aus und besiegelten den friedensbringenden Ausgleich durch ihre Opferriten. Diese friedensstiftende Funktion wird von TH. WIEDEMANN [5.3: The ‚fetiales'] hervorgehoben, für den die konfliktauslösenden Riten eine nachträgliche Uminterpretation sind. Dem steht allerdings die Einordnung der *fetiales* in eine strukturell aggressive Gesellschaftsordnung von W. HARRIS entgegen [5.3: War and Imperialism 166–175]. Seit kurzem liegt zu den *fetiales* die umfassende Analyse von J. RICH vor, der die unterschiedlichen Aspekte abwägend darstellt. RICH sieht in den Ritualen der *fetiales* zweifellos einen sehr alten Kern. Im Laufe der Republik sei die Bedeutung der Kulthandlungen allerdings situativen Schwankungen unterworfen gewesen, die sich auch in der Neueinführung archaisierender Ritualteile niederschlagen konnte. Insgesamt betont RICH jedoch ihre wichtige und komplexe Funktion beim Ausbruch kriegerischer Konfliktfälle in Rom [5.3: *fetiales*].

Für weitere Priestervereinigungen gilt das Problem, dass wesentliche Teile unserer Quellen erst aus der römischen Kaiserzeit stammen. Diese späte zeitliche Einordnung vieler Quellen hat in der Forschung zu mahnenden Stimmen geführt, die davor warnen, die überlieferten Informationen in Gänze als Reflex eines alten Zustandes anzusehen. Vielmehr müsse damit gerechnet werden, dass auch hier in späterer Zeit archaisierende Neuerungen in die Riten eingefügt wurden, die ein hohes Alter der Kulte suggerieren sollten.

*fratres Arvales* Auch wenn damit die chronologische Einordnung vieler Rituale in Frage gestellt wird, so hat doch J. SCHEID mit seiner Studie zu den *fratres Arvales*, deren Fruchtbarkeitsritus eng mit dem Marskult verbunden war und über die wir insbesondere durch kaiserzeitliche Inschriften informiert sind, eine fundamentale Analyse der römischen Rituallogik vorlegen können, die zur Grundlage seiner umfassenden Neuinterpretation der römischen Religion wurde [5.3: Romulus]. Einen knappen Überblick zu den *fratres Arvales* mit Verweisen auf die Forschungsgeschichte gibt E. OLSHAUSEN [5.3: Ackerbrüder]. Über andere Priesterschaften, wie die *fratres Atiedi* oder die *Titii*, für die wir nicht über diese breite Quellenbasis verfügen, können wir hingegen fast keine Aussagen treffen.

G. RADKE vermutete, dass die Bezeichnung ‚Bruderschaft‘ bei den Arvales und anderen Priesterschaften auf den Ursprung in einem Verwandtschaftsverband hindeute [5.3: Acca Larentia], was allerdings nicht zu beweisen ist. Eindeutige Hinweise auf eine exklusive Position von Familienclans in einzelnen Kulten werden bei dem archaischen Ritual der *lupercalia* sichtbar, die von den *gentes* der Fabii und Quinctii durchgeführt wurden. Einen interessanten Abgleich mit der ethnologischen Forschung der *luperci*, deren Rituale offensichtlich alte Fruchtbarkeitskulte bewahrten, hat CH. ULF vorgenommen [3.5: Lupercalienfest].

Die *gentes* der Pinarii und Potitii pflegten bis 312 v. Chr. den Kult des Herkules, die Horatii den der Iuno sororia, die Nautii den der Minerva und die Sempronii den der Fortuna. Der exklusiv auf die jeweilige *gens* beschränkte Charakter dieser Kulte wird dadurch unterstrichen, dass sie ausdrücklich als *sacra privata* eingestuft wurden [5.3: KÜBLER, Gens 1184–1186; 5.3: DE MARTINO, La gens 56–60]. Auf die gemeinsamen Grabstätten und Bestattungsriten als sakralen Fokus vieler *gentes* verweist G. FRANCIOSI [5.3: Sepolchri 35–77].

*salii* Neben dieser verwandtschaftlichen Komponente gibt es bei anderen Priesterschaften auch einen Verweis auf ursprüngliche Elemente der lokalen Herkunft, wie z. B. bei den beiden Gruppen der *salii*, den *salii palatini* und *salii collini*, die mit ihren Waffentänzen ein wichtiges frühromisches Kriegsritual vollführten [2.3: BAYET, Histoire 77–88]. Vor allem in der früheren Forschung wurden in diesem Zusammenhang auch ethnische Unterschiede in der Herkunft der verschiedenen Gruppen in der frührömischen Gesellschaft diskutiert [5.3: MOMIGLIANO, Report 99–101]. Dies sind Überlegungen, die in dieser Form heute kaum mehr thematisiert werden. Neuerdings hat F. GLINISTER einen Hinweis des kaiserzeitlichen Autors Festus (439L) auf weibliche Salier (*saliae*) ausgewertet und kommt zu der Überzeugung, dass weibliche Priester in regelmäßiger Form die Kultausübung der männlichen Salier ergänzten. Sie sieht darin eine Parallele zu der erheblichen Bedeutung der Ehefrauen des *flamen Dialis* und des *rex sacrorum* [5.3: Dancing Girls].

Neben den archaischen Priestervereinigungen finden wir noch in klassischer Zeit verschiedene Einzelpriester, die *flamines*, die jeweils mit einer Gottheit besonders eng verbunden waren. Der Ausdruck *flamen* weist im sprachvergleichenden Kontext mit hoher Wahrscheinlichkeit auf eine Funktion als ‚Opferbringer' und ‚Anbeter', wie eine ausführliche Wortanalyse von H. LE BOURDELLES ergab [5.3: Le flamine]. Die *flamines* waren also primär für den ordnungsgemäßen Ablauf des Kultes ihres Gottes verantwortlich. In der älteren Forschung wurde lange Zeit die Frage diskutiert, ob das lateinische Wort ‚flamen' sprachgeschichtlich mit der indischen Bezeichnung für Priester, ‚Brahman', auf eine gemeinsame Wurzel zurückgehe. Die unterstellte sprachliche Verbindung wurde als ein wichtiges Indiz dafür angesehen, dass es ursprünglich ein gemeinsames Weltbild der Völker mit indo-europäischer Sprache gab, von dem sich in den strukturkonservativen indischen und römischen Kulturräumen markante Relikte erhalten hätten [5.3: BENVENISTE, Vocabulaire; vorsichtig differenzierend 5.3: POLOMÉ, Wortschatz]. Der äußerst einflussreiche französische Sprachforscher und Kulturwissenschaftler G. DUMÉZIL ging sogar so weit, die Möglichkeit der Rekonstruktion einer gemeinsamen ursprünglichen Sozialstruktur und Gesellschaftsordnung der indo-europäischen Völker zu postulieren. Der Kernaspekt dieser Ordnung wäre eine funktionelle Dreiteilung der Gesellschaft in Krieger, Priester und Bauern gewesen. Relikte dieser Einteilung glaubte DUMÉZIL in großer Zahl in den betreffenden Gesellschaften noch in klassischer Zeit wiederfinden zu können [1.3: Religion; 5.3: Les idées 153–241; vgl. 5.3: DUBUISSON, Roi]. Insgesamt steht die aktuelle Forschung den Grundannahmen von DUMÉZIL äußerst skeptisch bis ablehnend gegenüber [5.3: SCHLERATH, Sozialstruktur 250; 5.3: MCCONE, Hund 146–148]. A. MOMIGLIANO [5.3: Duméezil] hat sich ausführlich mit den Überlegungen von DUMÉZIL und deren Anwendung auf die römische Kultur auseinander gesetzt. Er kommt dabei zu dem Resultat, dass die funktionelle Dreiteilung im frühen Rom weder für die Institutionen noch für die Mentalität der

Menschen nachweisbar ist. Auch eine sprachliche Verbindung zwischen *flamen* und Brahman gilt heute als eher unwahrscheinlich. Die *flamines* dürften in jedem Fall Relikt aus archaischer Zeit sein [5.3: SIMÓN, Flamen Dialis; 5.3: VANGGAARD, Flamen]. Während wir über die meisten *flamines* kaum Informationen besitzen, geben uns die antiken Quellen zum *flamen Dialis* einige Schlaglichter. Er war der Priester des Jupiter, dessen indogermanischer Name *Dyaus pater* sich noch in dem alten Genitiv *Dialis* wiederfindet und mit dem griechischen Zeus verwandt ist [zur Etymologie von Jupiter s. 5.3: EULER, Götterfamilie 37]. Das Leben des *flamen Dialis* war geprägt von einer Fülle an Kultvorschriften und Tabu-Geboten, die selbst seinen privaten Bereich detailliert regelten. Aufgrund dieser vielfältigen Vorschriften könnte man den Priester als Verkörperung der göttlichen Kräfte bezeichnen, deren positive Wirksamkeit er in der Mitte der römischen Gesellschaft symbolisierte [5.3: SCHEID, Le flamine]. Aus diesen Bestimmungen ergibt sich auch, dass der Jupiter-Kult des *flamen Dialis* vor allem auf den Aspekt der Fruchtbarkeit abzielte. Die Person des *flamen Dialis* stand für den Einklang der internen Ordnung der Gesellschaft mit den fruchtbarkeitsbringenden Kräften der Natur, deren harmonische Symbiose er verkörperte.

Ein wesentliches Charakteristikum der römischen Priester in der Frühzeit war die Tatsache, dass die Ausübung sakraler Funktionen den Patriziern – den Angehörigen des alten Erbadels – vorbehalten war. Erst im Laufe der so genannten Ständekämpfe, in deren Rahmen sich die Plebejer die politische und gesellschaftliche Gleichberechtigung erkämpften, wurden auch Nicht-Patrizier zu den politisch wichtigen Priesterstellen in den Kollegien zugelassen. Die Bekleidung der Einzelpriestertümer, vor allem des *rex sacrorum* und der *flamines maiores*, blieb aber auch weiterhin an die Voraussetzung gebunden, dass die Ehe der Kandidaten durch die besonders weihevolle Form der *confarreatio* geschlossen worden war. Da diese Eheform den Patriziern vorbehalten war, blieben diese Priestertümer faktisch für die alten Erbadelsgeschlechter reserviert.

Die hohe Bedeutung, die die religiösen Funktionen in der frühen Republik für die herausgehobene Stellung der Patrizier besaßen, führte R. MITCHELL zu der These, dass das römische Patriziat zu Beginn der Republik primär eine Priesterkaste war und das Monopol auf die Ausübung politischer Ämter nur eine Fiktion der römischen Geschichtsschreibung darstelle [5.3: Definition 130–174; 5.3: Patricians 64–130]. Die Ständekämpfe, also das Ringen der Plebejer um gesellschaftliche Gleichberechtigung mit den Patriziern (ca. 500 bis 300 v. Chr.), hätten somit keinen politischen Hintergrund gehabt. So anregend seine Forschungen über das umfassende religiöse Monopol der Patrizier sind, darf man doch nicht den Fehler begehen, die Religion von der politischen Machtausübung zu trennen. Verliert man diesen fundamentalen Zusammenhang aus den Augen, entziehen sich die gesellschaftlichen Konflikte einer plausiblen Rekonstruktion [5.3: LINKE, Gleichgewicht].

Auch wenn sich diese radikale Reduzierung der Konflikte im frühen Rom auf den Zugang zur sakralen Organisation in der Forschung nicht durchsetzen konnte, bleibt es ein Verdienst von MITCHELLS Ansatz, die besondere Qualität der religiösen Herrschaftslegitimation des frührömischen Erbadels nachdrücklich unterstrichen zu haben. So konnte sich in Rom keine separate Priesterkaste etablieren, die dem Patriziat den gesellschaftlichen Führungsanspruch hätte streitig machen können [5.3: DRUMMOND, Fifth Century II 183].

Die enge Verflechtung von sakraler und politischer Organisation blieb auch für die Zeit nach dem Ausgleich der Stände bestimmend [2.3: SZEMLER, Religio 113–115; 5.3: Priesthoods]. D. E. HAHM [5.3: Nobility] hat dies für die vier großen Kollegien untersucht, betont dabei allerdings auch, dass die mächtigsten Männer in dieser Epoche kein Priesteramt inne hatten. J. SCHEID stimmt HAHM grundsätzlich zu, gibt aber zu bedenken, dass die Priesterämter den Magistraturen in der Karriere zumeist vorgelagert waren [5.3: Le prêtre 257]. So hat er eine Liste mit denjenigen Priestern aufgestellt, für die keine politischen Ämter überliefert sind [ebd. 250–255]. <small>Politik und Sakrales</small>

Angesichts der vielfältigen personellen Überschneidungen wurde bereits in der älteren Forschung auf gravierende Differenzen in den Organisationsstrukturen von Priestertümern und Magistraturen hingewiesen. So hob schon TH. MOMMSEN hervor, dass die Kooptation bei den Kollegien im Gegensatz zur Volkswahl bei den Magistraten stand [5.3: Staatsrecht II 24–38; s.a. 1.4.3: WISSOWA, Religion 488–489]. R. MITCHELL betont hierbei die Tatsache, dass häufig die Priesterstellen vom Vater auf den Sohn oder zumindest auf einen nahen Verwandten übergingen, so dass man zu Recht vermuten kann, dass der Kreis der Kandidaten bei der Kooptation von vornherein sehr eingeschränkt gewesen ist [5.3: Definition 149–152]. Unter den dynamischen Bedingungen in der späten Republik wurde die Sicherung des familiären Einflusses auf einzelne Priesterstellen allerdings schwieriger [5.3: NORTH, Priesthood].

Besonderes Interesse bei den Untersuchungen fand das Kollegium der *pontifices*, deren Oberhaupt, der *pontifex maximus*, als ein Erbe von Teilen der sakralen Kompetenzen der altrömischen Könige angesehen wurde. Während die rituellen Aufgaben des Königs vom *rex sacrorum* fortgeführt worden seien, seien die organisatorischen und disziplinarischen Kompetenzen auf das Kollegium der *pontifices* und vor allem auf dessen Oberhaupt, den *pontifex maximus*, übergegangen. So unterstrich G. WISSOWA, dass sein Amtsgebäude die alte *domus regia* war, was in seinen Augen auf die Übernahme königlicher Kompetenzen durch den *pontifex maximus* hinweist [1.4.3: Religion 502]. Aus der unterstellten Fortsetzung monarchischer Kompetenzen leitete TH. MOMMSEN die Theorie ab, dass dem <small>pontifices und pontifex maximus</small>

Oberpontifex nicht nur die ‚magistratische Oberleitung' über die anderen Priester zukam, sondern dieser sogar das volle *imperium* lebenslänglich besessen habe, obwohl er selbst zugeben musste, dass dies nicht direkt aus den Quellen zu ermitteln ist [5.3: Staatsrecht II 18–38]. Diese Sichtweise erfuhr in der modernen Forschung dahingehend eine einschneidende Korrektur, dass nunmehr der priesterliche Charakter bei den Funktionen des *pontifex maximus* betont wird. Die Rekonstruktion von MOMMSEN kritisiert eingehend J. BLEICKEN [5.3: Oberpontifex]; BLEICKEN betont die Bedeutung des gesamten Gremiums der *pontifices* und glaubt, dass sich die dominierende Stellung des *pontifex maximus* erst im Laufe der Republik entwickelt habe. J.-C. RICHARD sieht Hinweise dafür, dass die neuen plebejischen *pontifices maximi* nach dem Ende der Ständekämpfe bewusst die Vorschriften für die noch exklusiv den Patriziern vorbehaltenen Priestertümer, wie z. B. den *flamen Dialis*, verschärft hätten, um diese politisch ins Abseits zu stellen [5.3: Pontifes plébéiens]. Von dieser Entwicklung habe der Aufstieg der großen Priesterkollegien profitiert.

Wesentlich zur einflussreichen Position der *pontifices* – wie auch der *augures* – trug in jedem Fall ihre Aufgabe bei, wichtige sakrale Texte und Kommentierungen früherer Priester zu archivieren, sowie die sich daraus ableitende Tätigkeit, als Gutachter in Streitfällen aufzutreten [5.3: SCHEID, Les archives]. F. WIEACKER sieht in diesen Kompetenzen zur Begutachtung bzw. Streitentscheidung eine wesentliche Quelle für die Entwicklung des römischen Rechts [5.3: Rechtsgeschichte 310–340].

Über Umfang und Art der Archivierung von Entscheidungen und Vorfällen gibt es allerdings keine ausführlichen antiken Informationen, so dass die Frage nach dem verwalteten Geheimwissen der *pontifices* in der Forschung unterschiedliche Einschätzungen hervorruft. Während BERGMANN die Bedeutung der Geheimhaltung für die Sicherung des Wissensmonopols der *pontifices* betont [5.3: Kalender 4–7], sieht SCHEID den grundlegenden Faktor eher in der Verwaltung einer Vielzahl von Einzelentscheidungen, die in der Addition eine komplexe Sammlung von exemplarischen Entscheidungshilfen ergaben [5.3: Les archives 184]. Für ihn bleibt die religiöse Tradition in Rom vor allem eine mündliche, deren partielle Verschriftlichung und Ablage in schwer zugänglichen Archiven keinen allzu großen Einfluss auf die religiöse Praxis hatte [5.3: Oral tradition 19]. Auch J. RÜPKE hebt die Bedeutung symbolischer Selbstvergewisserung bei der schriftlichen Fixierung von Kultabläufen gegenüber der Funktion als ‚Nachschlagetexte' hervor [5.3: Acta aut agenda].

*Sakrale Erinnerungskultur*

Darüber hinaus sollen die *pontifices* in ‚Jahresberichten' (*annales*) wichtige Ereignisse eines Jahres festgehalten haben [4.3: WALTER, Memoria]. Aus dieser sakralen Erinnerungskultur soll sich die spezifische Form der römischen Geschichtsschreibung, die Annalistik, entwickelt haben, die anfänglich in einem erheblichen Ausmaß auf den priesterlichen Aufzeichnungen basiert habe. Da die Einschätzung der Glaubwürdigkeit der Annalisten eine fundamentale Bedeutung für die historische Rekonstruktion der frühen und mittleren Republik besitzt, wurde intensiv über den möglichen Inhalt der Priesteraufzeichnungen diskutiert. Die Tendenz geht in der heutigen Forschung dahin, in den *annales* der *pontifices* eine rein religiöse Chronologie von ungewöhnlichen Vorkommnissen zu sehen, die sakrale Relevanz besaßen. Ihr Beitrag zur Tradierung politischer und gesellschaftlicher Faktoren wird als eher gering eingestuft [5.3: RÜPKE, Livius].

Neben den *pontifices* waren die *augures* die Priesterschaft, die im politischen Umfeld am einflussreichsten war. P. CATALANO [3.5.1: Diritto] und J. LINDERSZKI [3.5.1: Law] haben umfangreiche Rekonstruktionen des komplexen Tätigkeitsfeldes dieses Kollegiums vorgelegt. Die spezifische Überschneidung von politischen und sakralen Kompetenzfeldern in Rom hebt J. SCHEID hervor, wobei er den politischen Funktionsträgern eine originäre religiöse Kompetenz zuschreibt, die nicht von einem Priesteramt abgeleitet war [5.3: Les activités; Prêtre 266–270]. So weist er eindrücklich darauf hin, dass das Priesterkollegium der *augures* zwar in seinen Reihen die Kenntnis über die korrekte Kommunikation mit den Göttern vereinte, diese aber zumeist nur auf Anweisung der Oberbeamten oder des Senats zur Geltung bringen konnte [3.5.1: Religion et piété 43–51]. So könnte man die *augures* in der Republik pointiert als einen ‚sakralen Fachausschuss' im Rahmen der politischen Organisation bezeichnen.

*augures*

Die Eingeweideschau der etruskischen *haruspices*, die als auswärtige Fachleute eine ambivalente Stellung in der sakralen Organisation Roms behielten, ist streng von den Auguren und deren Kompetenz zur Erkundung des göttlichen Willens zu trennen. Diese spezielle Position der *haruspices* fasst J. M. TURFA nach einer ausführlichen Analyse des komplizierten Verhältnisses zwischen den sakralen Sphären der Etrusker und der Römer folgendermaßen zusammen: „Rome assumed control of divination, but continued to identify it as Etruscan, both an external authority validating the Roman state and a separate group to blame if problems occur" [5.3: Etruscan religion 89].

*haruspices*

Zu den beiden anderen ‚großen Kollegien' unter den römischen Priesterschaften besitzen wir nur wenige antike Nachrichten. So liegen vor allem die *septemviri epulonum*, die seit dem beginnenden 2. Jahrhundert v. Chr. sakral konnotierte Bankettrituale auf dem Capitol organisierten, im Schatten der Forschung [zu den spärlichen Informationen 5.3: PORTE, Donneurs 127–130; 5.3: KLOTZ, Septemviri]. Auch über die Priesterschaft der *quindecemviri (XVviri) sacris faciundis* selbst wissen wir kaum etwas [5.3: RADKE, Quindecimviri; 5.3: PORTE, Donneurs 144–149], obwohl ihr zentraler Aufgabenbereich, die Befragung der sibyllinischen Bücher, einen äußerst wichtigen Stellenwert im religiösen Leben der römischen Republik hatte [allgemein zu den *XVviri* 1.4.3: WISSOWA, Religion 534–549; 4.3: ORLIN, Temples 76–116].

Andere *collegia*

**Die sibyllinischen Bücher**

Der mögliche Inhalt dieser geheimnisumwobenen Orakelsammlung wird in der Forschung intensiv diskutiert. J. SCHEID hat vorgeschlagen, den Blick weniger auf konkrete Inhalte als vielmehr auf die Bedeutung im Ritual zu lenken und dies als ein Element in der dramatisierenden Bekräftigung des Konsenses zwischen Gesellschaft und sakralen Mächten zu sehen [3.5.1: La parole 131–132; 5.3: Rituel 7–8]. Für ihn waren die Bücher nicht so sehr Ratgeber als vielmehr Kultobjekte, die die Priester in enger Rückbindung mit den Göttern bei der Suche nach Lösungen in religiösen Konfliktfällen inspirierten [5.3: SCHEID, Les livres sibyllins 17–18]. Da die Befragung im Geheimen stattfand, kennen wir nur die gesellschaftlichen Reaktionen – wie Weihgaben oder Sühnerituale –, die aus den Ergebnissen der Befragungen resultierten. Zu Recht betont J. NORTH [3.5: Conservatism 9], dass die sibyllinischen Bücher mit ihren sakralen Anweisungen der römischen Gesellschaft im religiösen Bereich die notwendige Flexibilität zur Reaktion auf unvorhergesehene Ereignisse und neue Anforderungen gaben und damit die Innovationskraft der sakralen Sphäre sicherten.

Ein interessanter Aspekt bei der Befragung der sibyllinischen Bücher in der römischen Gesellschaft besteht in der Tatsache, dass diese erst durch einen Beschluss des Senats vorgenommen werden konnte. In Verbindung mit anderen sakralen Kompetenzen des Senats ist diese zentrale Funktion bei der Aufrechterhaltung eines positiven Verhältnisses zu den Gottheiten für M. BEARD ein klares Indiz dafür, dass der Senat eine entscheidende – wenn nicht die entscheidende – Autorität in der sakralen Organisation Roms darstellte [5.3: Priesthood 30–34].

# III. Literatur

## 1. Forschungsgeschichte

### 1.1 Geschichte der Religionswissenschaft

Bellah, Robert, Religious Evolution, in: American Sociological Review 29, 1964, 358-374.

Berger, Peter/Luckmann, Thomas, Die gesellschaftliche Konstruktion der Wirklichkeit, Frankfurt a.M. $^{21}$2001 (engl. 1966).

Berger, Peter, Zur Dialektik von Religion und Gesellschaft. Elemente einer soziologischen Theorie, Frankfurt a.M. 1988 (engl. 1967).

Döbert, Rainer, Systemtheorie und die Entwicklung religiöser Deutungssysteme. Zur Logik des sozialwissenschaftlichen Funktionalismus, Frankfurt a.M. 1973.

Durkheim, Émile, Die elementaren Formen des religiösen Lebens, Frankfurt a.M. 1981 (franz. 1912).

Dux, Günter, Die Logik der Weltbilder. Sinnstrukturen im Wandel der Geschichte, Frankfurt a.M. $^{3}$1990.

Dux, Günter, Ursprung, Funktion und Gehalt der Religion, in: Internationales Jahrbuch für Religionssoziologie 8, 1973, 7–67.

Evans-Pritchard, Edward E., Theorien über primitive Religionen, Frankfurt a.M. 1981 (engl. 1965).

Frazer, James George, The Golden Bough. A Study in Comparative Religion, 2 Bde., London/New York 1890; 2. Aufl.: The Golden Bough. A Study in Magic and Religion, 3 Bde., London/New York 1900; 3. Aufl.: 12 Bde., London/New York 1911/15 (dtsch. $^{5}$2004).

Harrison, Jane Ellen, Ancient Art and Ritual, London 1913.

Kippenberg, Hans Gerhard, Religion und Interaktion in traditionalen Gesellschaften, in: Verkündigung und Forschung 19, 1974, 3-24.

Lévi-Strauss, Claude, Mythologicae, 4 Bde., Frankfurt a.M. 1971–1975 (frz. 1964–1971).

Lévi-Strauss, Claude, Strukturale Anthropologie, 2 Bde., Nachdr. d. 1. Aufl. Frankfurt a.M. 1967, Frankfurt a.M. 1992 (frz. 1958/1973).

Luckmann, Thomas, Die unsichtbare Religion, Nachdr. d. 1. Aufl. Frankfurt a.M. 1991, Frankfurt a.M. 2005.

Luhmann, Niklas, Die Religion der Gesellschaft, Nachdr. d. 1. Aufl. Frankfurt a.M. 2000, Frankfurt a.M. 2007.

LUHMANN, NIKLAS, Funktion der Religion, Nachdr. d. 1. Aufl. Frankfurt a.M. 1992, Frankfurt a.M. 2009.

MALINOWSKI, BRONISLAW, Argonauten des westlichen Pazifik. Ein Bericht über Unternehmungen und Abenteuer der Eingeborenen in den Inselwelten von Melanesisch-Neuguinea, Frankfurt a.M. 1979 (engl. 1922).

MANNHARDT, WILHELM, Wald- und Feldkulte, 2 Bde., Berlin 1875/1877; 2. Aufl. 1904/1905.

PETERMANN, WERNER, Die Geschichte der Ethnologie, Wuppertal 2004.

SMITH, WILLIAM ROBERTSON, Lectures on the Religion of the Semites. First Series: The Fundamental Institutions, London 1889; 2. Aufl. 1894; dt. Übers. d. 2. Aufl.: Die Religion der Semiten (1899), Darmstadt 1967.

TYLOR, EDWARD BURNETT, Primitive Culture. Researches into the Development of Mythology, Philosophy, Religion, Art, and Custom, 2 Bde., London 1871, Ndr.: The Origin of Culture (Bd. 1); Religion in Primtive Culture (Bd. 2), Cambridge 2010 (dt. 1873).

WEBER, MAX, Gesammelte Aufsätze zur Religionssoziologie, 3 Bde., Tübingen 1920-1921.

WEBER, MAX, Wirtschaft und Gesellschaft. Grundriß der verstehenden Soziologie, 2 Bde., 5., rev. Aufl., besorgt von WINCKELMANN, JOHANNES, Studienausg., Nachdr. d. Ausg. Tübingen 1972 (Orig. 1921).

## 1.2 Einführungen in die Religionswissenschaften

BANTON, MICHAEL (Hg.), Anthropological Approaches to the Study of Religion, Nachdr. d. 1. Aufl. London u. a. 1966, London u. a. 2006.

CANCIK, HUBERT/GLADIGOW, BURKHARD/LAUBSCHER, MATTHIAS/KOHL, KARL-HEINZ (Hg.), Handbuch religionswissenschaftlicher Grundbegriffe, 5 Bde., Stuttgart 1988–2001.

GABRIEL, KARL/REUTER, HANS-RICHARD (Hg.), Religion und Gesellschaft. Texte zur Religionssoziologie, Paderborn u. a. ²2010.

HOCK, KLAUS, Einführung in die Religionswissenschaft, Darmstadt ⁴2011.

KEHRER, GÜNTER, Einführung in die Religionssoziologie, Darmstadt 1988.

KIPPENBERG, HANS GERHARD/LUCHESI, BRIGITTE (Hg.), Magie. Die sozialwissenschaftliche Kontroverse über das Verstehen fremden Denkens, Frankfurt a.M. 1987.

KIPPENBERG, HANS GERHARD/VON STUCKRAD, KOCKU, Einführung in die Religionswissenschaft. Gegenstände und Begriffe, München 2003.

Kippenberg, Hans Gerhard, Die Entdeckung der Religionsgeschichte. Religionswissenschaft und Moderne, München 1997.

Roberts, Keith A./Yamane, David, Religion in Sociological Perspective, 5. Aufl., Los Angeles 2012.

Rüpke, Jörg, Historische Religionswissenschaft. Eine Einführung, Stuttgart 2007.

Stausberg, Michael (Hg.), Religionswissenschaft, Berlin/Boston 2012.

Thiel, Josef Franz, Religionsethnologie. Grundbegriffe der Religionen schriftloser Völker, Berlin 1984.

## 1.3 Forschungsgeschichte zur antiken Religion

Beloch, Karl Julius, Griechische Geschichte, Nachdr. d. 2. Aufl. Straßburg 1912, Berlin 1967.

Berve, Helmut, Griechische Geschichte, Bd. 1, Freiburg ²1951.

Burkert, Walter, Griechische Mythologie und die Geistesgeschichte der Moderne, in: Les études classiques au XIX et XX$^e$ siècle. Leur place dans l'histoire des idées, Genf 1980, 159-199.

Cole, Susan Guettel, Civic Cult and Civic Identity, in: Hansen, Mogens Herman (Hg.), Sources for the Ancient Greek City-State, Kopenhagen 1995, 292-325.

Connor, Walter Robert, „Sacred" and „Secular". Hiera kai Hosia and the Classical Athenian Concept of the State, in: Anc Soc 19, 1988, 161-188.

Creuzer, Friedrich, Symbolik und Mythologie der alten Völker, besonders der Griechen, 2. Nachdr. d. 3., verb. Ausg. Leipzig/Darmstadt 1837, Hildesheim/Zürich/New York 1990.

Davies, John Kenyon, Religion and the State, in: CAH IV², Cambridge 1989, 368-388.

de Polignac, François, Influence extérieure ou évolution interne? L'innovation cultueelle en Grèce géométrique et archaïque, in: Kopcke, Günter/Tokumaru, Isabelle (Hg.), Greece between East and West. 10th-8th Centuries BC, Mainz 1992, 114–127.

de Polignac, François, La naissance de la cité grecque. Cultes, espace et société VIII$^e$-VII$^e$ siècles avant J.-C., Paris ²1995 (engl. ²2004).

de Polignac, François, Repenser la ‚cité'? Rituels et société en Grèce archaïque, in: Hansen, Mogens Herman/Raaflaub, Kurt (Hg.), Studies in the Ancient Greek Polis, Stuttgart 1995, 7-19.

Dumézil, Georges, La religion romaine archaïque avec un apendice sur la religion des Étrusques, Paris ²1974 (engl. 1970).

DURAND, JEAN-LOUIS/SCHEID, JOHN, „Rites" et „religion" – Remarques sur certains préjugés des historiens de la religion des Grecs et des Romains, in: Archives de Sciences sociales des Religions 85, 1994, 23–43.

FUSTEL DE COULANGES, NUMA DENIS, Der antike Staat. Kult, Recht und Institutionen Griechenlands und Roms, mit einer Einleitung von CHRIST, KARL, München 1988 (frz. 1864).

GERNET, LOUIS/BOULANGER, ANDRÉ, Le Génie grec dans la religion, Paris ²1970.

GRAF, FRITZ, Griechische Mythologie. Eine Einführung, Nachdr. d. 5. Aufl. Düsseldorf 1999, Mannheim 2012.

KANY, ROLAND, Hermann Usener as Historian of Religion, in: Archiv für Religionsgeschichte 6, 2004, 159–176.

MEYER, EDUARD, Geschichte des Altertums, Bd. 3, Ndr. d. 4. Aufl. Stuttgart 1937, Darmstadt 1965.

MOMIGLIANO, ARNALDO, La città antica di Fustel de Coulanges, in: Rivista Storica Italiana 82, 1970, 81-98 (= DERS., Essays in Ancient and Modern Historiography, Oxford 1977, 325–343).

MOMMSEN, THEODOR, Römische Geschichte, 8 Bde., München 1976.

ROSE, HERBERT J., Griechische Mythologie. Ein Handbuch, München 2003 (engl. ⁵1953).

SCHLESIER, RENATE (Hg.), Kulte, Mythen und Gelehrte. Anthropologie der Antike seit 1800, Frankfurt a.M. 1994.

SNELL, BRUNO, Die Entdeckung des Geistes. Studien zur Entstehung des europäischen Denkens bei den Griechen, Göttingen ⁹2009.

SOURVINOU-INWOOD, CHRISTIANE, Further Aspects of Polis Religion, in: Annali Istituto orientale di Napoli. Archeologia e storia antica 10, 1988, 259–274.

SOURVINOU-INWOOD, CHRISTIANE, What is Polis Religion?, in: MURRAY, OSWYN/PRICE, SIMON (Hg.), The Greek City. From Homer to Alexander, 2. Nachdr. d. Ausg. Oxford 1990, Oxford 2002, 295–322.

USENER, HERMANN, ‚Heilige Handlung', in: Archiv für Religionswissenschaft 7, 1904, 281–339, wiederabgedr. in: DERS., Kleine Schriften, Bd. 4: Arbeiten zur Religionsgeschichte, hg. v. WÜNSCH, RICHARD, Nachdr. d. Ausg. Leipzig/Berlin 1913, Osnabrück 1965, 422–467.

## 1.4 Standard- und Überblickswerke

### 1.4.1 Allgemeine Einführungen

AUFFARTH, CHRISTOPH/BERNARD, JUTTA/MOHR, HUBERT (Hg.), Metzler Lexikon Religion. Gegenwart – Alltag – Medien, 4 Bde., Stuttgart u. a. 1999–2002.

BALTY, JEAN CHARLES (Hg.), Thesaurus Cultus et Rituum Antiquorum, 8 Bde., Los Angeles 2004–2012.

BEARD, MARY, Römische Religion. Kaiserzeit, in: 1.4.1: GRAF, Einleitung, 492–519.

BETZ, HANS DIETER (Hg.), Religion in Geschichte und Gegenwart. Handwörterbuch für Theologie und Religionswissenschaft, 8 Bde. u. Registerband, Tübingen [4]1998-2007.

BUXTON, RICHARD G.A. (Hg.), Oxford Readings in Greek Religion, Oxford 2000.

EASTERLING, PATRICIA E./MUIR, JOHN V. (Hg.), Greek Religion and Society, Cambridge 1987.

GALLING, KURT u. a. (Hg.), Religion in Geschichte und Gegenwart, 6 Bde. u. Registerband, Tübingen [3]1957–1965.

GLADIGOW, BURKHARD, Religionswissenschaft als Kulturwissenschaft, Stuttgart 2005.

GOULD, JOHN, On Making Sense of Greek Religion, in: EASTERLING, PATRICIA ELIZABETH/MUIR, JOHN VICTOR (Hg.), Greek Religion and Society, Cambridge 1985, 1–33.

GRAF, FRITZ (Hg.), Einleitung in die lateinische Philologie, Stuttgart/Leipzig 1997.

GRAF, FRITZ, Griechische Religion, in: 1.4.1: NESSELRATH, Einleitung, 457–504.

MUTH, ROBERT, Einführung in die griechische und römische Religion, Darmstadt 1988.

NESSELRATH, HEINZ-GÜNTHER (Hg.), Einleitung in die griechische Philologie, Stuttgart/Leipzig 1997.

OGDEN, DANIEL (Hg.), A Companion to Greek Religion, Oxford 2007.

ROSENBERGER, VEIT, Religion in der Antike, Darmstadt 2012.

RÜPKE, JÖRG (Hg.), A Companion to Roman Religion, Oxford 2007.

RÜPKE, JÖRG, Von Jupiter zu Christus. Religionsgeschichte in römischer Zeit, Darmstadt 2011.

SCHEID, JOHN, Römische Religion. Republikanische Zeit, in: 1.4.1: GRAF, Einleitung, 469-491.

### 1.4.2 Griechenland

BREMMER, JAN NICOLAAS, Götter, Mythen und Heiligtümer im antiken Griechenland, Darmstadt 1996.

BRUIT ZAIDMAN, LOUISE/SCHMITT PANTEL, PAULINE, Die Religion der Griechen. Kult und Mythos, München 1994 (frz. 1991, engl. 1992).

BURCKHARDT, JACOB, Griechische Kulturgeschichte (1898–1902), 4 Bde., München 1977.

BURKERT, WALTER, Griechische Religion der archaischen und klassischen Epoche, Stuttgart ²2011.

GARLAND, ROBERT, Religion and the Greeks, London 1994.

JOST, MADELEINE, Aspects de la vie religieuse en Grèce, Paris ²1992.

MIKALSON, JON, Ancient Greek Religion, Oxford 2005.

NILSSON, MARTIN PERSSON, Geschichte der griechischen Religion (HdA 5,2), 2 Bde., 2., unveränd. Nachdr. der 1967 erschienenen 3., durchges. und erg. Aufl., München 1992.

PARKER, ROBERT, Athenian Religion. A History, Oxford 1996.

PARKER, ROBERT, Polytheism and Society at Athens, korr. Nachdr. d. Ausgabe Oxford 2005, Oxford 2006.

RUDHARDT, JEAN, Notions fondamentales de la pensée religieuse et actes constitutifs du culte dans la Grèce classique, Ndr. d. Ausg. Genf 1958, Paris 1992.

STENGEL, PAUL, Die griechischen Kultusaltertümer (HdA 5,3), München ³1920.

VERNANT, JEAN-PIERRE, Mythos und Gesellschaft im alten Griechenland, Frankfurt a.M. 1987 (frz. 1974, engl. 1978).

### 1.4.3 Rom

BEARD, MARY/NORTH, JOHN/PRICE, SIMON (Hg.), Religions of Rome. A Sourcebook, 2 Bde., Cambridge 1998.

LATTE, KURT, Römische Religionsgeschichte (HdA 5,4), 2. unveränd. Nachdr. d. 2., unveränd. Aufl. v. 1967, München 1992.

LIEBESCHUETZ, JOHN H. W. G., Continuity and Change in Roman Religion, Oxford 1979.

RÜPKE, JÖRG, Die Religion der Römer. Eine Einführung, München ²2006.

SCHEID, JOHN, An Introduction to Roman Religion, Edinburgh 2003.

TURCAN, ROBERT, The Gods of Ancient Rome. Religion in Everyday Life from Archaic to Imperial Times, Edinburgh 2000 (frz. 1998).

WISSOWA, GEORG, Religion und Kultus der Römer (HdA 5,4), Nachdr. der 2. Aufl. 1912, München 1971.

## 2. Die sakralen Mächte

### 2.1 Einheit und Vielfalt: Die spezifischen Konstellationen in polytheistischen Religionen

BENDLIN, ANDREAS, s.v. Polytheismus I, DNP 10 (2001), 80–83.

BRELICH, ANGELO, Der Polytheismus, in: Numen 7, 1960, 123–136.

DI NOLA, ALFONSO MARIA, s.v. Politeismo, Enciclopedia delle Religioni 4, Florenz 1972, 1722–1727.

GLADIGOW, BURKHARD, Strukturprobleme polytheistischer Religionen, in: Saeculum 34, 1983, 292–304.

RÜPKE, JÖRG, Polytheismus und Monotheismus als Perspektiven auf die antike Religionsgeschichte, in: SCHWÖBEL, CHRISTOPH (Hg.), Gott – Götter – Götzen. XIV. Europäischer Kongress für Theologie. 11.-15. September 2011 in Zürich, Leipzig 2013, 56–68.

VERNANT, JEAN-PIERRE, Formes de croyance et de rationalité en Grèce ancienne, in: Archives de sciences sociales des religions 63, 1987, 115–123.

### 2.2 Die sakralen Mächte in Griechenland

#### 2.2.1 Die Gottheiten

BELAYCHE, NICOLE U. A. (Hg.), Nommer les dieux. Théonymes, épithètes, épiclèses dans l'Antiquité, Turnhout 2005.

BRACKERTZ, URSULA, Zum Problem der Schutzgottheiten griechischer Städte, Diss. Berlin 1976.

BRAUN, MAXIMILIAN, Die Eumeniden des Aischylos und der Areopag, Tübingen 1998.

BREMMER, JAN NICOLAAS/ERSKINE, ANDREW (Hg.), The Gods of Ancient Greece. Identities and Transformations, Edinburgh 2010.

BURKERT, WALTER, „Mein Gott"? Persönliche Frömmigkeit und unverfügbare Götter, in: CANCIK, HUBERT/LICHTENBERGER, HERMANN/SCHÄFER, PETER (Hg.), Geschichte – Tradition – Reflexion. Festschrift für Martin Hengel, Bd. 2: CANCIK, HUBERT (Hg.), Griechische und römische Religion, Tübingen 1996, 3–14

BURKERT, WALTER, Die orientalisierende Epoche in der griechischen Religion und Literatur, Heidelberg 1984.

CYRINO, MONICA SILVEIRA, Aphrodite, London/New York 2010.

DEACY, SUSAN, Athena, London/New York 2008.

DÉTIENNE, MARCEL, Expérimenter dans le champs des polythéismes, in: Kernos 10, 1997, 57-72.

DIETRICH, BERNARD CLIVE, The Origins of Greek Religion, Berlin/New York 1974.

DIETRICH, BERNARD CLIVE, Tradition in Greek Religion, Berlin/New York 1986.

DIETRICH, BERNARD CLIVE, Views of Homeric Gods and Religion, in: Numen 26, 1979, 129-151.

DOUGHERTY, CAROL, Prometheus, London 2006.

DOWDEN, KEN, Zeus, London/New York 2006.

EDMUNDS, LOWELL, Oedipus, London 2006.

ERBSE, HARTMUT, Untersuchungen zur Funktion der Götter im homerischen Epos, Berlin/New York 1986.

FISCHER, ULRICH, Der Telosgedanke in den Dramen des Aischylos. Ende, Ziel, Erfüllung, Machtvollkommenheit, Hildesheim 1965.

GERHARDT, HANS-GEORG, Zeus in den Pindarischen Epikinien, Diss. Frankfurt a.M. 1959.

GLADIGOW, BURKHARD, Erwerb religiöser Kompetenz. Kult und Öffentlichkeit in den klassischen Religionen, in: BINDER, GERHARD/EHLICH, KONRAD (Hg.), Religiöse Kommunikation. Formen und Praxis vor der Neuzeit, Trier 1997, 103-118.

GLADIGOW, BURKHARD, Der Sinn der Götter. Zum kognitiven Potential der persönlichen Gottesvorstellung, in: EICHER, PETER (Hg.), Gottesvorstellung und Gesellschaftsentwicklung, München 1979, 41-62.

GRAF, FRITZ, Apollo, London/New York 2009.

GRAF, FRITZ, Gli dèi greci e i loro santuari, in: SETTIS, SALVATORE (Hg.), I Greci. Storia Cultura Arte Società, 2. Una storia greca, I. Formazione, Turin 1996, 343-380.

GRAF, FRITZ, Religion und Mythologie im Zusammenhang mit Homer. Forschung und Ausblick, in: LATACZ, JOACHIM (Hg.), Zweihundert Jahre Homer-Forschung. Rückblick und Ausblick, Stuttgart 1991, 331-362.

GRIFFITHS, EMMA, Medea, London 2006.

GRUBE, GEORGE MAXIMILIAN ANTONY, Zeus in Aischylus, in: AJPh 91, 1970, 43-51, dt. Übersetzung: Zeus bei Aischylos, in: HOMMEL, HILDEBRECHT (Hg.), Wege zu Aischylos. Zugang, Aspekte der Forschung, Bd. 1, Darmstadt 1974, 301-311.

HENRICHS, ALBERT, Die Götter Griechenlands. Ihr Bild im Wandel der Religionswissenschaft, Bamberg 1987. Nachdr. in: FLASHAR, HELLMUT (Hg.), Auseinandersetzungen mit der Antike 5, Bamberg 1990, 115-162.

KIEFNER, WOLFGANG, Der religiöse Allbegriff des Aischylos. Untersuchungen zur Verwendung von pān, pánta, pántes usw. als Ausdrucksmittel religiöser Sprache, Hildesheim 1965.

KIRK, GEOFFREY STEPHEN, The Structure and Aim of the Theogony, in: VON FRITZ, KURT (Hg.), Hésiode et son influence, Vandœuvres/Genf 1962, 63–95.

KREUTZ, NATASCHA, Zeus und die griechischen Poleis. Topographische und religionsgeschichtliche Untersuchungen von archaischer bis in hellenistische Zeit, Rhaden 2007.

KULLMANN, WOLFGANG, Zum Begriff der „homerischen Religion", in: DALFEN, JOACHIM/PETERSMANN, GERHARD/SCHWARZ, FRANZ FERDINAND (Hg.), Religio graeco-romana, Festschrift für Walter Pötscher, Graz 1983, 43–50.

LARSON, JENNIFER, Ancient Greek Cults. A Guide, London 2007.

LINKE, BERNHARD, Zeus als Gott der Ordnung. Religiöse Autorität im Spannungsfeld von überregionalen Überzeugungen und lokalen Kulten am Beispiel der Zeuskulte im archaischen Griechenland, in: FREITAG, KLAUS/FUNKE, PETER/HAAKE, MATTHIAS (Hg.), Kult – Politik – Ethnos. Überregionale Heiligtümer im Spannungsfeld von Kult und Politik, Stuttgart 2006, 89–120.

LLOYD-JONES, HUGH, Zeus in Aischylus, in: JHS 76, 1956, 55–67, dt. Übersetzung: Zeus bei Aischylos, in: HOMMEL, HILDEBRECHT (Hg.), Wege zu Aischylos. Zugang, Aspekte der Forschung, Nachleben, Bd. 1, Darmstadt 1974, 265–300.

NICOLAI, WALTER, Sind personale und apersonale Gottesvorstellung miteinander vereinbar oder nicht?, in: Grazer Beiträge 24, 2005, 15–29.

OGDEN, DANIEL, Perseus, London 2008.

OTTO, WALTER, Die altgriechische Gottesidee, Berlin 1926.

PIRENNE-DELFORGE, VINCIANE (Hg.), Les Panthéons des cités. Des origines à la Périégèse de Pausanias, Lüttich 1998.

SCHACHTER, ALBERT, Greek Deities. Local and Panhellenic Identities, in: FLENDSTED-JENSEN, PERNILLE (Hg.), Further Studies in the Ancient Greek *Polis*, Stuttgart 2000, 9–17.

SCHEER, TANJA, Die Gottheit und ihr Bild. Untersuchungen zur Funktion griechischer Kultbilder in Religion und Politik, München 2000.

SCHLESIER, RENATE, Olympische Religion und chthonische Religion. Creuzer, K. O. Müller und die Folgen, in: SCHLESIER, RENATE (Hg.), Kulte, Mythen und Gelehrte. Anthropologie der Antike seit 1800, Frankfurt a.M. 1994, 21–32.

SCHWABL, HANS, s.v. Zeus (Epiklesen), RE X, A, 1972, 253–376.

SCULLION, SCOTT, Olympian and Chthonian, in: Classical Antiquity 13, 1994, 75–119.

SEAFORD, RICHARD, Dionysos, London/New York 2006.

SEYBOLD, KLAUS/VON UNGERN-STERNBERG, JÜRGEN, Amos und Hesiod. Aspekte eines Vergleichs, in: RAAFLAUB, KURT (Hg.), Anfänge des politischen Denkens in der Antike. Die nahöstlichen Kulturen und die Griechen, München 1993, 215–239.

SNELL, BRUNO, Die Welt der Götter bei Hesiod, in: DERS., Die Entdeckung des Geistes. Studien zur Entstehung des europäischen Denkens bei den Griechen, Göttingen $^9$2009, 45–55.

STAFFORD, EMMA, Herakles, London 2011.

THOMAS, CAROL G., Wingy Mysteries in Divinity, in: WORTHINGTON, IAN (Hg.), Voice into Text. Orality and Literacy in Ancient Greece, Leiden 1996, 179–194.

WALCOT, PETER, Hesiod and the Near East, Cardiff 1966.

### 2.2.2 Die Heroen

ANTONACCIO, CARLA M., An Archaeology of Ancestors. Tomb Cult and Hero Cult in Early Greece, London 1995.

BÉRARD, CLAUDE, Récuperer la mort du prince. Heroïsation et formation de la cité, in: GNOLI, GHERARDO/VERNANT, JEAN-PIERRE (Hg.), La mort, les morts dans les sociétés anciennes, Cambridge 1982, 89–105.

BOEHRINGER, DAVID, Heroenkulte in Griechenland von der geometrischen bis zur klassischen Zeit. Attika, Argolis, Messenien, Berlin 2001, 37–46.

BRELICH, ANGELO, Gli eroi greci. Un problema storico-religioso, Ndr. d. 1. Aufl. Rom 1958, Rom 1978.

CALLIGAS, PETER G., Hero-Cult in Early Iron Age Greece, in: HÄGG, ROBIN/MARINATOS, NANNO/NORDQUIST, GULLÖG (Hg.), Early Greek Cult Practice, Stockholm 1988, 229–234.

COLDSTREAM, JOHN NICOLAS, Hero-Cults in the Age of Homer, in: JHS 96, 1976, 8–17.

FARNELL, LEWIS RICHARD, Greek Hero-Cults and Ideas of Immortality, Nachdr. d. Ausg. Oxford 1921, Oxford 1970.

HÄGG, ROBIN, Gifts to the Heroes in Geometric and Archaic Greece, in: LINDERS, TULLIA/NORDQUIST, GULLÖG (Hg.), Gifts to the Gods, Uppsala 1987, 93–99.

KEARNS, EMILY, Between God and Man. Status and Function of Heroes and their Sanctuaries, in: REVERDIN, OLIVIER/GRANGE, BERNARD (Hg.), Le sanctuaire grec, Vandœuvres/Genf 1992, 65–99.

KEARNS, EMILY, The Heroes of Attica, London 1989.

LESCHHORN, WOLFGANG, ‚Gründer der Stadt'. Studien zu einem politisch-religiösen Phänomen der griechischen Geschichte, Stuttgart 1984.

LORENZ, GÜNTHER, Die griechische Heroenvorstellung in früharchaischer Zeit zwischen Tradition und Neuerung, in: ULF, CHRISTOPH (Hg.), Wege zur Genese griechischer Identität. Die Bedeutung der früharchaischen Zeit, Berlin 1996, 20–58.

MAZARAKIS-AINIAN, ALEXANDER, Reflections on Hero Cults in Early Iron Age Greece, in: HÄGG, ROBIN (Hg.), Ancient Greek Hero Cult, Stockholm 1999, 9–36.

SNODGRASS, ANTHONY, Les origines du culte des héros dans la Grèce antique, in: GNOLI, GHERARDO/VERNANT, JEAN-PIERRE (Hg.), La mort, les morts dans les sociétés anciennes, Nachdr. d. Ausg. Cambridge 1982, Cambridge 1990, 107–119.

WHITLEY, JAMES, Early States and Hero Cults. A Re-Appraisal, in: JHS 108, 1988, 173–182.

## 2.3 Die sakralen Mächte in der römischen Kultur

ALTHEIM, FRANZ, Römische Religionsgeschichte, 3 Bde., Berlin ²1956.

BALANDIER, GEORGES, Politische Anthropologie, München 1976 (frz. 1969).

BAYET, JEAN, Histoire politique et psychologique de la religion romaine, Paris ²1969.

BERNEDER, HELMUT, Magna Mater-Kult und Sibyllinen. Kulttransfer und annalistische Geschichtsfiktion, Innsbruck 2004.

BLOMART, ALAIN, Die Evocatio und der Transfer fremder Götter von der Peripherie nach Rom, in: CANCIK, HUBERT/RÜPKE, JÖRG (Hg.), Römische Reichsreligion und Provinzialreligion, Tübingen 1997, 99–111.

BURTON, PAUL J., The Summoning of the Magna Mater to Rome (205 B.C.), in: Historia 45, 1996, 36–63.

DORCEY, PETER F., The Cult of Silvanus. A Study in Roman Folk Religion, Leiden 1992.

DUBOURDIEU, ANNIE, Nommer les dieux. Pouvoir des noms, pouvoir des mots dans les rituel du *votum*, de l'*evocatio*, et de la *devocatio* dans la Rome antique, in: Archiv für Religionsgeschichte 7, 2005, 183–197.

FEARS, J. RUFUS, The Cult of Jupiter and Roman Imperial Ideology, in: ANRW II, 17, 1, Berlin/New York 1981, 3–141.

GAGÉ, JEAN, Apollon romain. Essai sur le culte d'Apollon et le développement du „ritus Graecus" à Rome des origines à Auguste, Paris 1955.

GLADIGOW, BURKHARD, Kraft, Macht, Herrschaft. Zur Religionsgeschichte politischer Begriffe, in: DERS. (Hg.), Staat und Religion, Düsseldorf 1981, 7-22.

GLADIGOW, BURKHARD, Zur Ikonographie und Pragmatik römischer Kultbilder, in: KELLER, HAGEN/STAUBACH, NIKOLAUS (Hg.), Iconologia Sacra. Mythos, Bildkunst und Dichtung in der Religions- und Sozialgeschichte Alteuropas. Festschrift für Karl Hauck zum 75. Geburtstag, Berlin/New York 1994, 9-24.

GOETZE, DIETER/MÜHLFELD, CLAUS, Ethnosoziologie, Stuttgart 1984.

GRAF, FRITZ (Hg.), Mythos in mythenloser Gesellschaft. Das Paradigma Roms, Stuttgart/Leipzig 1993.

GRUEN, ERICH S., The Advent of Magna Mater, in: DERS. (Hg.), Studies in Greek Culture and Roman Policy, Leiden u. a. 1990, 5-33.

GUSTAFSSON, GABRIELLA, Evocatio Deorum. Historical and Mythical Interpretations of Ritualised Conquests in the Expansion of Ancient Rome, Uppsala 2000.

HALTENHOFF, ANDREAS, Wertbegriff und Wertbegriffe, in: BRAUN, MAXIMILIAN/HALTENHOFF, ANDREAS/MUTSCHLER, FRITZ-HEINER (Hg.), Moribus antiquis res stat romana. Römische Werte und römische Literatur im 3. und 2. Jh. v. Chr., Leipzig 2000, 15-30.

HALTENHOFF, ANDREAS/HEIL, ANDREAS/MUTSCHLER, FRITZ-HEINER (Hg.), Römische Werte als Gegenstand der Altertumswissenschaft, Leipzig 2005.

KOBBERT, MAXIMILIAN, s.v. Religio, RE I, A, 1, 1914, 565-575.

KOCH, CARL, Der römische Jupiter, Nachdr. d. Ausg. 1937, Darmstadt 1968.

LINKE, BERNHARD, Jupiter und die Republik. Die Entstehung des europäischen Republikanismus in der Antike, in: Chiron 39, 2009, 339-358.

MARTIN, HANS GÜNTHER, Römische Tempelkultbilder. Eine archäologische Untersuchung zur späten Republik, Rom 1987.

MUTH, ROBERT, Vom Wesen römischer ‚religio', in: ANRW II, 16, 1, 1978, 290-354.

PFISTER, FRIEDRICH, s.v. Numen, RE XVII, 2, 1937, 1273-1291.

POLLACK, ERWIN, s.v. Exuviae, RE VI, 2, 1909, 1700.

PÖTSCHER, WALTER, ‚Numen' und ‚numen Augusti', ANRW II, 16, 1, 1978, 355-392.

RADKE, GERHARD, Das Wirken der römischen Götter, in: Gymnasium 77, 1970, 23-46.

ROSE, HERBERT J., Numen and mana, in: Harvard Theological Review 44, 1951, 109-120.

ROSE, HERBERT J., Numen inest. ‚Animism' in Greek and Roman Religion, in: Harvard Theological Review 28, 1935, 237–257.

SCHEID, JOHN, L'impossible polythéisme. Les raisons d'un vide dans l'histoire de la religion romaine, in: SCHMIDT, FRANCIS (Hg.), L'impensable polythéisme. Études d'historiographie religieuse, Paris 1988, 425–457.

SCHEID, JOHN, Numa et Jupiter ou les dieux citoyens de Rome, in: Archives des sciences sociales des religions 59, 1985, 41–53.

SCHILLING, ROBERT, La Religion romaine de Vénus depuis les origines jusqu'au temps d'Auguste, Paris ²1982.

SCHMIED-KOWARZIK, WOLFDIETRICH/STAGL, JUSTIN (Hg.), Grundfragen der Ethnologie. Beiträge zur gegenwärtigen Theorie-Diskussion, Berlin ²1993.

SCHOLZ, UDO WERNER, Studien zum altitalischen und altrömischen Marskult und Marsmythos, Heidelberg 1970.

SPANNAGEL, MARTIN, Zur Vergegenwärtigung abstrakter Wertbegriffe in Kult und Kunst der römischen Republik, in: BRAUN, MAXIMILIAN/ HALTENHOFF, ANDREAS/MUTSCHLER, FRITZ-HEINER (Hg.), Moribus antiquis res stat romana. Römische Werte und römische Literatur im 3. und 2. Jh. v. Chr., Leipzig 2000, 237–270.

SZEMLER, GEORGE J., *Religio*, Priesthoods and Magistracies in the Roman Republic, in: Numen 18, 1971, 103–131.

USENER, HERMANN, Götternamen. Versuch einer Lehre von der religiösen Begriffsbildung, Bonn 1896.

VERMEULE, CORNELIUS CLARKSON, The Cult Images of Imperial Rome, Rom 1987.

WAGENVOORT, HENDRIK, Roman Dynamism. Studies in Ancient Roman Thought, Language and Custom, Oxford 1947.

WAGENVOORT, HENDRIK, Wesenszüge altrömischer Religion, in: ANRW I, 2, 1972, 348–376.

WIDENGREN, GEO, Evolutionistische Theorien auf dem Gebiet der vergleichenden Religionswissenschaften, in: LANCZKOWSKI, GÜNTER (Hg.), Selbstverständnis und Wesen der Religionswissenschaften, Darmstadt 1974, 87–113.

## 3. Sakrale Rituale

### 3.1 Grundsätzliches zur Bedeutung von sakralen Ritualen

ARENS, WILLIAM E., An Anthropological Approach to Ritual. Evidence, Context and Interpretation, in: HÄGG, ROBIN/MARINATOS, NANNO/ NORDQUIST, GULLÖG C. (Hg.), Early Greek Cult Practice, Stockholm 1988, 223–228.

BEATTIE, JOHN HUGH MARSHALL, Über das Verstehen von Ritualen, in: KIPPENBERG, HANS GERHARD/LUCHESI, BRIGITTE (Hg.), Magie. Die sozialwissenschaftliche Kontroverse über das Verstehen fremden Denkens, Frankfurt a.M. 1987, 174–212. Urspr. ersch. u.d.T.: On Understanding Ritual, in: WILSON, BRYAN R. (Hg.), Rationality, Oxford 1970, 240–268.

BELL, CATHERINE, Ritual Theory, Ritual Practice, New York/Oxford 1992.

BELLIGER, ANDRÉA/KRIEGER, DAVID J. (Hg.), Ritualtheorien, Wiesbaden ³2006.

BREMMER, JAN, ‚Religion', ‚Ritual' and the Opposition ‚Sacred vs. Profane'. Notes towards a Terminological ‚Genealogy', in: GRAF, FRITZ (Hg.), Ansichten griechischer Rituale, Geburtstags-Symposium für Walter Burkert, Castelen bei Basel 15. bis 18. März 1996, Stuttgart/Leipzig 1998, 9–32.

CHANIOTIS, ANGELOS, Emotional Community through Ritual. Initiates. Citizens, and Pilgrims as Emotional Communities in the Greek World, in: DERS. (Hg.), Ritual Dynamics in the Ancient Mediterranean. Agency, Emotion, Gender, Representation, Stuttgart 2011, 263–290.

CONNELLY, JOAN B., Ritual Movement through Greek Sacred Space. Towards an Archaeology of Performance, in: CHANIOTIS, ANGELOS (Hg.), Ritual Dynamics in the Ancient Mediterranean. Agency, Emotion, Gender, Representation, Stuttgart 2011, 313–346.

HALLPIKE, CHRISTOPHER R., Die Grundlagen primitiven Denkens, München 1990 (engl. 1980).

KNEPPE, ALFRED/METZLER, DIETER (Hg.), Die emotionale Dimension antiker Religiosität, Münster 2003.

LANG, BERNHARD, Kleine Soziologie religiöser Rituale, in: ZINSER, HARTMUT (Hg.), Religionswissenschaft. Eine Einführung, Berlin 1988, 73–95.

MORRIS, IAN, Poetics of Power. The Interpretation of Ritual Action in Archaic Greece, in: DOUGHERTY, CAROL/KURKE, LESLIE (Hg.), Cultural Poetics in Archaic Greece, Cambridge 1993, 15–45.

WIRTH, UWE (Hg.), Performanz. Zwischen Sprachphilosophie und Kulturwissenschaften, Nachdr. d. Ausg. Frankfurt a.M. 2002, Frankfurt a.M. 2009.

## 3.2 Die antiken Rituale und ihre Teilnehmer

BÄTZ, ALEXANDER, Sacrae virgines. Studien zum religiösen und gesellschaftlichen Status der Vestalinnen, Paderborn 2012.

BENDLIN, ANDREAS, Purity and Pollution, in: OGDEN, DANIEL (Hg.), The Blackwell Companion to Greek Religion, Oxford 2007, 178–189.

BOËLS-JANSSEN, NICOLE, „Flaminica cincta". À propos de la couronne rituelle de l'épouse du flamine de Jupiter, in: REL 69, 1992, 32–50.

BOËLS-JANSSEN, NICOLE, La prêtresse aux trois voiles, REL 67, 1989, 117-133.

BOËLS-JANSSEN, NICOLE, Le statut religieux de la flaminica Dialis, REL 51, 1973, 77–100.

BOËLS-JANSSEN, NICOLE, La vie religieuse des matrons dans la Rome archaïque, Rom 1993.

BÖMER, FRANZ, Untersuchungen zur Religion der Sklaven in Griechenland und Rom, 4., teilw. in 2., verb. Aufl. ersch. Bde., Wiesbaden 1958–1990.

BRUIT ZAIDMAN, LOUISE, Die Töchter der Pandora. Die Frauen in den Kulten der Polis, in: DUBY, GEORGES/PERROT, MICHELLE (Hg.), Geschichte der Frauen, Bd. 1: Antike, hrsg. v. SCHMITT PANTEL, PAULINE, Frankfurt a.M./New York 1993, 375–415 (frz. 1991).

CANCIK-LINDEMAIER, HILDEGARD, Die vestalischen Jungfrauen, in: SPÄTH, THOMAS/WAGNER-HASEL, BEATE (Hg.), Frauenwelten in der Antike. Geschlechterordnung und weibliche Lebenspraxis, Stuttgart 2000, 111–123.

CHANIOTIS, ANGELOS, Reinheit des Körpers – Reinheit des Sinnes in den griechischen Kultgesetzen, in: ASSMANN, JAN/SUNDERMEIER, THEO (Hg.), Schuld, Gewissen und Person. Studien zur Geschichte des inneren Menschen, Gütersloh 1997, 142–179.

DEBORD, PIERRE, Aspects sociaux et économiques de la vie religieuse dans l'anatolie gréco-romaine, Leiden 1982.

DEBORD, PIERRE, L'esclavage sacré. État de la question, in: Actes du colloques 1971 sur l'esclavage, Besançon 1972, 135–150.

DÉTIENNE, MARCEL, Violentes „euGénies". En pleines Thesmophories. Des femmes couvertes de sang, in: 3.4.1: VERNANT, JEAN-PIERRE/ DÉTIENNE, MARCEL (Hg.), 183–214.

DOUGLAS, MARY, Reinheit und Gefährdung. Eine Studie zu Vorstellungen von Verunreinigung und Tabu, Frankfurt a.M. $^5$1992 (engl. 1966).

DOUGLAS, MARY, Ritual, Tabu und Körpersymbolik. Sozialanthropologische Studien in Industriegesellschaft und Stammeskultur, Frankfurt a.M. $^4$2004 (engl. 1970).

EDER, WALTER, Servitus publica. Untersuchungen zur Entstehung, Entwicklung und Funktion der öffentlichen Sklaverei in Rom, Wiesbaden 1980.

EGELHAAF-GAISER, ULRIKE, Wohnen bei den Göttern. Zur Lebensqualität und persönlichen Religiosität des niederen Personals in Tempeln, in: BATSCH, CHRISTOPHE/EGELHAAF-GAISER, ULRIKE/STEPPER, RUTH (Hg.), Zwischen Krise und Alltag. Antike Religionen im Mittelmeerraum/ Conflit et normalité. Religions anciennes dans l'espace méditerranéen, Stuttgart 1999, 143–168.

GEORGOUDI, STELLA, Réflexions sur des femme au service des dieux, in: DASEN, VÉRONIQUE/PIÉRART, MARCEL (Hg.), Idia kai demosia. Les cadres „privés" et „publics" de la religion grecque antique, Lüttich 2005, 69–82.

KLEES, HANS, Sklavenleben im klassischen Griechenland, Stuttgart 1998.

KOLENDO, JERZY, La religion des esclaves dans le *De agricultura* de Caton, in: ANNEQUIN, JACQUES/GARRIDO-HORY, MARGUERITE (Hg.), Religion et anthropologie de l'esclavage et des formes de dépendance, Paris 1994, 267–274.

KRAUTER, STEFAN, Bürgerrecht und Kultteilnahme. Politische und kultische Rechte und Pflichten in griechischen Poleis, Rom und antikem Judentum, Berlin/New York 2004.

LINKE, BERNHARD, s.v. Religion/Kult, Handwörterbuch der antiken Sklaverei (HAS), CD-ROM-Lieferung I-V, Stuttgart 2013.

LINKE, BERNHARD, Sacral Purity and Social Order in Ancient Rome, in: FREVEL, CHRISTIAN/NIHAN, CHRISTOPHE (Hg.), Purity and the Forming of Religious Traditions in the Ancient Mediterranean World and Ancient Judaism, Leiden 2012, 289–309.

MACTOUX, MARIE-MADELEINE, Logique rituelle et Polis esclavagiste. À propos des *Kronia*, in: ANNEQUIN, JACQUES/GARRIDO-HORY, MARGUERITE (Hg.), Religion et anthropologie de l'esclavage et des formes de dépendance, Paris 1994, 101–125.

MEKACHER, NINA, Die vestalischen Jungfrauen in der römischen Kaiserzeit, Wiesbaden 2006.

MORGAN, JANETT, Women, Religion, and the Home, in: OGDEN, DANIEL (Hg.), The Blackwell Companion to Greek Religion, Oxford 2007, 297–310.

MÜLLER, KLAUS E., Das magische Universum der Identität. Elementarformen sozialen Verhaltens. Ein ethnologischer Grundriß, Frankfurt a.M. 1987.

PARKER, ROBERT, Miasma. Pollution and Purification in Early Greek Religion, mit einem neuen Vorw. versuh. Nachdr. d. Ausg. Oxford 1983, Oxford 2003.

PRESCENDI, FRANCESCA, Matralia und Matronalia. Feste von Frauen in der römischen Religion, in: SPÄTH, THOMAS/WAGNER-HASEL, BEATE (Hg.), Frauenwelten. Geschlechterordnung und weibliche Lebenspraxis. Mit 162 Quellentexten und Bildquellen, Darmstadt 2000, 123–131.

OSBORNE, ROBIN, Women and Sacrifice in Classical Greece, in: CQ N.S. 43, 1993, 133–147, wiederabgedruckt in: BUXTON, RICHARD G.A. (Hg.), Oxford Readings in Greek Religion, Oxford/New York 2000, 294–313.

SAQUETE CHAMIZO, JOSÉ CARLOS, Las vírgenes vestales. Un sacerdocio femenino en la religión pública romana, Madrid 2000.

SCHEER, TANJA S., Griechische Geschlechtergeschichte, München 2011.

SCHEID, JOHN, Die Rolle der Frauen in der römischen Religion, in: DUBY, GEORGES/PERROT, MICHELLE (Hg.), Geschichte der Frauen, Bd. 1: Antike, hrsg. v. SCHMITT PANTEL, PAULINE, Frankfurt a.M./New York 1993, 417–449 (frz. 1991).

SCHEID, JOHN, Les rôles religieux des femmes à Rome. Un complément, in: FREI-STOLBA, REGULA/BIELMAN, ANNE/BIANCHI, OLIVIER (Hg.), Les femmes antiques entre sphère privée et sphère publique. Actes du diplôme d'études avancées universités de Lausanne et Neuchâtel 2000–2002, Bern u. a. 2003, 137–151.

SCHULTZ, CELIA E., Women's Religious Activity in the Roman Republic, Chapel Hill 2006.

TAKÁCS, SAROLTA A., Vestal Virgins, Sibyls and Matrons. Women in Roman Religion, Austin 2008.

## 3.3 Religiöse Feste

BEARD, MARY, Rituel, texte, temps. Les Parilia romains, in: BLONDEAU, ANNE- MARIE/SCHIPPER, KRISTOFER MARINUS (Hg.), Essais sur le rituel, Bd. 1, Louvain/Paris 1988, 15–29.

BRANDT, J. RASMUS/IDDENG, JON W. (Hg.), Greek and Roman Festivals. Content, Meaning, and Practice, Oxford 2012.

BURKERT, WALTER, Athenian Cults and Festivals, in: CAH V² 1992, 245–267.

DEUBNER, LUDWIG, Attische Feste, 3. unveränd. Nachdr. d. Ausg. Berlin 1932, Berlin 1966.

GIOVANNINI, ADALBERTO, Symbols and Rituals in Classical Athens, in: MOLHO, ANTHONY/RAAFLAUB, KURT/EMLEN, JULIA (Hg.), City States in Classical Antiquity and Medieval Italy. Athens and Rome, Florence and Venice, Stuttgart 1991, 459–478.

PARKE, HERBERT WILLIAM, Athenische Feste, Mainz 1987 (engl. 1977).

PFEILSCHIFTER, RENE, Die Römer auf der Flucht. Republikanische Feste und Sinnstiftung durch aitiologischen Mythos, in: BECK, HANS/WIEMER, HANS-ULRICH (Hg.), Feiern und Erinnern. Geschichtsbilder im Spiegel antiker Feste, Berlin 2009, 109-139.

ROBERTSON, NOEL, Festivals and Legends. The Formation of Greek Cities in the Light of Public Ritual, Toronto/Buffalo/London 1992.

RÜPKE, JÖRG, Kalender und Öffentlichkeit. Die Geschichte der Repräsentation und religiösen Qualifikation von Zeit in Rom, Berlin/New York 1995.

RÜPKE, JÖRG, Kognitive Einheit ritueller Sequenzen? Zur kommunikativen Funktion kalendarischer Gattungen in Rom, in: BINDER, GERHARD/ EHLICH, KONRAD (Hg.), Religiöse Kommunikation. Formen und Praxis vor der Neuzeit, Trier 1997, 191-223.

SABBATUCCI, DARIO, La religione di Roma antica. Dal calendario festivo all'ordine cosmico, Mailand 1988.

SCULLARD, HOWARD HAYES, Römische Feste. Kalender und Kult, Mainz 1985 (engl. 1982).

## 3.4 Die Rituale in Griechenland

### 3.4.1 Opfer in Griechenland

AUFFARTH, CHRISTOPH, How to Sacrifice Correctly - Without a Manual?, in: 3.4.1: HÄGG, ROBIN/ALROTH, BRITA (Hg.), 11-21.

BAUMGARTEN, ALBERT I. (Hg.), Sacrifice in Religious Experience, Leiden/ Boston/Köln 2002.

BOWIE, ANGUS M., Greek Sacrifice. Forms and Function, in: POWELL, ANTON (Hg.), The Greek World, London/New York 1995, 463-482.

BREMMER, JAN NICOLAAS, Modi di comunicazione con il divino. La preghiera, la divinazione e il sacrificio nella civiltà greca, in: SETTIS, SALVATORE (Hg.), I Greci. Storia, Cultura, Arte, Società, Bd. 1, Turin 1996, 239-283.

BURKERT, WALTER, Anthropologie des religiösen Opfers. Die Sakralisierung der Gewalt, München ²1987.

BURKERT, WALTER, Glaube und Verhalten. Zeichengehalt und Wirkungsmacht von Opferritualen, in: RUDHARDT, JEAN/REVERDIN, OLIVIER (Hg.), Le sacrifice dans l'antiquité, Vandœuvres/Genf 1980, 91-125.

BURKERT, WALTER, Homo necans. Interpretationen altgriechischer Opferriten und Mythen, Berlin/New York ²1997.

DÉTIENNE, MARCEL/VERNANT, JEAN-PIERRE (Hg.), La cuisine du sacrifice en pays grec, Paris 1979 (engl. 1989).

GERLITZ, PETER, s.v. Opfer – religionsgeschichtlich, TRE 25, 1995, 253–258.

GRAF, FRITZ, Milch, Honig und Wein. Zum Verständnis der Libation im griechischen Ritual, in: PICCALUGA, GIULIA (Hg.), Perennitas. Studi in onore di Angelo Berlich, Rom 1980, 209–221.

HÄGG, ROBIN/ALROTH, BRITA (Hg.), Greek Sacrificial Ritual. Olympian and Chthonian. Proceedings of the Sixth International Seminar on Ancient Greek Cult, organized by the Department of Classical Archaeology and Ancient History, Göteborg University, 25–27. April 1997, Stockholm 2005.

HANELL, KRISTER, s.v. Trankopfer, RE IV, 2, 1937, 2131–2137.

HENRICHS, ALBERT, Dromena und Legomena. Zum rituellen Selbstverständnis der Griechen, in: GRAF, FRITZ (Hg.), Ansichten griechischer Rituale, Geburtstags-Symposium für Walter Burkert, Castelen bei Basel 15. bis 18. März 1996, Stuttgart/Leipzig 1998, 33–71.

JANOWSKI, BERND/WELKER, MICHAEL (Hg.), Opfer. Theologische und kulturelle Kontexte, Frankfurt a.M. 2000.

KNUST, JENNIFER WRIGHT/VÁRHELYI, ZSUZSANNA (Hg.), Ancient Mediterranean Sacrifice, Oxford 2011.

MARX, ALFRED U. A., s.v. Opfer – religionsgeschichtlich, RGG 6, 2003, 572–583.

MAUSS, MARCEL/HUBERT, HENRI, Essai sur la nature et la formation du sacrifice (1899), in: MAUSS, MARCEL, Œuvres, hrsg. v. KARADY, VICTOR, Bd. 1, Paris 1968, 193–307.

PAUS, ANSGAR, s.v. Opfer – religionsgeschichtlich, LThK 7, 1998, 1061–1063.

PETROPOULOU, MARIA-ZOE, Animal sacrifice in ancient Greek religion, Judaism, and Christianity, 100 BC–AD 200, Oxford 2008.

SEIWERT, HUBERT, s.v. Opfer, Handbuch religionswissenschaftlicher Grundbegriffe 4, Stuttgart u. a. 1998, 268–284.

VERNANT, JEAN-PIERRE, À la table des hommes. Mythe de fondation du sacrifice chez Hésiode, in: 3.4.1: DÉTIENNE, MARCEL/VERNANT, JEAN-PIERRE (Hg.), 58–63.

VERNANT, JEAN-PIERRE, Théorie générale du sacrifice et mise à mort dans la thysia grecque, in: RUDHARDT, JEAN/REVERDIN, OLIVIER (Hg.), Le sacrifice dans l'antiquité, Vandœuvres/Genf 1980, 1–21.

ZIEHEN, LUDWIG, s.v. Opfer, RE XVIII, 1, 1939, 579–627.

### 3.4.2 Die Speiseopfer

AUBRIOT-SÉVIN, DANIÈLE, Prière et conceptions religieuses en Grèce ancienne jusqu'à la fin du V$^e$ siècle av. J.-C., Lyon 1992.

BAUDY, GERHARD J., Hierarchie oder: Die Verteilung des Fleisches, in: GLADIGOW, BURKHARD/KIPPENBERG, HANS GERHARD (Hg.), Neue Ansätze in der Religionswissenschaft, München 1983, 131–174.

BIANCHI, UGO, La Religione greca, Turin 1975.

BLECH, MICHAEL, Studien zum Kranz bei den Griechen und Römern, Berlin/New York 1982.

BÖMER, FRANZ, s.v. Pompa, RE XXI, 2, 1952, 1878–1994.

BROMMER, FRANK, Der Parthenonfries. Katalog und Untersuchung, Mainz 1977.

BRULÉ, PIERRE, La cité en ses composantes. Remarques sur les sacrifices et la procession des Panathénées, in: Kernos 9, 1996, 37–63.

BURKERT, WALTER, Offerings in Perspective. Surrender, distribution, exchange, in: LINDERS, TULLIA/NORDQUIST, GULLÖG (Hg.), Gifts to the Gods. Proceedings of the Uppsala symposium 1985, Uppsala 1987, 43–50.

CONNOR, WALTER ROBERT, Tribes, Festivals and Processions. Civic Ceremonial and Political Manipulation in Archaic Greece, in: JHS 107, 1987, 40–50.

DES PLACES, EDOUARD, Religion grecque. Dieux, culte, rites et sentiment religieux dans la Grèce antique, Paris 1969.

DÉTIENNE, MARCEL, Pratiques culinaires et esprit de sacrifice, in: 3.4.1: DÉTIENNE, MARCEL/VERNANT, JEAN-PIERRE (Hg.), 7–35.

GRAF, FRITZ, *Pompai* in Greece. Some Considerations about Space and Ritual in the Greek *Polis*, in: HÄGG, ROBIN (Hg.), The Role of Religion in the Early Greek Polis. Proceedings of the Third International Seminar on Ancient Greek Cult, organized by the Swedish Institute at Athens, 16-18 October 1992, Stockholm 1996, 55–65.

KYLE, DONALD G., The Panathenaic Games. Sacred and Civic Athletics, in: NEILS, JENIFER (Hg.), Goddess and Polis. The Panthenaic Festival in Ancient Athens, Princeton 1992, 77–101.

LAMBERT, MICHAEL, Ancient Greek and Zulu Sacrificial Ritual. A Comparative Analysis, in: Numen 40, 1993, 293–318.

LORAUX, NICOLE, La Cité comme cuisine et comme partage, in: Annales ESC 36, 1981, 614–622.

MEULI, KARL, Griechische Opferbräuche, in: Phyllobolia für Peter von der Mühll, Basel 1946, 185–288 = MEULI, KARL, Gesammelte Schriften, hrsg. v. GELZER, THOMAS, 2. Bd., Basel 1975, 907–1021.

ORTH, WOLFGANG, Gemeinschaftserhaltende Opfer, in: KELLER, HAGEN/ STAUBACH, NIKOLAUS (Hg.), Iconologia Sacra. Mythos, Bildkunst und Dichtung in der Religions- und Sozialgeschichte Alteuropas. Festschrift für Karl Hauck, Berlin/New York 1994, 1-8.

PARKER, ROBERT, Early Orphism, in: POWELL, ANTON (Hg.), The Greek World, London/New York 1995, 483-510.

SCHMITT PANTEL, PAULINE, La cité au banquet. Histoire des repas publics dans les cités grecques, Rom 1992.

VERSNEL, HENDRIK, Religious Mentality in Ancient Prayer, in: DERS. (Hg.), Faith, Hope and Worship, Leiden 1981, 1-64.

ZIEHEN, LUDWIG, s.v. Panathenaia, RE XVIII, 3, 1949, 457-493.

### 3.4.3 Die Verzichtsopfer

BUTTI DI LIMA, PAULO FRANCESO, Sui sacrifici spartani ai confini, in: SORDI, MARTA (Hg.) Il confine nel mondo classic (Contributi dell'Istituto di storia antica 13), Mailand 1987, 100-116

COLE, SUSAN GUETTEL, Oath Ritual and the Male Community at Athens, in: OBER, JOSIAH/HEDRICK, CHARLES (Hg.), Dēmokratia. A conversation on Democracies, Ancient and Modern, Princeton 1996, 227-248.

JACQUEMIN, ANNE, Guerre et religion dans le monde grec (490–322 av. J.-C.), Paris 2000.

LONIS, RAOUL, Guerre et Religion en Grèce à l'époque classique. Recherches sur les rites, les dieux, l'idéologie de la victoire, Paris 1977.

POPP, HARALD, Die Einwirkung von Vorzeichen, Opfern und Festen auf die Kriegsführung der Griechen im 5. und 4. Jahrhundert v. Chr., Würzburg 1959.

PRITCHETT, WILLIAM KENDRICK, The Greek State at War, 5 Bde., Berkeley/Los Angeles 1974–1991.

STENGEL, PAUL, Opferbräuche der Griechen, unveränd. Nachdr. d. Ausg. Leipzig/Berlin 1910, Darmstadt 1972.

ZIEHEN, LUDWIG, s.v. Sphágia, RE III A, 2, 1929, 1669–1679.

### 3.5 Die römischen Rituale

BAUDY, DOROTHEA, Römische Umgangsriten, Berlin/New York 1998.

BINDER, GERHARD, Kommunikative Elemente im römischen Staatskult am Ende der Republik. Das Beispiel der Lupercalia des Jahres 44, in: DERS./EHLICH, KONRAD (Hg.), Religiöse Kommunikation. Formen und Praxis vor der Neuzeit, Trier 1997, 225–241.

HARMON, DANIEL P., The Family Festivals of Rome, ANRW II, 16, 2, 1978, 1592-1603.

LINDER, MONIKA/SCHEID, JOHN, Quand croire c'est faire. Le problème de la croyance dans la Rome ancienne, in: Archives des Sciences sociales des Religions 81, 1993, 47-62.

NORTH, JOHN A., Conservatism and Change in Roman Religion, in: Papers of the British School at Rome 44, 1976, 1-12.

NORTH, JOHN A., Religion in Republican Rome, CAH VII, 2, ²1989, 573-624.

SCHEID, JOHN, Quand faire, c'est croire. Les rites sacrificiels des Romains, Paris 2005.

SCHOLZ, UDO WERNER, Zur Erforschung der römischen Opfer (Beispiel: Die Lupercalia), in: VERNANT, JEAN-PIERRE/RUDHARDT, JEAN/REVERDIN, OLIVIER (Hg.), Le sacrifice dans antiquité. Huit exposés suivis de discussions, Vandoeuvres/Genf 1981, 289-328.

ULF, CHRISTOPH, Das römische Lupercalienfest. Ein Modellfall für Methodenprobleme in der Altertumswissenschaft, Darmstadt 1982.

WISEMAN, TIMOTHY PETER, The God of the Lupercal, JRS 85, 1995, 1-22.

ZIOLKOWSKI, ADAM, Ritual Cleaning-up of the City. From the Lupercalia to the Argei, in: Ancient Society 29, 1998/1999, 191-218.

### 3.5.1 Opfer in Rom

BLEICKEN, JOCHEN, Zum Begriff der römischen Amtsgewalt. auspicium - potestas - imperium, in: Nachr.d.Akad.d.Wiss., phil.-hist. Kl. Göttingen 9, 1981, 257-300. = DERS., Gesammelte Schriften, Bd. 1, hrsg. v. GOLDMANN, FRANK/MERL, MARKUS/SEHLMEYER, MARKUS/WALTER, UWE, Stuttgart 1998, 301-344.

CATALANO, PIERANGELO, Contributi allo studio del diritto augurale 1, Turin 1960.

CHRISTMANN, ECKHARD, Überlegungen zur Entwicklung im Vesta-Kult, in: SCHUBERT, WERNER (Hg.), Ovid. Werk und Wirkung. Festgabe für Michael von Albrecht, Frankfurt a.M. u. a. 1999, 613-634.

COLI, UGO, Regnum, Rom 1951.

FLESS, FRIEDERIKE, Opferdiener und Kultmusiker auf stadtrömischen historischen Reliefs. Untersuchungen zur Ikonographie, Funktion und Benennung, Mainz 1995.

HEUSS, ALFRED, Gedanken und Vermutungen zur frühen römischen Regierungsgewalt, in: Nachr.d.Akad.d.Wiss. Göttingen 10 1982, 377-454 = HEUSS, ALFRED, Gesammelte Schriften in 3 Bänden, Bd. 2, Stuttgart 1995, 908-985.

KAJAVA, MIKA, Hestia. Hearth, Goddess and Cult, in: Harvard Studies in Classical Philology 102, 2004, 1–20.

KAJAVA, MIKA, ‚Visceratio', in: Arctos 32, 1998, 109–131.

KOCH, CARL, s.v. mola salsa, RE XV, 2, 1932, 2516f.

KRAUSE, CARL, s.v. Hostia, RE Suppl. 5, 1931, 236–282.

KRAUSE, CARL, De Romanorum hostiis quaestiones selectae, Marburg 1894.

LINDERSKI, JERZY, Augural Law, ANRW II, 16, 3, 1986, 2146–2312.

MACKINNON, MICHAEL, Production and Consumption of Animals in Roman Italy. Integrating the Zooarchaeological and Textual Evidence, Portsmouth 2004.

MÉNIEL, PATRICE, Les Gaulois et les animaux. Élevage, repas et sacrifice, Paris 2001.

PRESCENDI, FRANCESCA, Décrire et comprendre le sacrifice. Les réflexions des Romains sur leur propre religion à partir de la littérature antiquaire, Stuttgart 2007.

RÜPKE, JÖRG, Gäste der Götter – Götter als Gäste. Zur Konstruktion des römische Opferbanketts, in: GEORGOUDI, STELLA/KOCH-PIETTRE, RENÉE/SCHMITT, FRANCIS (Hg.), La cuisine et l'autel. Les sacrifices en questions dans les sociétés de la Méditerranée ancienne, Tournai 2006, 227–239.

SCHAEWEN, RENATE VON, Römische Opfergeräte, ihre Verwendung im Kultus und in der Kunst, Berlin 1940.

SCHEID, JOHN, Manger avec les dieux. Partage sacrificiel et commensalité dans la Rome antique, in: GEORGOUDI, STELLA/KOCH-PIETTRE, RENÉE/SCHMITT, FRANCIS (Hg.), La cuisine et l'autel. Les sacrifices en questions dans les sociétés de la Méditerranée ancienne, Tournai 2006, 273–287.

SCHEID, JOHN, La parole des dieux. L'originalité du dialogue des Romains avec leurs dieux, in: Opus 6–8, 1987–1989, 125–136.

SCHEID, JOHN, La Religion des Romains, Paris 1998 (engl. 2003).

SCHEID, JOHN, Religion et piété à Rome antique, Paris ²2001.

SCHILLING, ROBERT, A propos des „exta": l'extispicine étrusque et la litatio romaine, in: RENARD, MARCEL (Hg.), Hommages à Albert Grenier, Bd. 3, Brüssel/Berchem 1962, 1371–1378. = SCHILLING, ROBERT (Hg.), Rites, cultes et dieux à Rome, Paris 1979, 183–190

SIEBERT, ANNE VIOLA, Instrumenta Sacra. Untersuchungen zu römischen Opfer-, Kult- und Priestergeräten, Berlin/New York 1999.

SIEBERT, ANNE VIOLA, Römische Opfer- und Kultgeräte. Ein Beitrag zur Sachkultur römischer Opferpraxis, in: BATSCH, CHRISTOPHE / EGELHAAF-GAISER, ULRIKE / STEPPER, RUTH (Hg.), Zwischen Krise und

Alltag. Antike Religionen im Mittelmeerraum / Conflit et normalité. Religions anciennes dans l'espace méditerranéen (Potsdamer Altertumswissenschaftliche Beiträge 1), Stuttgart 1999, 125-142.

VEYNE, PAUL, Inviter les dieux, sacrifier, banqueter. Quelques nuances de la religiosité gréco-romaine, in: Annales Histoire, Sciences sociales 55, 2000, 3-42.

### 3.5.2 Prozessionen und Krisenrituale in Rom

BASTIEN, JEAN-LUC, Le triomphe romain et son utilisation politique à Rome aux trois derniers siècles de la république, Rom 2007.

BEARD, MARY, The Roman Triumph, Cambridge 2007.

BERNSTEIN, FRANK, Complex rituals. Games and Processions in Republican Rome, in: RÜPKE, JÖRG (Hg.), A Companion to Roman Religion, unveränd. Nachdr. d. Ausg. v. 2007, Malden 2009, 222-234

BERNSTEIN, FRANK, Ludi publici. Untersuchungen zur Entstehung und Entwicklung der öffentlichen Spiele im republikanischen Rom, Stuttgart 1998.

BONFANTE WARREN, LARISSA, Roman Triumphs and Etruscan Kings. The Changing Face of the Triumph, in: JRS 60, 1970, 49-66.

EHLERS, WILHELM, s.v. Triumphus, RE VII, A, 1, 1939, 493-511.

ENGELS, DAVID, Das römische Vorzeichenwesen (753-27 v. Chr.). Quellen, Terminologie, Kommentar, historische Entwicklung, Stuttgart 2007.

FREYBURGER, GÉRARD, La supplication d'action de grâces dans la religion romaine archaïque, in: Latomus 36, 1977, 283-315.

FREYBURGER, GÉRARD, Supplication grecque et supplication romaine, in: Latomus 47, 1988, 501-525.

GÜNTHER, RIGOBERT, Der politisch-ideologische Kampf in der römischen Religion in den letzten zwei Jahrhundert v.u.Z., in: Klio 42, 1964, 209-297.

ITGENSHORST, TANJA, Tota illa pompa. Der Triumph in der römischen Republik, Göttingen 2005.

LEMOSSE, MAXIME, Les éléments techniques de l'ancien triomphe romain et le problème de son origine, ANRW I, 2, 1972, 442-453.

LINKE, BERNHARD, Emotionalität und Status. Zur gesellschaftlichen Funktion von supplicationes und lectisternia in der römischen Republik, in: KNEPPE, ALFRED/METZLER, DIETER (Hg.), Die emotionale Dimension antiker Religiosität, Münster 2003, 65-86.

LINKE, BERNHARD, Kingship in Early Rome, in: LANFRANCHI, GIOVANNI B./ROLLINGER, ROBERT (Hg.), Concepts of Kingship in Antiquity. Proceedings of the European Science Foundation exploratory Workshop held in Padova, November 28th - December 1st, 2007, Padua 2010, 181-196.

McBain, Bruce, Prodigy and Expiation. A Study in Religion and Politics in Republican Rome, Brüssel 1982.

Nicolet, Claude, Le métier de citoyen dans la Rome républicaine, Paris 1976 (engl. 1988).

Rosenberger, Veit, Gezähmte Götter. Das Prodigienwesen der römischen Republik, Stuttgart 1998.

Rosenberger, Veit, Prodigien aus Italien. Geographische Verteilung und religiöse Konstruktion, in: Cahiers du Centre Gustave Glotz 16, 2005, 235–257.

Rüpke, Jörg, Domi militiae. Die religiöse Konstruktion des Krieges in Rom, Stuttgart 1990.

Scheid, John, *Graeco Ritu*. A Typically Roman Way of Honoring the Gods, in: HSCP 97, 1995, 15–31.

Thulin, Carl Olof, s.v. Iuppiter, RE X, 1, 1918, 1126–1147.

Versnel, Hendrik Simon, Triumphus. An Inquiry into the Origin, Development and Meaning of the Roman Triumph, Leiden 1970.

Wissowa, Georg, s.v. Supplicationes, RE IV, A, 1, 1931, 942–951.

# 4. Die Heiligtümer

## 4.1 Die griechischen Heiligtümer

Alcock, Susan E./Osborne, Robin (Hg.), Placing the Gods, Oxford 1994.

Antonaccio, Carla M., Placing the Past. The Bronze Age in the Cultic Topography of Early Greece, in: 4.1: Alcock, Susan E./Osborne, Robin (Hg.), 79–104.

Auffarth, Christoph, Das Heraion von Argos oder das Heraion der Argolis? Religion im Prozeß der Polisbildung, in: Freitag, Klaus/Funke, Peter/Haake, Matthias (Hg.), Kult – Politik – Ethnos. Überregionale Heiligtümer im Spannungsfeld von Kult und Politik, Stuttgart 2006, 73–87.

Auffarth, Christoph, Protecting Strangers. Establishing a fundamental value in the religions of Ancient Near East and Ancient Greece, in: Numen 39, 1992, 193–216.

Bergquist, Birgitta, The Archaic Greek Temenos. A Study of Structure and Function, Diss. Upsala, Lund 1967.

BOSCHUNG, DIETRICH, Kultbilder als Vermittler religiöser Vorstellungen in: FREVEL, CHRISTIAN/VON HESBERG, HENNER (Hg.), Kult und Kommunikation. Medien in Heiligtümern der Antike, Wiesbaden 2007, 62–87.

BURFORD, ALISON M., The Economics of Greek Temple Building, PCPhS 191 (NS 11), 1965, 21–34.

BURKERT, WALTER, Antike Mysterien. Funktionen und Gehalt, München ⁴2003.

BURKERT, WALTER, Greek *Poleis* and Civic Cults. Some further Thoughts, in: HANSEN, MOGENS HERMAN/RAAFLAUB, KURT (Hg.), Studies in the Ancient Greek Polis, Stuttgart 1995, 201–210.

BURKERT, WALTER, Greek Temple-Builders. Who, where and why?, in: HÄGG, ROBIN (Hg.), The Role of Religion in the Early Greek Polis. Proceedings of the Third International Seminar on Ancient Greek Cult, organized by the Swedish Institute at Athens, 16-18 October 1992, Stockholm 1996, 21–29.

BURKERT, WALTER, The Meaning and Function of the Temple in Classical Greece, in: FOX, MICHAEL (Hg.), Temple in Society, Winona Lake 1988, 27–47.

CHANIOTIS, ANGELOS, Conflicting Authorities. Greek Asylia between Secular and Divine Law in the Classical and Hellenistic Poleis, in: Kernos 9, 1996, 65–86.

CHANIOTIS, ANGELOS, Habgierige Götter – Habgierige Städte. Heiligtumsbesitz und Gebietsanspruch in den kretischen Staatsverträgen, in: Ktema 13, 1988, 21–39.

CLINTON, KEVIN, The Sanctuary of Demeter and Kore at Eleusis, in: MARINATOS, NANNA/HÄGG, ROBIN (Hg.), Greek Sanctuaries. New Approaches, London/New York 1993, 110–124.

COLDSTREAM, JOHN NICOLAS, Greek Temples. Why and where?, in: EASTERLING, PATRICIA ELIZABETH/MUIR, JOHN VICTOR (Hg.), Greek Religion and Society, Cambridge 1985, 67–97.

COLE, SUSAN GUETTEL, The Uses of Water in Greek Sanctuaries, in: HÄGG, ROBIN/MARINATOS, NANNO/NORDQUIST, GULLÖG C. (Hg.), Early Greek Cult Practice, Stockholm 1988, 161–165.

DE POLIGNAC, FRANÇOIS, Argos entre centre et périphérie. L'espace culturel de la cité grecque, in: Arch. Sc. soc. des rel. 59, 1985, 55–63.

DE POLIGNAC, FRANÇOIS, Mediation, Competition, and Sovereignty. The Evolution of Rural Sanctuaries in Geometric Greece, in: ALCOCK, SUSAN E./OSBORNE, ROBIN (Hg.), Placing the Gods, Oxford 1994, 4–18.

DE POLIGNAC, FRANÇOIS, Sanctuaires et société en Attique géométrique et archaïque. Réflexions sur les critères d'analyse, in: VERBANCK-PIÉRARD,

ANNIE/VIVIERS, DIDIER (Hg.), Culture et cité. L'avènement d'Athènes à l'époque archaïque, Brüssel 1995, 75–101.

DERLIEN, JOCHEN, Die religiöse und rechtliche Begründung der Flucht zu sakralen Orten in der griechisch-römischen Antike, Marburg 2003.

DRERUP, HEINRICH, Griechische Baukunst in geometrischer Zeit, Göttingen 1969.

FREITAG, KLAUS, Die Schiedsgerichtsbarkeit der panhellenischen Heiligtümer, in: ALBERTZ, RAINER (Hg.), Kult, Konflikt und Versöhnung. Beiträge zur kultischen Sühne in religiösen, sozialen und politischen Auseinandersetzungen des antiken Mittelmeerraumes, Münster 2001, 211–228.

FUNKE, PETER, Die Nabel der Welt. Überlegungen zur Kanonisierung der „panhellenischen" Heiligtümer, in: SCHMITT, TASSILO/SCHMITZ, WINFRIED/WINTERLING, ALOYS (Hg.), Gegenwärtige Antike – antike Gegenwarten. Kolloquium zum 60. Geburtstag von Rolf Rilinger, München 2005, 1–16

GRAF, FRITZ, Heiligtum und Ritual. Das Beispiel der griechisch-römischen Asklepieia, in: REVERDIN, OLIVIER/GRANGE, BERNARD (Hg.), Le sanctuaire grec, Vandœuvres/Genf 1992, 159–199.

GRUBEN, GOTTFRIED, Die Tempel der Griechen, München ⁵2001.

HALL, JONATHAN, How Argive was the ‚Argive' Heraion? The Political and Cultic Geography of the Argive Plain 900–400, in: AJA 99, 1995, 577–613.

HANSEN, MOGENS HERMAN/FISCHER-HANSEN, TOBIAS, Monumental Political Architecture in Archaic and Classical Greek *poleis*. Evidence and historical Significance, in: WHITEHEAD, DAVID (Hg.), From Political Architecture to Stephanus Byzantius. Sources for the Ancient Greek *Polis*, Stuttgart 1994, 23–90.

HILLER, STEFAN, Mycenaean Traditions in Early Greek Cult Images, in: HÄGG, ROBIN (Hg.), The Greek Renaissance of the Eighth Century B.C. Tradition and innovation, Stockholm 1983, 91–99.

HÖLSCHER, TONIO, Öffentliche Räume in frühen griechischen Städten, Heidelberg ²1999.

JOST, MADELEINE, Sanctuaires et cultes d'Arcadie, Paris 1985.

KRON, UTA, Kultmahle im Heraion von Samos archaischer Zeit, in: HÄGG, ROBIN/MARINATOS, NANNO/NORDQUIST, GULLÖG C. (Hg.), Early Greek Cult Practice, Stockholm 1988, 136–148.

KYRIELEIS, HELMUT, Olympia. Archäologie eines Heiligtums, Darmstadt 2011.

LANG, FRANZISKA, Archaische Siedlungen in Griechenland. Struktur und Entwicklung, Berlin 1996.

LANGDON, MERLE K., A Sanctuary of Zeus on Mount Hymettos, Princeton 1976.

LANGDON, SUSAN, Gift Exchange in the Geometric Sanctuaries, in: LINDERS, TULLIA/NORDQUIST, GULLÖG (Hg.), Gifts to the Gods, Uppsala 1987, 107-113.

LINKE, BERNHARD, Religion und Herrschaft im archaischen Griechenland, in: HZ 280, 2005, 1-37.

MALKIN, IRAD, La place des dieux dans la cité des hommes. Le découpage des aires sacrées dans les colonies grecques, in: Revue de l'Histoire des Religions, 204, 1987, 331-352.

MALKIN, IRAD, Myth and Territory in the Spartan Mediterranean, Cambridge 1994.

MALKIN, IRAD, Territorial Domination and the Greek Sanctuary, in: ALROTH, BRITA/HELLSTRÖM, PONTUS (Hg.), Religion and Power in the Ancient Greek World, Uppsala 1996, 75-81.

MARTINI, WOLFRAM, Vom Herdhaus zum Peripteros, in: JdI 101, 1986, 23-36.

MAZARAKIS AINIAN, ALEXANDER, Contribution à l'étude de l'architecture religieuse grecque des âges obscurs, in: AC 54, 1985, 5-48.

MAZARAKIS AINIAN, ALEXANDER, Early Greek Temples. Their Origin and Function, in: HÄGG, ROBIN/MARINATOS, NANNO/NORDQUIST, GULLÖG C. (Hg.), Early Greek Cult Practice, Stockholm 1988, 105-119.

MAZARAKIS AINIAN, ALEXANDER: From Rulers' Dwellings to Temples. Architecture, Religion and Society in early Iron Age Greece (1100 - 700 B.C.) (SIMA 121), Jonsered 1997.

MORGAN, CATHERINE, Athletes and Oracles. The Transformation of Olympia and Delphi in the Eighth Century B.C., Cambridge 1990.

MORGAN, CATHERINE, The Evolution of a Sacral ‚Landscape'. Isthmia, Perachora, and the Early Corinthian State, in: ALCOCK, SUSAN E./OSBORNE, ROBIN (Hg.), Placing the Gods, Oxford 1994, 105-142.

MORGAN, CATHERINE, The Origins of pan-Hellenism, in: MARINATOS, NANNO/HÄGG, ROBIN (Hg.), Greek Sanctuaries. New Approaches, London/New York 1993, 18-44.

MORRIS, IAN, Burial and Ancient Society. The Rise of the Greek City-State, Cambridge 1987.

MYLONAS, GEORGE EMANUEL, Eleusis and the Eleusinian Mysteries, Princeton 1961.

PARKER, ROBERT, Greek States and Greek Oracles, in: CARTLEDGE, P. A./HARVEY, F. D. (Hg.), Crux, Essays Presented to G. E. M. de Ste Croix on his 75th birthday, London 1985, 298-326.

PEDLEY, JOHN, Sanctuaries and the Sacred in the Ancient Greek World, Cambridge 2005.

RASCHKE, WENDY J. (Hg.), The Archaeology of the Olympics. The Olympics and Other Festivals in Antiquity, Madison 1988.

RENFREW, COLIN, Introduction. Peer Polity Interaction and Socio-Political Change, in: DERS./CHERRY, JOHN F. (Hg.), Peer Polity Interaction and Socio-Political Change, Cambridge 1986, 1–18.

ROLLEY, CLAUDE, Les grands sanctuaires panhelléniques, in: HÄGG, ROBIN (Hg.), The Greek Renaissance of the Eighth Century B.C. Tradition and Innovation, Stockholm 1983, 109–114.

ROMANO, IRENE BALD, Early Greek Cult Images and Cult Practices, in: HÄGG, ROBIN/MARINATOS, NANNO/NORDQUIST, GULLÖG C. (Hg.), Early Greek Cult Practice, Stockholm 1988, 127–133.

ROSENBERGER, VEIT, Griechische Orakel. Eine Kulturgeschichte, Darmstadt 2001.

ROUX, GEORGES, L'architecture à Delphes. Un siècle de découvertes, in: JACQUEMIN, ANNE (Hg.), Delphes. Cent ans après la Grand fouille. Essai de bilan, 181–199.

RÜPKE, JÖRG, Kult jenseits der Polisreligion, in: Jahrbuch für Antike und Christentum 47, 2004, 5–15.

RUPP, DAVID W., Reflections on the Development of Altars in the Eighth Century B.C., in: HÄGG, ROBIN (Hg.), The Greek Renaissance of the Eighth Century B.C. Tradition and Innovation, Stockholm 1983, 101–107.

SALMON, JOHN, The Heraeum at Perachora and the Early History of Corinth and Megara, in: BSA 67, 1972, 159–204.

SARTRE, MAURICE, Aspects économiques et aspects religieux de la frontière dans les cités grecques, in: Ktema 4, 1979, 213–224.

SCHACHTER, ALBERT, Policy, Cult, and the Placing of Greek Sanctuaries, in: REVERDIN, OLIVIER/GRANGE, BERNARD (Hg.), Le sanctuaire grec, Vandœuvres/Genf 1992, 1–57.

SCHMITT PANTEL, PAULINE, Delfi, gli oracoli, la tradizione religiosa, in: SETTIS, SALVATORE (Hg.), I Greci. Storia, Cultura, Arte, Società, Bd. 2, 2, Turin 1997, 251–273.

SCHMITT, TASSILO, Kein König im Palast. Heterodoxe Überlegungen zur politischen und sozialen Ordnung in der mykenischen Zeit, in: HZ 288, 2009, 281–346.

SCOTT, MICHAEL, Delphi and Olympia. The Spatial Politics of Panhellenism in the Archaic and Classical Periods, Cambridge 2010.

SINN, ULRICH, Das antike Olympia. Götter, Spiel und Kunst, München ²2004.

SINN, ULRICH, Das Heraion von Perachora. Eine sakrale Schutzzone in der korinthischen Peraia, in: AM 105, 1990, 53–116.

SINN, ULRICH, Olympia. Kult, Sport und Fest in der Antike, München ³2004.

SNODGRASS, ANTHONY, Interaction by Design. The Greek City-State, in: RENFREW, COLIN/CHERRY, JOHN F. (Hg.), Peer Polity Interaction and Socio-Political Change, Cambridge 1986, 47–58.

SOURVINOU-INWOOD, CHRISTIANE, Early Sanctuaries, the Eigth Century and Ritual Space. Fragments of a Discourse, in: MARINATOS, NANNA/ HÄGG, ROBIN (Hg.), Greek Sanctuaries. New Approaches, London/New York 1993, 1–17.

SOURVINOU-INWOOD, CHRISTIANE, Ethnicity and the Definition of Greekness, in: DIES. (Hg.), Hylas, the Nymphs, Dionysos and Others. Myth, Ritual, Ethnicity. Martin P. Nilsson Lecture on Greek Religion, delivered 1997 at the Swedish Institute at Athens, Stockholm 2005, 24–63.

SPORN, KATJA, Höhlenheiligtümer in Griechenland, in: FREVEL, CHRISTIAN/VON HESBERG, HENNER (Hg.), Kult und Kommunikation. Medien in Heiligtümern der Antike, Wiesbaden 2007, 39–62.

SVENSON-EVERS, HENDRIK, Hieros Oikos. Zum Ursprung des griechischen Tempels, in: HOEPFNER, WOLFRAM (Hg.), Kult und Kultbauten auf der Akropolis. Internationales Symposion vom 7. bis 9. Juli 1995 in Berlin, Berlin 1997, 132–151.

THOMLINSON, RICHARD, Water Supplies and Ritual at the Heraion Perachora, in: HÄGG, ROBIN/MARINATOS, NANNO/NORDQUIST, GULLÖG C. (Hg.), Early Greek Cult Practice, Stockholm 1988, 167–171.

TRAULSEN, CHRISTIAN, Das sakrale Asyl in der Alten Welt. Zur Schutzfunktion des Heiligen von König Salomo bis zum Codex Theodosianus, Tübingen 2004.

ULF, CHRISTOPH, Anlässe und Formen von Festen mit überlokaler Reichweite in vor- und früharchaischer Zeit. Wozu dient der Blick in ethnologisch-anthropologische Literatur?, in: FREITAG, KLAUS/FUNKE, PETER/HAAKE, MATTHIAS (Hg.), Kult – Politik – Ethnos. Überregionale Heiligtümer im Spannungsfeld von Kult und Politik, Stuttgart 2006, 17–41.

ULF, CHRISTOPH, Überlegungen zur Funktion überregionaler Feste im archaischen Griechenland, in: EDER, WALTER/HÖLKESKAMP, KARL-JOACHIM (Hg.), Volk und Verfassung im vorhellenistischen Griechenland. Beiträge auf dem Symposium zu Ehren von Karl-Wilhelm Welwei in Bochum, 1.–2. März 1996, Stuttgart 1997, 37–61.

WORONOFF, MICHEL, De l'Olympe à l'Ida. Le Zeus des Sommets, in: Ktema 20, 1995, 213–220.

## 4.2 Die römischen Heiligtümer

ABERSON, MICHEL, Temples votifs et butin de guerre dans la Rome républicaine, Rom 1994.

BLUMENTHAL, ALBRECHT VON, Templum, in: Klio 27, 1934, 1–13.

BONNEFOND-COUDRY, MARIANNE, Le Sénat de la République romaine. De la guerre d'Hannibal à Auguste. Pratiques délibératives et prise de décision, Rom 1989.

CATALANO, PIERANGELO, Aspetti spaziali del sistema giuridico-religioso romano. Mundus, templum, urbs, ager, Latium, Italia, ANRW XVI, 1, 1978, 440–553.

DERKS, TON, Gods, Temples and Ritual Practices. The Transformation of Religious Ideas and Values in Roman Gaul, Amsterdam 1998.

EGELHAAF-GAISER, ULRIKE, Kulträume im römischen Alltag. Das Isisbuch des Apuleius und der Ort von Religion im kaiserzeitlichen Rom, Stuttgart 2000.

GROS, PIERRE, L'architecture romaine du début du III$^{ème}$ siècle av. J.-C. à fin du Haut-Empire, Bd. 1, Les monuments publics, Paris $^2$2002.

HÖLKESKAMP, KARL-JOACHIM, Capitol, Comitium und Forum. Öffentliche Räume, sakrale Topographie und Erinnerungslandschaften der römischen Republik, in: FALLER, STEFAN (Hg.), Studien zu antiken Identitäten, Würzburg 2001, 97–132.

JEHNE, MARTIN/LINKE, BERNHARD/RÜPKE, JÖRG (Hg.), Religiöse Vielfalt und soziale Integration. Die Bedeutung der Religion für die kulturelle Identität und die politische Stabilität im republikanischen Italien, Mainz 2013.

KÄHLER, HEINZ, Der römische Tempel. Raum und Landschaft, ungekürzte Ausg., Frankfurt a.M. u. a. 1970.

KVIUM, CHRISTIAN, Inauguration and Foundation. An Essay on Roman Ritual Classification and Continuity, in: 5.3: RICHARDSON, JAMES HENRY/ SANTANGELO, FEDERICO (Hg.), 63–90.

LACKNER, EVA-MARIA, Republikanische Fora, München 2008.

LAFON, XAVIER/SAURON, GILLES (Hg.), Théorie et pratique de l'architecture romaine. La norme et l'expérimentation. Études offertes à Pierre Gros, Aix-en-Provence 2005.

LINKE, BERNHARD, Die Einheit nach der Vielfalt. Die religiöse Dimension des römischen Hegemonialanspruches in Latium (5.–3. Jahrhundert v. Chr.), in: JEHNE, MARTIN/LINKE, BERNHARD/RÜPKE, JÖRG (Hg.), Religiöse Vielfalt und soziale Integration. Die Bedeutung der Religion für die kulturelle Identität und die politische Stabilität im republikanischen Italien, Mainz 2013, 69–94.

MUTEL, ANDRÉ, Réflexions sur quelques aspects de la condition juridique des temples en droit romain classique, in: Mélanges offerts à L. Falletti, Annales de la Faculté de Droit et des Sciences Économiques de Lyon II, Paris 1971, 389–412.

NORA, PIERRE (Hg.), Les lieux de mémoire, Paris 1984–1992.

NORA, PIERRE, Zwischen Geschichte und Gedächtnis, Frankfurt a.M. 1998.

ORLIN, ERIC M., Temples, Religion and Politics in the Roman Republic, Leiden/New York/Köln 1997.

ORR, DAVID G., Roman Domestic Religion. The Evidence of the Household Shrines, in: ANRW XVI, 2, 1978, 1557–1591.

PINA POLO, FRANCISCO, Contra arma verbis. Der Redner vor dem Volk in der späten römischen Republik, Stuttgart 1996.

PINA POLO, FRANCISCO, Las *contiones* civiles y militares en Roma, Saragossa 1989.

SCHEID, JOHN, Rome et les grands lieux de culte d'Italie, in: VIGOURT, ANNIE u. a. (Hg.), Pouvoir et religion dans le monde romain. En hommage à Jean-Pierre Martin, Paris 2006, 75–86.

SCHNEIDER, HANS-CHRISTIAN, Der Schrein des Iuppiter Latiaris und der Hain der Diana Nemorensis. Überlegungen zur überregionalen Funktion von Heiligtümern im frühen Latium, in: FREITAG, KLAUS/FUNKE, PETER/HAAKE, MATTHIAS (Hg.), Kult, Politik, Ethnos. Überregionale Heiligtümer im Spannungsfeld von Kult und Politik, Stuttgart 2006, 265–276.

SCHOLLMEYER, PATRICK, Römische Tempel. Kult und Architektur im Imperium Romanum, Darmstadt 2008.

SCHULTZ, CELIA E./HARVEY, PAUL B. (Hg.), Religion in Republican Italy, Cambridge 2006.

STAMBAUGH, JOHN F., The Function of Roman Temples, in: ANRW XVI, 1, 1978, 554–608.

STAMPER, JOHN W., The Architecture of Roman Temples. The Republic to the Middle Empire, Cambridge u. a. 2005.

WACHSMUTH, DIETRICH, Aspekte des antiken mediterranen Hauskults, in: Numen 27, 1980, 34–75.

WALTER, UWE, Memoria und res publica. Zur Geschichtskultur im republikanischen Rom, Berlin 2004.

WEINSTOCK, STEFAN, Templum, in: MDAI (R) 47, 1932, 95–121.

ZIOLKOWSKI, ADAM, The Temples of Mid-Republican Rome and their Historical and Topographical Context, Rom 1992.

# 5. Die Priester

## 5.1 Sakrale Autorität: Allgemeine Bemerkungen

BEARD, MARY/NORTH, JOHN A. (Hg.), Pagan Priests – Religion and Power in the Ancient World, London 1990.

DI NOLA, ALFONSO MARIA, s.v. Sacerdote e sacerdozio, Enciclopedia delle Religioni 5, Florenz 1973, 637–643.

ELIADE, MIRCEA (Hg.), The Encyclopedia of Religion, 16 Bde., London/New York 1987.

FRIEDLI, RICHARD u. a., s.v. Priestertum – religionswissenschaftlich, RGG 6 ($^4$2003), 1644–1666.

KLEIN, WASSILIOS, s.v. Priester/Priestertum – religionsgeschichtlich, Theologische Realenzyklopädie 27, Berlin/New York 1997, 379–382.

LANCZKOWSKI, GÜNTHER, Einführung in die Religionsphänomenologie, Darmstadt $^3$1992.

NEUMANN, JOHANNES, Priester, in: CANCIK, HUBERT/GLADIGOW, BURKHARD/KOHL, KARL-HEINZ (Hg.), Handbuch religionswissenschaftlicher Grundbegriffe, Bd. 4, Stuttgart u. a. 1998, 342–344.

OXTOBY, WILLARD G., Priesthood, in: ELIADE, MIRCEA (Hg.), The Encyclopedia of Religion, Bd. 11, London/New York 1987, 528–534.

SABOURIN, LEOPOLD, Priesthood. A Comparative Study, Leiden 1973.

## 5.2 Die griechischen Priester

DIGNAS, BEATE/TRAMPEDACH, KAI (Hg.), Practitioners of the Divine. Greek Priests and Religious Officials from Homer to Heliodorus, Washington D.C. 2008.

FEAVER, DOUGLAS D., Historical Development in the Priesthoods of Athens, in: YCS 15, 1957, 123–158.

GARLAND, ROBERT, Priests and Power in Classical Athens, in: 5.1: BEARD, MARY/NORTH, JOHN A. (Hg.), 73–91.

GARLAND, ROBERT, Religious Authority in Archaic and Classical Athens, in: BSA 79, 1984, 75–123.

HENRICHS, ALBERT, What is a Greek Priest?, in: 5.2: DIGNAS, BEATE/TRAMPEDACH, KAI (Hg.), 1–14.

ZIEHEN, LUDWIG, s.v. hiereis, RE VIII, 2, 1913, 1411–1457.

### 5.2.1 Die Priester der Polis

ALESHIRE, SARA B., The Demos and the Priests. The Selection of Sacred Officials at Athens from Cleisthenes to Augustus, in: OSBORNE, ROBIN/ HORNBLOWER, SIMON (Hg.), Ritual, Finance, Politics. Athenian Democratic Accounts Presented to David Lewis, Oxford 1994, 325–337.

AUFFARTH, CHRISTOPH, Der drohende Untergang. „Schöpfung" in Mythos und Ritual im Alten Orient und in Griechenland am Beispiel der Odyssee und des Ezechielbuches, Berlin u. a. 1991.

BOURRIOT, FELIX, Recherches sur la nature du genos, Paris 1976.

CARLIER, PIERRE, La Royauté en Grèce avant Alexandre, Straßburg 1984.

CLINTON, KEVIN, A Law in the City Eleusinion. Concerning the Mysteries, in: Hesperia 49, 1980, 258–288.

CLINTON, KEVIN, Sacred Officials of the Eleusinian Mysteries, Philadelphia 1974.

DAVIES, JOHN KENYON, Athenian Propertied Families. 600–300 B.C., Oxford 1971.

DITTENBERGER, WILHELM, Die eleusinischen Keryken, in: Hermes 20, 1885, 1–40.

FERGUSON, WILLIAM SCOTT, The Salaminioi of Heptaphylai and Sounion, in: Hesperia 7, 1938, 1–74.

GARLAND, ROBERT, Introducing New Gods. The Politics of Athenian Religion, London 1992.

HUMPHREYS, SALLY C., Anthropology and the Greeks, Nachdr. d. Ausg. London 1978, London 2004.

OSBORNE, ROBIN, Archaeology, the Salaminioi, and the Politics of Sacred Space in Archaic Attica, in: ALCOCK, SUSAN E./OSBORNE, ROBIN (Hg.), Placing the Gods, Oxford 1994, 143–160.

PICARD, CHARLES, Les luttes primitives d'Athènes et d'Éleusis, in: RH 166, 1931, 1–76.

STAHL, MICHAEL, Aristokraten und Tyrannen im archaischen Athen. Untersuchungen zur Überlieferung, zur Sozialstruktur und zur Entstehung des Staates, Stuttgart 1987.

STEIN-HÖLKESKAMP, ELKE, Adelskultur und Polisgesellschaft. Studien zum griechischen Adel in archaischer und klassischer Zeit, Stuttgart 1989.

TOEPFFER, JOHANNES, Attische Genealogie, Nachdr. d. Ausgabe Berlin 1889, New York 1973.

## 5.2.2 Sakrale Spezialisten außerhalb der Polisorganisation: Die Seher

BREMMER, JAN NICOLAAS, Prophets, Seers, and Politics in Greece, Israel, and Early Moderne Europe, in: Numen 40, 1993, 150–183.

BREMMER, JAN NICOLAAS, The Status and Symbolic Capital of the Seer, in: HÄGG, ROBIN (Hg.), The Role of Religion in the Early Greek Polis, Stockholm 1996, 97–109.

BURKERT, WALTER, Itinerant Diviners and Magicians. A Neglected Element in Cultural Contacts, in: HÄGG, ROBIN (Hg.), The Greek Renaissance of the Eighth Century B.C. Tradition and innovation, Stockholm 1983, 115–119.

CASEVITZ, MICHEL, Mantis. Le vrai sens, in: REG 105, 1992, 1–18.

EITREM, SAMSON, Mantis und sphágia, in: Symbolae Osloenses. Norwegian Journal of Greek and Latin Studies 18, 1938, 9–30.

FLOWER, MICHAEL ATTYAH, The Seer in Ancient Greece, Berkeley/Los Angeles/London 2008.

KETT, PETER, Prosopographie der historischen griechischen Manteis bis auf die Zeit Alexanders des Großen, Diss. Erlangen-Nürnberg 1966.

OLIVER, JAMES HENRY, The Athenian Expounders of the Sacred and Ancestral Law, Baltimore 1950.

ROTH, PAUL, Mantis. The Nature, Function, and Status of a Greek Prophetic Type, Phil. Diss. Bryn Mawr College, Pennsylvania 1982.

SHAPIRO, H. ALAN, Oracles-Mongers in Peisistratid Athens, in: Kernos 3, 1990, 335–345.

ZIEHEN, LUDWIG, s.v. Mantis, RE XIV, 2, 1930, 1345–1355.

## 5.3 Die Priester in Rom

BEARD, MARY, Priesthood in the Roman Republic, in: 5.1: DIES./NORTH, JOHN A. (Hg.), 19–48.

BENVENISTE, ÉMILE, Le vocabulaire des institutions indo-européennes, 2 Bde., Paris 1969.

BERGMANN, WERNER, Der römische Kalender. Zur sozialen Konstruktion der Zeitrechnung, in: Saeculum 35, 1984, 1–16.

BLAIVE, FRÉDÉRIC, Rex sacrorum. Recherches sur la fonction religieuse de la royauté romaine, in: Revue internationale des droits de l'antiquité 42, 1995, 125–154.

BLEICKEN, JOCHEN, Oberpontifex und Pontifikalkollegium. Eine Studie zur römischen Sakralverfassung, in: Hermes 85, 1957, 345–366.

CANCIK-LINDEMAIER, HILDEGARD, Kultische Privilegierung und gesellschaftliche Realität. Ein Beitrag zur Kulturgeschichte der virgines Vestae, in: Saeculum 41, 1990, 1-16

DE MARTINO, FRANCESCO, La gens, lo stato e le classi in Roma antica, in: DERS. (Hg.), Diritto e società nell'antica Roma, Rom 1979, 51-74.

DRUMMOND, ANDREW, Rome in the Fifth Century II. The Citizen Community, in: CAH VII, 2, 1989, 172-242.

DUBUISSON, DANIEL, Le roi indo-européen et la synthèse des trois fonctions, in: Annales. Économies, Sociétés, Civilisations 33, 1978, 21-34.

DUMÉZIL, GEORGES, Les idées romaines, Paris 1969.

EULER, WOLFRAM, Gab es eine indogermanische Götterfamilie?, in: MEID, WOLFGANG (Hg.), Studien zum indogermanischen Wortschatz, Innsbruck 1987, 35-56.

FRANCIOSI, GENNARO, Sepolchri e riti di sepoltura delle antiche „gentes", in: DERS. (Hg.), Ricerche sulla organizzazione gentilizia romana 1, Neapel 1984, 35-80.

GLINISTER, FAY, ‚Bring on the Dancing Girls'. Some Thoughts on the Salian Priesthood, in: 5.3: RICHARDSON, JAMES HENRY/SANTANGELO, FEDERICO (Hg.), 107-136.

GLUCKMAN, MAX, Rituale der Rebellion in Südost-Afrika, in: KRAMER, FRITZ/SIGRIST, CHRISTIAN (Hg.), Gesellschaften ohne Staat, Bd. 1: Gleichheit und Gegenseitigkeit, Frankfurt a.M. 1978, 250-280.

HAHM, DAVID E., Roman Nobility and three Major Priesthoods, 218-167 B.C., in: Transactions and Proceedings of the American Philological Association 94, 1963, 73-85.

HARRIS, WILLIAM V., War and Imperialism in Republican Rome. 327-70 B.C., Oxford 1979.

HEURGON, JACQUES, Rome et la Méditerranée occidentale. Jusqu'aux guerres puniques, Paris ²1980.

HOLLEMAN, A. W. J., Calendriers préjuliens à Rome, in: L'antiquité classique 47, 1978, 201-206.

HOMMEL, HILDEBRECHT, Vesta und die frühromische Religion, in: ANRW I, 2, 1972, 397-420.

KLOTZ, ALFRED, s.v. Septemviri Epulonum, RE II, A, 2, 1923, 1552-1553.

KÜBLER, BERNHARD, s.v. Gens, RE VII, 1, 1910, 1184-1186.

KUNKEL, WOLFGANG, Zum römischen Königtum, in: Juristische Fakultät der Universität Freiburg (Hg.), Ius et lex, Festgabe für M. Gutzwiller, Basel 1959, 1-22.

LE BOURDELLES, HUBERT, Le flamine et le brahmane. Nature de la fonction. Etymologie, in: REL 57, 1979, 69-84.

LINKE, BERNHARD, Von der Monarchie zur Republik. Roms langer Weg zum republikanischen Gleichgewicht, in: DERS./MEIER, MISCHA/ STROTHMANN, MERET (Hg.), Zwischen Monarchie und Republik. Gesellschaftliche Stabilisierungsleistungen und politische Transformationspotentiale in den antiken Stadtstaaten, Stuttgart 2010, 117–143.

LINKE, BERNHARD, Von der Verwandtschaft zum Staat. Die Entstehung politischer Organisationsformen in der frührömischen Geschichte, Stuttgart 1995.

MARTIN, PAUL M., L'idée de royauté à Rome, Clermont-Ferrand 1982.

MARTINI, MARIA CRISTINA, Le vestali. Un sacerdozio funzionale al „cosmo" romano, Brüssel 2004.

MCCONE, KIM R., Hund, Wolf und Krieger bei den Indogermanen, in: MEID, WOLFGANG (Hg.), Studien zum indogermanischen Wortschatz, Innsbruck 1987, 101-154.

MITCHELL, RICHARD E., The Definition of *patres* and *plebs*. An End to the Struggle of the Orders, in: RAAFLAUB, KURT A. (Hg.), Social Struggles in Archaic Rome. New Perspectives of the Orders, Malden u. a. ²2005, 128–167.

MITCHELL, RICHARD E., Patricians and Plebeians. The Origin of the Roman State, Ithaca/London 1990.

MOMIGLIANO, ARNALDO, Georges Dumézil and the Trifunctional Approach to Roman Civilization, in: History and Theory 23, 1984, 312-330.

MOMIGLIANO, ARNALDO, An Interim Report on the Origins of Rome, in: JRS 53, 1963, 95-121.

MOMMSEN, THEODOR, Römisches Staatsrecht, 3 Bde. in 5 Teilbdn, 2., unveränd. Nachdr. d. 3. Aufl., Graz 1969.

NORTH, JOHN A., Diviners and Divination at Rome, in: 5.1: BEARD, MARY/ NORTH, JOHN A. (Hg.), 49-71.

NORTH, JOHN A., Family Strategy and Priesthood in the Late Republic, in: ANDREAU, JEAN/BRUHNS, HINNERK (Hg.), Parenté et stratégies familiales dans l'antiquité romaine, Rom 1990, 527–543.

OLSHAUSEN, ECKART, „Über die römischen Ackerbrüder". Geschichte eines Kultes, in: ANRW XVI, 1, 1978, 820–832.

POLOMÉ, EDGAR C., Der indogermanische Wortschatz auf dem Gebiete der Religion, in: MEID, WOLFGANG (Hg.), Studien zum indogermanischen Wortschatz, Innsbruck 1987, 201-217.

PORTE, DANIELLE, Les donneurs de sacré. Le prêtre à Rome, Paris 1989.

RADKE, GERHARD, Acca Larentia und die fratres Arvales, in: ANRW I, 2, 1972, 421-441.

RADKE, GERHARD, s.v. Quindecimviri sacris faciundis, RE XXIV, 1, 1963, 1114–1148.

RICH, JOHN, The *fetiales* and Roman International Relations, in: 5.3: RICHARDSON, JAMES HENRY/SANTANGELO, FEDERICO (Hg.), 187–242.

RICHARD, JEAN-CLAUDE, Sur quelques grands pontifes plébéiens, in: Latomus 27, 1968, 786–801.

RICHARDSON, JAMES HENRY/SANTANGELO, FEDERICO (Hg.), Priests and State in the Roman World, Stuttgart 2011.

RÜPKE, JÖRG, Acta aut agenda. Schrift-Performanz-Beziehungen in der römischen Religionsgeschichte, in: KRANEMANN, BENEDIKT/RÜPKE, JÖRG (Hg.), Das Gedächtnis des Gedächtnisses. Zur Präsenz von Ritualen in beschreibenden und reflektierenden Texten, Marburg 2003, 11–38.

RÜPKE, JÖRG, Fasti sacerdotum. Die Mitglieder der Priesterschaften und das sakrale Funktionspersonal römischer, griechischer, orientalischer und jüdisch-christlicher Kulte in der Stadt Rom 300 v.Chr. bis 499 n.Chr., 3 Bde., Wiesbaden 2005.

RÜPKE, JÖRG, Livius, Priesternamen und die *annales maximi*, in: Klio 75, 1993, 155–179.

RÜPKE, JÖRG, Römische Priester in der Antike. Ein biographisches Lexikon, Stuttgart 2007.

SAMTER, ERNST, s.v. Fetiales, RE VI, 2, 1909, Sp. 2259-2265.

SCHEID, JOHN, Les activités religieuses des magistrats romains, in: HAENSCH, RUDOLF/HEINRICHS, JOHANNES (Hg.), Herrschen und verwalten. Der Alltag der römischen Admistration in der Hohen Kaiserzeit, Köln/Weimar/Wien 2007, 126–144.

SCHEID, JOHN, Les archives de la piété. Réflexions sur les livres sacerdotaux, in: DEMOUGIN, SÉGOLÈNE (Hg.), La mémoire perdue. À la recherche des archives oubliées, publiques et privées, de la Rome antique, Paris 1994, 173–185.

SCHEID, JOHN, Le flamine de Jupiter, les Vestales et le général triomphant. Variations romaines sur le thème de la figuration des dieux, in: Le Temps de la réflexion 7, 1986, 213–230.

SCHEID, JOHN, Les livres sibyllins et les archives des quindécemvirs, in: La mémoire perdue. Recherches sur l'administration romaine, Rom 1998, 11–26.

SCHEID, JOHN, Oral tradition and Written Tradition in the Formation of Sacred Law in Rome, in: ANDO, CLIFFORD/RÜPKE, JÖRG (Hg.), Religion and Law in Classical and Christian Rome, Stuttgart 2006, 14–33.

SCHEID, JOHN, Le prêtre et le magistrat. Réflexions sur les sacerdoces et le droit public à la fin de la République, in: NICOLET, CLAUDE (Hg.), Des ordres à Rome, Paris 1984, 243–280.

SCHEID, JOHN, Der Priester, in: GIARDINA, ANDREA (Hg.), Der Mensch der römischen Antike, Frankfurt a.M. 1991 (ital. 1989).

SCHEID, JOHN, Rituel et écriture à Rome, in: BLONDEAU, ANNE-MARIE/ SCHIPPER, KRISTOFER MARINUS (Hg.), Essais sur le rituel, Bd. 2, Louvain/ Paris 1990, 1-15.

SCHEID, JOHN, Romulus et ses frères. Le collège des frères arvales, modèle du culte public dans la Rome des empereurs, Rom 1990.

SCHLERATH, BERNFRIED, Können wir die urindogermanische Sozialstruktur rekonstruieren?, in: MEID, WOLFGANG (Hg.), Studien zum indogermanischen Wortschatz, Innsbruck 1987, 249-263.

SIMÓN, FRANCISCO MARCO, Flamen Dialis. El sacerdote de Júpiter en la religión romana, Madrid 1996.

SZEMLER, GEORGE J., Priesthoods and Priestly Careers in Ancient Rome, in: ANRW II, 16, 3, 1986, 2314-2331.

SZEMLER, GEORGE J., The Priests of the Roman Republic. A Study of Interactions between Priesthoods and Magistracies, Brüssel 1972.

TURFA, JEAN MACINTOSH, Etruscan Religion at Watershed. Before and after the Fourth Century BCE, in: 4.3: SCHULTZ, CELIA E./HARVEY, PAUL B. (Hg.), 62-89.

VANGGAARD, JENS HENRIK, The Flamen. A Study in the History and Sociology of Roman Religion, Copenhagen 1988.

WIEACKER, FRANZ, Römische Rechtsgeschichte, Bd. 1: Quellenkunde, Rechtsbildung, Jurisprudenz und Rechtsliteratur (HdA 3,1), München 1988.

WIEDEMANN, THOMAS, The ‚fetiales'. A Reconsideration, in: Classical Quarterly, N.S. 36, 1986, 478-490.

# Anhang

## Abkürzungen

| | |
|---|---|
| AC | L'antiquité classique |
| AJA | American Journal of Archaeology |
| AJPh | American Journal of Philology |
| AM | Mitteilungen des Deutschen Archäologischen Instituts, Athenische Abteilung |
| Anc Soc | Ancient Society |
| ANRW | Aufstieg und Niedergang der römischen Welt |
| BSA | The Annual of the British School at Athens |
| CAH | Cambridge Ancient History |
| CQ | Classical Quarterly |
| DNP | Der neue Pauly |
| HdA | Handbuch der Altertumswissenschaft |
| HSCP | Harvard Studies in Classical Philology |
| HZ | Historische Zeitschrift |
| JdI | Jahrbuch des Deutschen Archäologischen Instituts |
| JHS | Journal of Hellenic Studies |
| JRS | Journal of Roman Studies |
| LThK | Lexikon für Theologie und Kirche |
| MDAI (R) | Mitteilungen des Deutschen Archäologischen Instituts (Rom) |
| PCPhS | Proceedings of the Cambridge Philological Society |
| RE | Paulys Realencyclopädie der classischen Altertumswissenschaft |
| REG | Revue des études grecques |
| REL | Revue des Études Latines |
| RGG | Religion in Geschichte und Gegenwart |
| RH | Revue historique |
| TRE | Theologische Realenzyklopädie |
| YCS | Yale Classical Studies |

# Register

## Personenregister

Aberson, M.  127
Alcock, S.  121, 123
Aleshire, S.  131
Alroth, B.  103
Altheim, F.  91
Antonaccio, C.  87, 122
Arens, W.  96
Aubriot-Sévin, D.  105
Auffarth, C.  75, 103, 122, 124, 134

Bätz, A.  98, 139
Balandier, G.  91, 138
Balty, J.  74
Banton, M.  67
Bastien, J.-L.  116
Baudy, D.  111f.
Baudy, G.  104
Baumgarten, A.  102
Bayet, J.  88, 138, 141
Beard, M.  72f., 77, 93, 101, 116, 129, 137, 146
Beattie, J.  96
Belayche, N.  84
Bell, C.  95
Bellah, R.  66
Belliger, A.  95
Beloch, K.  70
Bendlin, A.  77, 96
Benveniste, É.  141
Bérard, C.  88
Berger, P.  66
Bergmann, W.  144
Bergquist, B.  119
Bernard, J.  75
Berneder, H.  95
Bernstein, F.  89, 116
Berve, H.  70, 72
Betz, H.  75
Bianchi, U.  103
Binder, G.  111
Blaive, F.  138
Blech, M.  104
Bleicken, J.  115, 144
Blomart, A.  93
Blumenthal, A.  127

Boehringer, D.  87
Bömer, F.  100, 105
Bonfante Warren, L.  115
Bonnefond-Coudry, M.  127
Boëls-Janssen, N.  99
Boschung, D.  119
Boulanger, A.  76, 84, 130
Bourriot, F.  131f.
Bowie, A.  103
Brackertz, U.  85
Brandt, J.  101
Braun, M.  85
Brelich, A.  77, 87
Bremmer, J.  75, 79, 81, 83, 95, 103, 106, 136f.
Brommer, F.  105
Bruit Zaidman, L.  75, 81, 97, 105, 134
Brulé, P.  104
Burckhardt, J.  76, 130
Burford, A.  121
Burkert, W.  68f., 75, 80, 82f., 101–103, 106f., 109f., 118–120, 122f., 130, 132, 134–136
Burton, P.  95
Butti di Lima, P.  110
Buxton, R.  74

Calligas, P.  87
Cancik, H.  67
Cancik-Lindemaier, H.  99, 139
Carlier, P.  134
Casevitz, M.  136
Catalano, P.  114, 127, 145
Chaniotis, A.  95f., 124
Christmann, E.  113
Cicero  110
Clinton, K.  122, 132, 134
Coldstream, J.  87, 119
Cole, S.  72, 85, 98, 110, 118
Coli, U.  114, 138
Connelly, J.  95
Connor, W.  72, 105
Creuzer, F.  68
Cyrino, M.  86

Davies, J.   72, 132f., 135
De Martino, F.   140
De Polignac, F.   72, 105, 118, 120–123
Deacy, S.   86
Debord, P.   100
Derks, T.   126
Derlien, J.   124
Des Places, Edouard   103, 105
Détienne, M.   69, 75, 82, 97, 102–104, 106f.
Deubner, L.   101, 134
Di Nola, A.   77, 129
Dietrich, B.   79f.
Dignas, B.   131
Dittenberger, W.   132
Döbert, R.   66
Dorcey, P.   94
Dougherty, C.   86
Douglas, M.   96
Dowden, K.   86
Drerup, H.   120
Drummond, A.   143
Dubourdieu, A.   93
Dubuisson, D.   141
Dumézil, G.   72, 141
Durand, J.-L.   71, 110
Durkheim, É.   65f.
Dux, G.   66, 96

Easterling, P.   74
Eder, W.   100
Edmunds, L.   86
Egelhaaf-Gaiser, U.   100, 126
Ehlers, W.   115
Eitrem, S.   109, 136
Eliade, M.   129
Engels, D.   116
Erbse, H.   80
Erskine, A.   79
Euler, W.   142
Evans-Pritchard, E.   65, 91

Farnell, L.   86
Fears, J.   94
Feaver, D.   130
Ferguson, W.   132
Fischer, U.   85
Fischer-Hansen, T.   120
Fless, F.   112
Flower, M.   136
Franciosi, G.   140
Frazer, J.   64, 69

Freitag, K.   126
Freyburger, G.   117
Friedli, R.   129
Funke, P.   126
Fustel de Coulanges, N.   72

Gabriel, K.   67
Gagé, J.   93f.
Galling, K.   75
Garland, R.   75, 130–132, 135–137
Georgoudi, S.   98
Gerhardt, H.-G.   85
Gerlitz, P.   102
Gernet, L.   69, 76, 84, 130
Giovannini, A.   101
Gladigow, B.   67, 75, 78, 82–85, 89, 92
Glinister, F.   141
Gluckman, M.   138
Goetze, D.   90
Gould, J.   74, 106, 135
Graf, F.   68f., 73, 79–81, 84, 86, 89, 103–105, 119, 134
Griffiths, E.   86
Gros, P.   126
Grube, G.   85
Gruben, G.   119
Gruen, E.   95
Günther, R.   116
Gustafsson, G.   93

Hägg, R.   87, 103
Hahm, D.   143
Hall, J.   122
Hallpike, C.   95
Haltenhoff, A.   94
Hanell, K.   103
Hansen, M.   120
Harmon, D.   111
Harris, W.   139
Harrison, J.   64, 69
Harvey, P.   128
Heil, A.   94
Henrichs, A.   79, 81, 102
Herodot   80
Hesiod   4, 6, 11, 79f., 85
Heurgon, J.   138
Heuss, A.   115
Hiller, S.   119
Hock, K.   67
Hölkeskamp, K.-J.   128
Hölscher, T.   124
Holleman, A.   138

Homer  4, 79f., 85, 104, 106
HOMMEL, H.  138
HUBERT, H.  102
HUMPHREYS, S.  134, 137

IDDENG, J.  101
ITGENSHORST, T.  116

JACQUEMIN, A.  109
JANOWSKI, B.  102
JEHNE, M.  128
JOST, M.  75, 84, 104, 106, 118, 130, 135

KÄHLER, H.  126
KAJAVA, M.  113
KANY, R.  69
KEARNS, E.  84, 87
KEHRER, G.  67
KETT, P.  136f.
KIEFNER, W.  85
KIPPENBERG, H.  66f.
KIRK, G.  80
KLEES, H.  99f.
KLEIN, W.  129
KLOTZ, A.  145
KNEPPE, A.  95
KNUST, J.  102
KOBBERT, M.  88
KOCH, C.  94, 113, 115
KOHL, K.-H.  67
KOLENDO, J.  100
KRAUSE, C.  112
KRAUTER, S.  99
KREUTZ, N.  86
KRIEGER, D.  95
KRON, U.  118
KÜBLER, B.  140
KULLMANN, W.  80
KUNKEL, W.  138
KVIUM, C.  127
KYLE, D.  104
KYRIELEIS, H.  125

LACKNER, E.-M.  129
LAFON, X.  126
LAMBERT, M.  107
LANCZKOWSKI, G.  129
LANG, B.  95
LANG, F.  120
LANGDON, M.  119
LANGDON, S.  121
LARSON, J.  79

Register   191

LATTE, K.  71, 77, 88, 92, 138
LAUBSCHER, M.  67
LE BOURDELLES, H.  141
LEMOSSE, M.  115
LESCHHORN, W.  88
LÉVI-STRAUSS, C.  65
LIEBESCHUETZ, J.  76
LINDER, M.  73, 110
LINDERSKI, J.  114, 127
LINKE, B.  73, 86, 94, 97, 99, 115, 117, 120, 128, 138, 143
LLOYD-JONES, H.  85
LONIS, R.  109
LORAUX, N.  97, 108
LORENZ, G.  87
LUCHESI, B.  67
LUCKMANN, T.  66
LUHMANN, N.  65, 95

M. Caedicius  10
MACKINNON, M.  113
MACTOUX, M.-M.  99
MALINOWSKI, B.  65
MALKIN, I.  118, 122f.
MANNHARDT, W.  64, 69
MARTIN, H.  89
MARTIN, P.  139
MARTINI, M.  139
MARTINI, W.  120
MARX, A.  102
MAUSS, M.  102
MAZARAKIS-AINIAN, A.  87, 120
MCBAIN, B.  116
MCCONE, K.  141
MEKACHER, N.  99, 139
MÉNIEL, P.  112
METZLER, D.  95
MEULI, K.  69, 107
MEYER, E.  72
MIKALSON, J.  75
MITCHELL, R.  142f.
MOHR, H.  75
MOMIGLIANO, A.  72, 141
MOMMSEN, T.  71, 143f.
MORGAN, C.  118f., 121, 125
MORGAN, J.  97
MORRIS, I.  96, 118
MÜHLFELD, C.  90
MÜLLER, K.  96
MUIR, J.  74
MUTEL, A.  127
MUTH, R.  68, 73, 78, 83, 88, 90

Mutschler, F.-H.  94
Mylonas, G.  122

Nesselrath, H.-G.  73
Neumann, J.  129
Nicolai, W.  83
Nicolet, C.  116
Nilsson, M.  69, 75, 79, 86, 130
Nora, P.  128
North, J.  72, 77, 93, 110, 129, 137, 143, 146

Ogden, D.  74, 86
Oliver, J.  136f.
Olshausen, E.  140
Orlin, E.  127, 145
Orr, D.  126
Orth, W.  106
Osborne, R.  97, 121, 123, 132
Otto, W.  78
Oxtoby, W.  129

Parke, H.  101, 104f., 134
Parker, R.  75, 96, 103, 105, 125, 132f., 135
Paus, A.  102
Pedley, J.  117
Petermann, W.  65, 90f.
Petropoulou, M.-Z.  102
Pfeilschifter, R.  101
Pfister, F.  71, 91
Picard, C.  133
Pina Polo, F.  128
Pirenne-Delforge, V.  85
Pötscher, W.  90
Pollack, E.  89
Polomé, E.  141
Popp, H.  109
Porte, D.  137, 145
Prescendi, F.  97, 112
Price, S.  72, 77, 93
Pritchett, W.  109, 133

Radke, G.  91, 140, 145
Raschke, W.  125
Renfrew, C.  121
Reuter, H.-R.  67
Rich, J.  139f.
Richard, J.-C.  144
Richardson, J.  138
Roberts, K.  67
Robertson, N.  101, 132

Rolley, C.  118, 120
Romano, I.  119
Rose, H.  68, 91
Rosenberger, V.  73, 116f., 124
Roth, P.  136f.
Roux, G.  125
Rudhardt, J.  76, 83, 103, 106, 109f.
Rüpke, J.  67, 73f., 76f., 101, 111, 114, 117, 119, 128, 138, 144f.
Rupp, D.  119

Sabbatucci, D.  101
Sabourin, L.  129
Salmon, J.  122
Samter, E.  139
Saquete, J.  99, 139
Sartre, M.  122
Sauron, G.  126
Schachter, A.  79, 122
Schaewen, R. v.  112
Scheer, T.  83, 97, 119
Scheid, J.  71–73, 76, 89, 93, 97, 110f., 113f., 117, 127, 129, 138, 140, 142–146
Schilling, R.  94, 113
Schlerath, B.  141
Schlesier, R.  68, 80f.
Schmied-Kowarzik, W.  91
Schmitt Pantel, P.  75, 81, 104f., 125, 134
Schmitt, T.  118
Schneider, H.-C.  129
Schollmeyer, P.  126
Scholz, U.  93f., 111
Schultz, C.  98, 128
Schwabl, H.  84
Scott, M.  125
Scullard, H.  101
Scullion, S.  81
Seaford, R.  86
Seiwert, H.  102
Seybold, K.  80
Shapiro, H.  137
Siebert, A.  112
Simón, F.  142
Sinn, U.  122, 124f.
Smith, W.  64f.
Snell, B.  70, 80
Snodgrass, A.  87, 121
Sourvinou-Inwood, C.  72, 84, 118, 123, 125
Spannagel, M.  94

Sporn, K.   119
Stafford, E.   86
Stagl, J.   91
Stahl, M.   133
Stambaugh, J.   126
Stamper, J.   126
Stausberg, M.   67
Stein-Hölkeskamp, E.   133
Stengel, P.   76, 80, 104, 109, 130, 137
Stuckrad, K. v.   67
Svenson-Evers, H.   120
Szemler, G.   88, 138, 143

Takács, S.   98
Thiel, J.   67, 107, 129
Thomas, C.   84
Thomlinson, R.   118
Thulin, C.   115
Toepffer, J.   132
Trampedach, K.   131
Traulsen, C.   124
Turcan, R.   77, 101, 111
Turfa, J.   145

Ulf, C.   111, 121, 140
Ungern-Sternberg, J. v.   80
Usener, H.   69, 89

Vanggaard, J.   142

Várhelyi, Z.   102
Vermeule, C.   89
Vernant, J.-P.   68f., 75f., 78, 81f., 84, 102f., 106–108
Versnel, H.   106, 115
Veyne, P.   112

Wachsmuth, D.   126
Wagenvoort, H.   71, 91f.
Walcot, P.   80
Walter, U.   128, 144
Weber, M.   65f.
Weinstock, S.   127
Welker, M.   102
Whitley, J.   87
Widengren, G.   92
Wieacker, F.   144
Wiedemann, T.   139
Wirth, U.   95
Wiseman, T.   111
Wissowa, G.   71, 77, 90, 92, 117, 143, 145
Woronoff, M.   119

Yamane, D.   67

Ziehen, L.   103–106, 109, 130f., 134, 136
Ziolkowski, A.   111, 127

## Orts- und Sachregister

*aedituus*   37
Ägypten   63
*ager Romanus*   35f., 53, 116
Aglauros   132
*aius locutius*   10
Altar   80, 119
Amyklai   122
Angst   2, 15, 44, 96, 107
Animismus   91
*annales*   144f.
*Anthesteria*   21

Anthropologie   2, 63, 65, 67, 69–71, 76, 104, 107
anthropomorphe Gottesvorstellung   83
Apollon   5, 35, 81, 84f., 93f., 122, 124
Architektur   33, 37f., 57–59, 119
Archive   38, 144
*Archonten*   133
Argos   9, 33, 122
Artemis   85, 104, 109
Arvalbrüder   48, 140
Asche   32, 120
Asine   122

Asyl 124
Athen 17, 21, 24, 43, 54, 101, 104f., 122f., 130–135, 137
Athena 5, 8, 24, 81, 84, 132
‚Augenblicksgötter' 89
*augures* 36, 46–48, 114, 127f., 144f.
auspicia 114
Avesta 63

Bacchanalien 49
Bach 10
Bär 26
Bäume 28, 41, 118
Bankette 74, 113f., 145
*basileus* 133f.
Blut 17, 25–27, 41, 109
Bürgerrecht 99

Capitol 12f., 21, 29f., 38, 52f., 60, 114f., 128, 145
Census 17
census 111f.
Charisma 39, 44, 92, 129, 135–137
chthonisch 5, 27, 80f., 109
circus 29f., 54, 58, 116
*collegia* 46, 48, 52, 55, 145
comitium 138
concordia 93
*confarreatio* 45, 99, 142

Dadouchos 132
Delphi 34f., 124f.
Demos 43
demos 135
Dichtung 44
Diffusionismus 91f.
Dionysos 21, 134
*domus regia* 143

Eid 26f., 74, 108–110
Eingeweide 25, 27–29, 44, 46, 55f., 110, 113
Eingeweideschau 145
Eleusis 122, 132f.
Emotionalität 30f., 73, 83, 95, 117
Ephesos 9, 33
Epik 44
Epitheta 8, 84
*epulum* 114
Erinnerung 9, 38
Erinnerungskultur 144
Erinnerungsorte 128

Erstlingsopfer 23, 27, 103
Eteoboutaden 131f.
Ethnologie 2, 65–67, 71, 90f., 96, 107, 111, 121, 140
Eumolpiden 131f.
Eurysakes 132

Feste 2, 17, 21–24, 26, 41, 43, 74, 100–102, 133f., 138
fetiales 139f.
Feuer 13, 17, 25, 27f., 53, 108
*fides* 11, 93
Fisch 104
*flamen Dialis* 45, 48, 99, 141f., 144
*flamines* 45, 47, 51, 141f.
*flamines maiores* 17, 45, 47f., 142
*flamines minores* 45
flaminica 99
Fluch 41
Forum Romanum 30
Frauen 97–99
Freigelassene 19
Fruchtbarkeit 5, 14, 29, 46, 111f., 140, 142

Gebet 105f.
genius 14
gesellschaftliche Ordnung 3, 13, 16, 31, 51, 54f., 72, 81, 94, 134, 139, 141f.
Grotte 32

Hades 6
*haruspices* 29, 46, 145
Hauskulte 100, 126
heidnisch 68, 70
Heilige Hochzeit 134
Hera 5f., 9, 84f., 122
Herakles 84, 132
Hercules 28
Hermes 84
Heroen 9f., 57, 84, 86–88
Heroenkult 87f.
Hierarchie 3, 19, 21, 33, 40, 43, 53, 55f., 78, 89, 105, 138
Hierophant 132
Höhle 119
Holz 28, 33
Huhn 23, 26
Hund 26

*imperium* 37, 92, 115, 144
*inauguratio* 114

indo-europäisch   72, 79, 94, 126, 129, 141
Iuno   11f., 140

Jäger und Sammler   66, 106
Janus   11, 46
Jupiter   11–13, 21, 30, 38, 45, 53f., 60f., 89, 94, 114f., 128, 142

Kalender   9, 22, 46, 48, 84, 101f.
Keryken   131f.
Keuschheit   42, 98, 139
König   88f., 94, 115, 138, 143
kollektive Identität   15f., 21f., 33f., 38, 72, 87f., 94, 101, 120, 122f., 128, 136
Kolonisation   88
Kommunikation   1, 3, 7f., 15, 20, 29, 34f., 49f., 52, 57, 59, 95, 97, 104, 109, 114, 120f., 145
Korinth   35
Kourotrophos   132
Krankheit   14, 44, 65
Kranz   24, 30, 89, 104
Krieg   10f., 25f., 36, 38, 87, 93, 95, 109f., 127, 133, 140f.
Kultbilder   83, 89, 119, 134
Kultgegenstände   24, 29, 37
Kultmahlzeit   26, 29, 46
Kultpersonal   74, 99f.
Kultstatue   89, 115
Kunst   4f., 8, 81

*lares*   14
Latiner   60f., 129
Latinerbund   60
Latinerfest   54
Latium   61
*lectisternia*   30f., 114
Literatur   4f., 8, 63, 76, 79, 81, 136
*loca sacra*   37
Lorbeer   30
*lupercalia*   111, 140
*luperci*   46, 140
*lustrum*   111f.

Magie   64, 91, 110
Magistrat   28f., 36–38, 48, 53, 114f., 143
Magna Mater   10, 49, 94f.
*mana*   91f.
*mantis*   44, 109, 136, siehe auch Seher
Mars   10, 45, 93f., 112, 115, 140
Megara   122

Merkur   11
Metis   82
Minerva   11f., 140
*mola salsa*   28, 113
Monumentalarchitektur   123
Musik   22, 24, 28
Mykene   122
mykenische Palastkultur   79
Mysterien   122, 132–134
Mythologie   11
Mythos   6, 9, 68, 78–80, 89, 101, 107, 119

Nemea   35
numen   90f.

Offenbarung   63
Olympia   34f., 124f.
olympisch   5f., 8, 70, 80f., 84–86, 109
Opfer   9, 17, 22–30, 32, 41, 44, 46, 50, 55–57, 74, 85, 97, 102–115, 133, 138f.
Opferfleisch   18, 97, 112–114
Opfergeräte   17, 25, 112
Opferherr   19, 28
Opfermesser   25
Opfertier   17, 21, 27f., 46, 104f., 107f., 112–114
Orakel   8, 21, 35, 46, 49, 124f., 136, 146
Orakeldeuter   136f.

Pan   32
Panathenäen   24, 54, 105, 123, 135
Pandrosos   132
panhellenische Heiligtümer   124–126
Pantheismus   85
Parthenon   105
*pater familias*   13f.
Patrizier   45f., 142–144
pax deorum   12f.
penates   13
Perachora   122
Performanz   95
Philosophie   12, 71
Plebejer   45f., 142
polemarchos   133
Polynesien   64, 91
Polytheismus   3f., 6, 8, 14, 20, 31, 77f., 83, 85, 88, 93, 102
*pomerium*   53
*pontifex maximus*   46f., 99, 143f.
*pontifices*   36, 46–48, 143–145
Poseidon   5f., 81, 84, 104, 132

Priestergeschlechter 131–133, 135
‚primitive Kulturen' 64, 70, 89
Prodigien 116
Prozession 2, 17, 21, 23f., 27–30, 41, 53f., 74, 104f., 111, 115–117, 123
Purpur 29f.

Quelle 10, 35
Quellen 118
*(quin)decemviri sacris faciundis* 46, 48, 145
Quirinus 45, 115

Raum 31f.
- öffentlicher 16, 22, 31, 37, 51f., 115, 124, 130
- politischer 31, 48, 52–54
- sakraler 20, 24, 33, 35, 38, 50, 52–55, 116, 127
*regifugium* 138
*regina* 99, 139
*rex sacrorum* 17, 45, 47f., 99, 138f., 142f.
Rind 19, 23, 25, 27, 112
Ritual 2, 8–10, 13–33, 36f., 50, 53, 59
Rituale 64, 69–71, 73, 80f., 87, 89f., 93, 95–117, 119, 126, 128f., 138–141, 145f.
römische Republik 31, 35, 45–47, 59, 71, 73, 89, 91, 94f., 98, 115f., 126–129, 140, 142–145

sakrale Autorität 39f., 42–44, 48–52, 129f., 136, 146
sakrale Organisation 2, 39, 43, 45f., 48, 50–52, 54f., 75, 98, 133, 135, 137f., 143, 145f.
sakrale Präsenz 9, 11, 20, 25, 32f., 50f., 55–60, 83, 112–115, 123
Sakraltopographie 33f., 53, 118
Salaminioi 131f.
Salamis 132
*Salier* 45f., 48, 140f.
salische Jungfrauen 44
Samos 33
Schaf 23, 27, 112
Schicksal 6, 19, 25, 30, 42, 79, 82
Schwein 27, 111
Seher 43f., 135–137
Senat 30, 36, 38, 46, 48f., 53, 127, 145f.
*septemviri epulonum* 46, 145
sibyllinische Bücher 145f.

sibyllinische Orakelbücher 46, 49
Silvanus 94
Sklaven 18, 99f.
*sodalitates* 46, 48
soziale Polyvalenz 58
Sparta 109, 122
spartanische Könige 110
*sphagia* 26f., 108–110
*splanchna* 25
Stadtgottheiten 85
*superstitio* 12
supplicationes 30f., 116f.

Tabu 41, 45, 48, 88, 142
Tanz 22, 95
templum 36f., 126f.
Themis 82
Theogonie 80
Theologie 4, 63
thysia 23–26, 103–108
Tod 6, 9, 14, 41, 47, 65, 107
Totenkult 5, 26f.
Tragödie 85, 106
Trankopfer / Libation 23, 103
Triumph 30f., 54, 58, 115f., 128
Triumphator 30, 115
Tyche 82, 84

Unfreie 18–20
unfreies Kultpersonal 18f.
(Un-)Reinheit 16f., 20, 24, 28, 32, 41, 96f., 111, 118

vegetarische Opfer 22f., 27, 103
Vesta 13, 53, 113, 139
Vestalinnen 17, 44f., 47, 98f., 138f.
virtus 93
Voropfer 27
Vorzeichen 46f., 49

Wasser 118
Weihgaben 38, 146
Weihrauch 22, 27
Weihung 89, 114, 126
Weltbild 31, 36, 39, 50, 56–61, 64–66, 68, 71, 76, 79f., 89f., 92, 96f., 107, 109, 126, 141

Zepter 30, 89
Zeus 5–8, 13, 32, 35, 56, 79, 84–86, 119, 124, 142

# Enzyklopädie der griechisch-römischen Antike

Band 1
*Winfried Schmitz*
Haus und Familie im antiken Griechenland
2007. X, 191 S.
ISBN 978-3-486-58376-2

Band 2
*Winfried Schmitz*
Haus und Familie im antiken Rom

Band 3
*Aloys Winterling*
Die griechische Gesellschaft

Band 4
*Aloys Winterling*
Die römische Gesellschaft

Band 5
N.N.
Politische Organisation im klassischen Griechenland

Band 6
*Monika Bernett*
Politische Organisation im republikanischen Rom

Band 7
*Ernst Baltrusch*
Außenpolitik, Bünde und Reichsbildung in der Antike
2008. X, 219 S.
ISBN 978-3-486-58401-1

Band 8
*Gregor Weber*
Antike Monarchie

Band 9
*Christian Mann*
Antikes Militär
2013, X, 168 S.
ISBN 978-3-486-59682-3

Band 10
*Sitta von Reden*
Antike Wirtschaft

Band 11
*Tanja S. Scheer*
Griechische Geschlechterverhältnisse
2011. XII, 180 S.
ISBN 978-3-486-59684-7

Band 12
*Tanja Scheer*
Römische Geschlechterverhältnisse

Band 13
*Bernhard Linke*
Antike Religion
2014. XIV, 196 S.
ISBN 978-3-486-59702-8

Band 14
N.N.
Das frühe Christentum

www.ingramcontent.com/pod-product-compliance
Lightning Source LLC
Chambersburg PA
CBHW030826230426
**43667CB00008B/1398**